谨以此书献给支持舟山群岛新区建设

“百人计划”

整合提升佛教文化、渔业文化、民俗文化、海岛文化等，形成特色鲜明的舟山海洋文化，推进建设海洋文化名城。巩固国家卫生城市创建成果，积极创建全国文明城市。完善公共文化服务体系，加快建设和提升博物馆、展览馆、影剧院等公共文化设施，积极完善基层公共文化设施和服务网络。积极保护舟山历史文脉，深度挖掘海洋人文资源，创作一批海洋文化精品。推进文化与产业、资本、科技深度融合，大力发展旅游、节庆、会展、创意等文化产业，规划建设国内一流的海洋文化特色公园。

——摘自《浙江舟山群岛新区发展规划》

大力推进产业创新。着力培育支撑浙江未来发展的大产业。着力把文化创意产业培育成为万亿产业。推动物质文明和精神文明协调发展。坚持“两手抓、两手都要硬”，坚持社会主义先进文化前进方向，坚持以人民为中心的工作导向，坚持把社会效益放在首位、社会效益和经济效益相统一，推进文化改革发展，切实做好意识形态领域工作，努力建成文化强省。构建现代公共文化服务体系。加强重点文艺院校和重大文化设施建设，打造浙江文化标志平台。大力推进基本公共文化服务标准化、均等化，完善全省公共文化设施网络，加快市县公共文化场馆建设，以农村文化礼堂为重点建设农村文化服务综合体，建设覆盖全省的数字文化服务网络。加强文化遗产传承保护和活化利用。提升文化产业发展水平。推进文化产业园区、文化小镇等发展平台建设，建设好一批国家级文化与科技融合示范基地，办好一批国家级文化节展。巩固提升影视动漫、新闻出版、文体用品制造等优势产业，大力发展数字内容、创意设计、文化会展等新兴产业，扩大文化产品出口。

——摘自《浙江省国民经济和社会发展第十三个五年规划纲要》

依托舟山独特的海洋文化、佛教文化元素，做优做精影视、动漫、演艺、创意、设计等产业，实施重大文化产业项目带动战略，推进观音文化园等项目建设，着力打造一批空间布局合理、产业关联度大、辐射带动能力强的文化产业园区，推动文化产业规模化、集约化、效益化发展。加强海洋文化产品开发，强化文化产业品牌的策划与营销，扶持文化节庆会展产业发展。推进文化与旅游、科技、互联网深度融合，培育文化产业新业态。加强海洋文化动漫产业服务平台、综保区艺术品交易平台、文化产业协同创新平台等建设，助推文化企业做大做强。

——摘自《舟山市国民经济和社会发展第十三个五年规划纲要》

舟山群岛新区文化产业发展理论与实践探索

主　编　忻海平
副主编　施宏斌　史　征

浙江工商大學出版社
ZHEJIANG GONGSHANG UNIVERSITY PRESS

图书在版编目(CIP)数据

舟山群岛新区文化产业发展理论与实践探索 / 忻海平主编. 一杭州 ：浙江工商大学出版社，2017.3
ISBN 978-7-5178-1673-7

Ⅰ. ①舟… Ⅱ. ①忻… Ⅲ. ①文化产业一产业发展一研究一舟山市 Ⅳ. ①G127.553

中国版本图书馆 CIP 数据核字(2016)第 123587 号

舟山群岛新区文化产业发展理论与实践探索

忻海平 主编　施宏斌　史　征　副主编

责任编辑 吴岳婷　何海峰
封面设计 李瑞敏
责任印制 包建辉
出版发行 浙江工商大学出版社
(杭州市教工路 198 号　邮政编码 310012)
(E-mail:zjgsupress@163.com)
(网址:http://www.zjgsupress.com)
电话:0571-88904980,88831806(传真)
排　　版 杭州朝曦图文设计有限公司
印　　刷 杭州恒力通印务有限公司
开　　本 710mm×1000mm　1/16
印　　张 13
字　　数 228 千
版 印 次 2017 年 3 月第 1 版　2017 年 3 月第 1 次印刷
书　　号 ISBN 978-7-5178-1673-7
定　　价 36.00 元

浙江工商大学出版社营销部邮购电话　0571-88904970

前　　言

文化产业是知识密集与智慧主导的战略型新兴产业，它的成长与发展是以文化为资源，以创意为引擎，具有高成长、强融合、多创意、低污染的特征，是国际社会公认的朝阳产业。推进文化产业发展，突出“软实力”建设，已成为当今世界经济社会发展的强势潮流。特别是在我国经济发展进入新常态时，文化产业作为新兴朝阳产业，具有能耗少、污染低、附加值高、渗透性强等特点，可以促进第一、二、三产业的整合与提升，有利于推动经济转型升级和主动适应与把握经济新常态，发展文化产业，还可以提供更多更好的文化产业与服务，满足人们对文化消费的需求，使全体人民物质生活更加殷实，精神生活更加充实。浙江省委、省政府多次强调要把发展文化产业摆上战略性、全局性位置，在经济社会发展过程中要坚持先进文化引领，努力将文化产业培育成万亿级产业，把文化产业发展成为国民经济的支柱性产业。

加速舟山文化产业的转型升级、发展是深入贯彻党的十八大和十八届三中、四中、五中全会精神，真正实现中国梦的重要举措；是深入贯彻习近平总书记系列重要讲话精神，加快形成引领经济发展新常态的体制机制和发展方式的战略布局；是深入实施省委“八八”战略、“两创”总战略的具体行动。

舟山正在不断地对文化产业的发展提出更高的要求和全新的期盼，舟山也将大力推进文化产业科学、持续发展，努力为新常态下经济转型升级和建设美丽海岛新区做出新贡献。文化产业的发展是舟山“新常态”下加快经济发展方式转变，促进产业转型升级，提升综合竞争力，促进政治经济社会文化生态可持续发展的必然选择。要充分认识到无论是从受到舟山发展的环境约束、还是资源约束，无论是促进舟山的经济转型升级、还是产业结构调整，无论是优化舟山城乡面貌、还是全面提升人民生活品质，无论是丰富舟山百姓的文化生活、还是提高群众的文明素养出发，都要求上下对文化产业发展有一重新认识并且付诸于行动。必须尽快将文化产业发展提升到新区发展的战略高度，不断探索文化产业发展的体制机制创新，科学规划文化产业发展方向、目标、路径和项目，建立健全文化产业发展的保障体系，将文化产业的发展统筹纳入到新区经济社会的整体发展之中。

我们共同努力，期待着舟山文化产业开始腾飞！

目　　录

发展战略研究篇

发展专题研究篇

发展改革实践篇

发展战略研究篇

舟山文化产业“十三五”发展战略思考

近年来，舟山市文化产业牢牢把握新区发展机遇，积极推进文化创新驱动、重大项目带动和特色文化产业发展，使舟山的海洋文化产业成为浙江舟山群岛新区经济发展方式转变的重要着力点。结合国际休闲生态岛和海上花园城建设，不断完善文化产业发展的空间布局和区域规划，重点打造以佛教文化为核心的普陀山一朱家尖功能区、以科技文化创意设计为核心的中国（舟山）海洋科学城核心区、以海洋历史人文为核心的定海历史文化区域和以渔俗文化为核心的普陀鲁家峙区域，进一步推进舟山海洋文化名城建设。出台了《舟山市文化产业三年推进计划》，设立了市文化产业引导资金，并在税收、土地、金融、人才引进培养等方面给予政策支持，全市文化产业以20.9％的年均增长率快速发展。

一、舟山市文化产业的发展成就

1.文化产业海洋特色明显，产业领域持续拓展

依托海洋文化特色和民间民俗文化底蕴，发展节庆会展业，推出了舟山群岛·中国海洋文化节、舟山国际沙雕节、中国普陀山南海观音文化节、东海音乐节等节庆活动，形成了较好的品牌效应和规模效益。以海洋、佛教为特征的工艺美术品制造、销售业显示出强劲的发展势头，特别是仿古木船制造已在市内外乃至国内外拥有一定的知名度。演艺业与海洋文化旅游深度融合，以《印象·普陀》实景演出为代表的旅游演出项目成为带动文化旅游业发展的新亮点。软件研发、工业设计、动漫创意等新兴文化创意产业逐渐起步，呈现集群化发展趋势，涌现出定海伍玖文化创意中心、普陀海洋文化创意产业园区、海洋科学城、动漫产业孵化服务平台等一批新兴文化创意产业集聚区。

2. 文化与旅游科技深度融合，文化产业持续快速健康发展

全力建设具有海岛特征、海洋文化特色的文化旅游项目，特别是抓好以普陀山为依托的佛教文化和禅修文化、以海洋海岛风光为依托的滨海休闲文化、以海鲜美食为依托的饮食文化，使之成为舟山当前三条文化旅游主线。打造了泥岛、钓岛、侠岛等一批具有海洋文化内涵的特色主题文化岛屿。2014 年，全年接待国内外游客共 3397.96 万人次，比上年增长 10.8%，全年实现旅游总收入 338.44 亿元，比上年增长 12.8%。在我市已初步形成的文化产业发展格局中，海洋文化旅游业的主导地位不断凸显。

3. 重大项目带动明显，集聚效应初步显现

涌现出一批规模较大、带动性强的优秀文化产业项目。舟山群岛·中国海洋文化节、舟山国际沙雕节等品牌节庆活动带动效益明显，佛博会、渔博会等特色会展发展迅速。舟山普陀印象旅游文化发展有限公司、舟山国际沙雕有限公司被列入浙江省文化产业发展“122 工程”，中华古帆船研究制作中心项目被列入国家文化出口重点项目，普陀岑氏木船作坊被列入浙江省成长型文化出口重点企业。同时，文化产业区块基本形成，软件研发、平面设计等新兴创意产业在新城逐步兴起。

4. 文化市场日渐繁荣，龙头企业崭露头角

通过文化体制改革，文化市场体系逐步完善，投资渠道日益多元化，演出、娱乐、图书、广告等各类文化市场日益走向成熟和规范。院团改革推动演出市场焕发新的活力，成功引进市外优秀演出产品，民营剧团表现活跃；城市电影发展形势喜人，舟山时代金球影城、大光明巨幕影城、舟山太平洋影城等多厅影院陆续建成营业，推动了电影市场的繁荣。同时，一批具有一定规模和发展前景的海洋特色鲜明的文化企业也开始脱颖而出，如中华古帆船研究制作中心、彼岸文化传播有限公司、红钳蟹海洋文化发展有限公司等，这些企业致力于打造独具特色的海洋文化产品，已初具发展规模，在市内外文化市场上表现活跃。

5. 对外交流渐趋频繁，行业合作日益紧密

一方面开门办展会，每年举办的中国普陀山佛教用品博览会、舟山渔博会、舟山船博会等会展活动广受关注，举得较好的经济效益，2015 年还举办了首届舟山市海洋文化衍生品展示会。另一方面组织文化企业，参加义乌文博会、深圳文博会，船模、渔民画、贝雕、佛教用品、沙雕等独具特色的海洋文化产品得到了广大国内外客商的高度关注，吸引了不少投资者前来寻找合作机会。

二、舟山市文化产业"十三五"发展战略思路

舟山文化产业的发展要为海洋文化强市的建设奠定坚实基础，因此在"十三五"期间将全面推进促进文化产业发展的"一三五七九战略"，努力打造国际知名佛教文化产业基地和国内特色鲜明的海洋文化产业基地。"一三五七九战略"即"一核三圈、五大产业门类、七大产业发展平台、九大重点项目"，具体而言，就是根据"一带三圈多组团"的空间布局，着力发展文化休闲旅游业、艺术品业、动漫游戏业、设计服务业、文化节庆会展业五大重点产业门类；着力打造动漫游戏平台、跨境电商文化贸易平台、保税区艺术品交易平台、船舶工业设计平台、科学城文化产业协同创新平台、文化产品展示平台、文化产业孵化平台等七大重点产业发展平台；集中优势资源加大对观音文化园、南洞艺谷、伍玖文化产业园二期工程、海洋科学城文化创意产业园、舟山传媒创意中心、慈航广场文化集市、海莱坞影视基地、岱山东沙古镇、嵊泗东海渔村等九大重点项目的建设力度，积极发挥重大项目的聚集和辐射带动效应，引导和带动全市文化产业协同发展。

1. 空间布局

全市文化产业按"一带三圈多组团"进行空间布局。

一带是指舟山本岛沿定海—新城—普陀的文化产业带，着力发展富有佛教和海洋特色的文化产业，是舟山文化产业发展的重心所在。

三圈是指定海文化产业圈、新城文化产业圈和普陀文化产业圈。定海文化产业圈将重点发展海洋文化休闲旅游业、海洋节庆会展业、动漫游戏业等产业门类；新城文化产业圈以创意和设计服务业、现代传媒业、海洋节庆会展业、艺术品业等为发展重点；普陀文化产业圈要大力推进高层次、高水平、高效益的佛教文化休闲旅游业、海洋文化休闲旅游业、海洋节庆会展业等相关产业的发展，该文化产业圈是进一步提升舟山文化产业规模和质量的重点区域，将成为舟山文化产业发展的核心区域。

多组团则是将其他区域作为文化产业发展的拓展区，重点发展符合当地特色的文化产业门类，通过区域联动，提升舟山文化产业整体发展水平。

2. 五大重点产业门类

(1)文化休闲旅游业。依托"一带一路"发展战略，以推进国家旅游综合改革试点城市和舟山群岛海洋旅游综合改革实验区建设为契机，加快开发邮轮、游艇、海钓、康体、禅修等时尚海洋旅游新业态，建设海洋文化主题旅游岛屿、海洋文化主题公园，把

舟山群岛打造成国际化的旅游文化品牌，彰显海洋文化特色。依托佛教文化资源，发挥世界佛教文化论坛的品牌优势，全面推进佛教旅游文化转型升级，进一步打造国际佛教文化旅游目的地。

（2）艺术品业。按照“文化为本、科技为用、商业为体、旅游为形”的发展思路，高度重视传统民间工艺与艺术品的挖掘、保护、传承和发展。大力发展沙雕、贝雕、木雕、渔民画等海洋文化艺术品与佛教文化艺术品及其衍生产品的开发；促进艺术品与金融业融合，重点打造保税区艺术品交易平台。

（3）动漫游戏业。以推动海洋原创动漫发展为核心，充分利用岛城丰富的海洋、旅游、渔俗文化资源，将其融入动画中，打造独具特色的动漫文化品牌。开发以海洋文化为内涵的旅游、服装、日用品等动漫游戏衍生产品。

（4）设计服务业。以海洋工程装备与船舶设计、海洋科技研发、工业设计、海洋电子信息、海洋文化创意、海洋科技服务业等为重点，加大与中科院、浙大等科研院所的科技交流合作力度，培育一批以海洋为特色的设计服务业龙头企业和高科技企业，促进文化产业融合发展。

（5）文化节庆会展业。举办中国·舟山海鲜美食文化节、普陀山南海观音文化节、朱家尖国际沙雕艺术节等节庆活动，体现舟山群岛最著名的滨海休闲渔业、海天佛国观音文化和天然优良的沙滩群特色，举办特色鲜明的海洋文化产品展览会、动漫游戏展览会等文化类会展，全面展示海洋文化与佛教文化产品，扩大全市文化产业的影响力。

3. 七大重点产业发展平台

（1）动漫游戏平台。致力于海洋原创动漫推广、动漫衍生品打造、本土动漫文创人才培养、动漫相关业务咨询等；依托平台优势，大力引进优秀动漫企业，建立联合开发、优势互补、利益共享、风险共担的合作机制，促进舟山动漫游戏产业健康发展。

（2）跨境电商文化贸易平台。以舟山港综合保税区为依托，以文化艺术产品、旅游产品、水产品等为突破口，另辟蹊径，差异化定位，建设文化艺术跨境电商平台，创建有舟山特色、可持续发展的跨境电商文化贸易平台。

（3）保税区艺术品交易平台。充分发挥保税区的优势与条件，开展保税区海洋文化产品，尤其是佛教艺术品的展示、拍卖、交易、保税仓储等艺术品交易活动，打造全国乃至国际有特色、有影响的文化艺术品交易平台。

（4）船舶工业设计平台。打造船舶设计企业集聚区、公共技术服务区、工业设计与产业融合发展区。

(5)科学城文化产业协同创新平台。依托浙大舟山校区、浙江海洋学院、海洋科学城等高校、园区、企业资源,探索建立文化产业协同创新机制,促进政府、高校、科研机构与园区、企业密切合作,加快全市文化创意与创新的发展。

(6)文化产品展示平台。围绕海洋文化和佛教文化,集聚舟山优秀文化企业和产品,持续举办具有鲜明地域标志和浓厚佛教、海洋文化特色的文化产品展示活动,充分利用慈航广场文化集市等有形空间展示平台,建成特色文化产品展销中心;建设电商平台、微信公众号、手机 APP、微博等线上展示平台,线上线下结合,全方位展示、推广舟山文化产业的成果。

(7)文化产业孵化平台。以产业园区及创客空间等为有形载体,搭建文化产业孵化平台,为文化产业领域创业者提供政策扶持与产业引领、聚集发展与辐射带动、创业孵化与人才培训、宣传推广与交流合作、保姆式服务与数据性支撑等一站式公共服务。

4. 九个重大项目

(1)观音文化园。总投资约 30 亿元,总面积约 9 平方公里,建设用地约 5000 亩。总体构想建设以观音文化为主题,集朝圣、观光、体验、教化功能于一体,集观音菩萨和观音文化之大成的观音文化博览园、弘法中心,成就当代佛教建筑最高典范的"建筑地标"与现代佛教弘化理念的"精神地标"。

(2)南洞艺谷。发挥新建社区南洞艺谷的品牌优势,根据现有的文化产业基础,规划好文化产业的发展方向,努力把新建社区南洞艺谷打造成戏剧作品的孵化基地、文化创意基地和文化艺术影视基地。

(3)伍玖文化产业园二期工程。总建筑面积 26476 平方米,总投资 1.7 亿元,要立足功能定位和运营模式的创新,加快招商引资工作,促进文化产业的聚集发展,引导相关产业上下游产业链的形成,形成一个具有高品位的文化产业集聚区。

(4)海洋科学城文化创意产业园区。融合高新科技和文化创意,建设电商支付服务平台、共性技术支撑平台、产业投融资服务平台、船舶设计平台、文化产品设计与研发平台,打造海洋文化科技企业集聚区、创意设计企业孵化器。

(5)舟山传媒创意中心。项目总投资约 5.57 亿元,整合舟山日报社、广电总台、浙报舟山分社媒体资源,推动形成现代媒体集聚区,引领和带动全市文化传媒创意产业发展。

(6)慈航广场文化集市。开辟集中展示销售佛香、舟山渔民画、观音莲花茶、观音饼等本地文化特色产品的空间,加强名优企业品牌招商引资,创新文化集市运营的模式。

(7)海莱坞影视基地。整合海岛影视基地桃花岛、岱山东沙等舟山全市特色海洋资源,打造天然的海岛影视拍摄基地,建设集影视后期制作、影视设备租赁、拍摄接待服务等为一体的海洋影视全产业链服务基地。

(8)岱山东沙古镇。对传统街区和特色民居、老商铺店面进行修复和恢复,对老民居住宅进行场景陈列,设立古渔镇风情展示区,开辟古渔镇风情活动区,打造民俗工艺一条街,建设海洋文化采风写作基地、海岛影视拍摄基地等,打响"中国唯一的海岛古渔镇"品牌。

(9)嵊泗东海渔村。通过民居风貌改造、景观环境建设、美丽庭院创建、休闲业态丰富、渔家民宿引导、乡土文化提炼等举措,把东海渔村打造成原生态文化主题公园,整体提升村落品质。紧密结合"文化礼堂"建设,打造文化寻根之旅,将地方之魂注入文化产业中。

(作者:施宏斌,徐玲芬,王霄燕,张东升,徐　捷,方　圆,史　征)

舟山市“十三五”文化产业发展战略研究

一、发展背景

综观国内外，文化产业发展在新一轮区域竞争中正发挥着越来越重要的作用。各地文化产业蓬勃发展的良好形势和鼓励文化产业发展的政策导向，为舟山大力发展文化产业指明了方向和可供借鉴的思路。

舟山在创建海洋文化名城和文化产业大繁荣大发展的背景下，把文化发展提升到了一个新的高度，文化发展是加快转变经济发展方式和产业转型升级，提升综合竞争力，促进经济社会可持续发展的不二选择。2014 年舟山人均 GDP 达到 1.45 万美元，在全省范围内位列杭州、宁波之后，高居第三。文化日益成为舟山人民的消费热点，文化产业特色化发展、文化产业品牌化包装和文化旅游一体化等方面都已取得丰硕成果。在当下文化经济时代，舟山良好的内外部综合优势正在得到全面的体现，舟山文化产业发展的前景光明、潜力无限。

(一)舟山文化产业发展优势条件

1. 区位优势

舟山地处中国东部黄金海岸线与长江黄金水道的交汇处，是全国南北海运线中心，也是中国东部沿海和长江流域走向世界的主要海上门户。舟山背靠长三角广阔经济腹地，紧临国际大都市上海、省会城市杭州和国家计划单列市宁波三大城市，随着东海大桥、杭州湾大桥、舟山跨海大桥等相继建成，舟山融入上海、杭州三小时经济圈，作为长三角海上开放门户的区位优势更加凸显。长三角地区也是我国大陆文化产业三大核心板块之一，为舟山发展文化产业奠定了良好的基础。

2. 政策优势

2011 年 6 月 30 日，国务院正式批准设立浙江舟山群岛新区，这是我国第一个以海洋经济为主题的国家级新区。2012 年 9 月 29 日，国务院又批复设立舟山港综合保税区，创建自由贸易港。国家级新区和综合保税区的设立，使舟山文化产业的发展能够享受优越的新区政策以及海关特殊监管功能和政策。同时，舟山市政府设立每年 1000 万的文化产业发展专项资金，为舟山文化企业的成长和文化项目的建设提供了资金保障。政策和资金的综合优势将产生强大的产业聚集效应，吸引大量来自全国各地的文化产业及其相关产业的人才来舟山创业发展。

3. 资源优势

舟山人文底蕴深厚，山海资源丰富，环境生态优势全国领先。普陀山是我国四大佛教名山之一，是舟山最重要的文化旅游金名片，除此之外，全市另有 3 个全国海洋文化产业示范基地，1 个国家级海洋生态文明示范区，5 个国家级、35 个省级、293 个市县区级非物质文化遗产项目，4 个国家级、11 个省级、123 个市县区级文物保护单位，1 个浙江省文化创意小镇，古镇、古街多处，保持原样的古村和保存完好的古迹非常多见。丰富的人文资源和优越的海岛生态为舟山文化产业发展提供了载体和空间。

区位、政策和资源的综合优势，为舟山文化产业发展打下了厚实的基础，也利于舟山文化产业的质量提升和业态延伸。在“十三五”期间，舟山文化产业的发展应该立足于自身优势，在现有的产业基础上，充分利用舟山内外部综合优势，不断深化、优化发展并努力探索新的方向，走一条高质量内涵、高经济凝聚性、高产业端点的路子，辐射推动舟山经济、社会、政治、文化、生态全面提升发展。

(二)舟山文化产业发展基本现状

1. 总量稳步增长

在“十二五”期间，舟山文化产业尽管发展基础比较薄弱，但一直保持平稳增长，文化产业总量不断扩大，占 GDP 比重逐步提升(见图 1)。到 2014 年，全市实现文化产业增加值突破 40 亿元，共有各类文化企业 1000 余家，其中规上文化企业共有 31 家，集中在文化制造业、文化服务业和文化批零业三个领域。对外文化贸易稳步增长，2014 年外贸值 175 万元。

从浙江全省总量来看，2013 年浙江省全省文化产业增加值占 GDP 的比重已经达

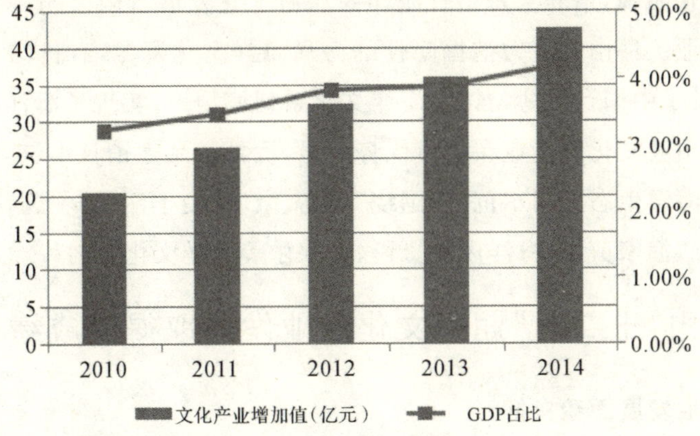

图1　舟山市文化产业增加值和 GDP 占比(2010—2014)

到5%,成为国民经济支柱性产业(见图2)。2014年全省文化产业增加值2187.8亿,GDP占比5.45%。舟山在“十二五”期间GDP增速较快,展望“十三五”经济发展仍会继续保持良好势头。预计在“十三五”期间文化产业增加值占GDP的比重将超过5%,成为舟山国民经济支柱产业。

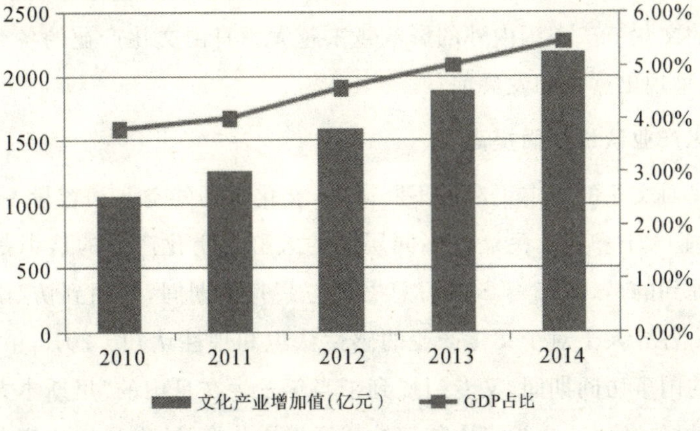

图2　浙江省文化产业增加值和 GDP 占比(2010—2014)

2. 区县各具特色

从舟山各区县文化产业的发展情况来看,两区两县正在形成各自的优势与特色。定海区文化产业园区建设先发优势明显,产业活力充足,呈现文化制造、船舶设计、建筑设计、文化传媒、咨询策划以及时尚消费创意(动漫、服装设计)多业态聚集发展态势。普陀区佛教文化产业厚积薄发,海洋旅游文化产业精彩纷呈,形成了中国国际沙雕节等一批文化品牌，培养了舟山普陀印象旅游文化发展有限公司等一批海洋特色鲜明的文化企业。岱山县着力挖掘隐性的海岛海洋文化资源，有机结合自然景观和人文景观，建设了中国台风博物馆等海洋文化系列博物馆，实现了海洋文化旅游业的快速发展。岱山县文化制造业在全市优势明显，玩具产品远销日本、美国。嵊泗县是第二批国家级海洋生态文明示范区，围绕“离岛、微城、慢生活”的主题，大力打造嵊泗渔歌、渔家民画、渔家剪纸、海洋风光摄影、渔家乐等海洋文化金名片。

(三)舟山“十二五”期间文化产业发展取得的成绩

1. 文化产业发展面貌良好

舟山文化产业发展虽然基础比较薄弱，但是在市委市政府及各级部门的重视与支持下，在企业自身的不懈努力下，如今已经有了良好的发展面貌。国家级新区建设为文化产业发展带来了春风，在政策的大力支持下，文化资源得到了产业化的有效激活，新业态文化企业开始起步。“南洞艺谷”入选浙江省首批文化创意小镇，以定海伍玖文化创意中心为代表的文化产业园区不断升级壮大，以定海中大街为代表的文化古街保护得到进一步提升，以岑氏木船为代表的非遗项目产业化规模不断扩大，以沙雕节为代表的文化节庆在国内外的影响越来越大。舟山文化产业的各个领域不断夯实产业基础，呈现出远大的发展前景。

2. 对文化产业认识全面提高

舟山人民对文化的需求正在被不断激发，文化市场的空间和容量不断得到提升。政府领导、产业人士和社会民众等不同层级的人群对文化产业的认识都有了显著提升。特别要提到的是，2015 年 5 月习总书记考察舟山期间，专门到访“南洞艺谷”，大大促进了舟山各界人士对于文化产业的感性认识和理性认知。2015 年 10 月习总书记在对英国的国事访问期间，又专门提到了当年发生在舟山的“里斯本丸”事件，这不仅是对舟山最好的宣传，也为舟山如何挖掘开发文化资源、发展文化产业提供了更广阔的思路。

3. 特色文化产业蓬勃发展

普陀山是中国四大佛教名山之一，源远流长的佛教文化和美丽的山海风光，使普陀山誉享海内外，成为全球华人朝宗拜佛的圣地，2014 年普陀山水域进出港客流量达到 1391.3 万人次。佛教文化是舟山文化产业发展最具特色的产业资源，围绕着佛教文化参观旅游、禅修、佛学、佛礼、佛香等业态不断伸延，如今佛教文化产业已经具备了非常可观的规模，在国内外也产生较大影响。观音法界的建设正在如期推进中。《印象·普陀》大型实景演出以佛教文化中的大爱、善意、美德与自悟为主题元素，倾力打造观音文化。

4. 海洋文化产业独树一帜

舟山海洋文化资源极其丰富，“十二五”期间海洋文化资源转化为产业资源、海洋文化转化为现实生产力的能力不断得到加强，文化资源不断被开发成文化产品和文化服务并不断提高附加值。舟山普陀印象旅游文化发展有限公司等一批具有一定规模和发展前景的海洋特色鲜明的文化企业快速成长，中国国际沙雕节、东海音乐节、沈家门渔港民间民俗大会等一批文化节庆活动社会影响力不断扩大，普陀海洋文化创业产业园区、舟山国际沙雕有限公司、舟山市普陀岑氏木船作坊单位获批为全国海洋文化产业示范基地。海洋旅游业成为海洋文化产业发展的关键力量，2014 年舟山全市旅游接待人数 3397.96 万人次，比 2013 年增长 10.8%，全市旅游总收入 338.44 亿元，比 2013 年增长 12.8%。

(四)舟山文化产业发展存在的不足

1. 文化企业发展氛围不浓，创新不足

长期以来，舟山的产业发展以旅游、渔业生产和船舶制造为主导，文化的消费能力和生产能力有限。舟山文化企业整体的发展氛围不浓，创新不足。近两年来，舟山每年有超过 3000 万的外来游客，但是游客的文化消费以购买旅游纪念品为主，这些纪念品绝大多数为义乌小商品市场的经销产品。据不完全统计，在普陀山销售的各类旅游文化纪念品、佛教用品中，舟山本地生产的大概只占 3%，其余约 97%的产品均为义乌小商品市场的经销货。缺乏舟山本土特色的产品，这显然跟舟山文化企业发展的土壤和氛围息息相关。很多企业处于产业链的底端，产品科技含量低，文化和科技的附加值少，创新设计能力弱。

2. 文化企业规模偏小，竞争力不强

舟山的文化企业除部分船舶设计企业外，大部分表现为实力弱小，竞争力不强。船舶设计企业作为舟山海洋特色鲜明的文化企业，在舟山的文化产业中占据重要地位，但是整体在国内的同类企业中竞争力并不强，站在全球范围的视野来看，舟山的船舶设计处于同类产业的相对低端水平。海洋动漫、海洋影视产业尚处于起步阶段，文化制造业企业规模偏小，经济效益和社会效益都有待进一步提升。渔民画在定海、普陀、嵊泗、岱山都有较好的基础，但是都处于零散状态，没有整合成强大的产业链条，衍生产品的开发也有待整合提升。

3. 经营者拓展创新意识不强，经营能力不足

舟山本土文化企业的经营者市场拓展意识欠强，经营能力有待提高。舟山文化产业企业规模小，成长缓慢，缺乏领军企业，缺乏在省内外有影响力的知名品牌。如今，国家级新区开发的历史机遇和优厚的政策优势、举世闻名的佛教文化资源和独具特色的海洋文化资源、每年超过3000万人次的庞大游客群体，为舟山文化产业发展创造了极好的外部条件。舟山文化企业的经营者亟需创新思维、拓展市场从而创造更大财富。

4. 文化产业园区数量少，聚集效应弱

舟山文化产业园区数量偏少，企业聚集度低，同类企业、上下游企业间的竞争合作、横向交流少。从目前几个文化产业园区的实际运营情况来看，园区内企业的运营能力有待提高、企业间聚集协同效应有待提升。定海伍玖文化创意中心是舟山第一个文化产业园，目前有50多家文化创意企业和艺术家工作室入驻，处于满园工作运行状态，今后要更注意盈利能力和市场拓展能力的提高。岱山文化产业（休闲）一条街建设已圆满完成，招商引进的店铺已进入营业阶段，新城怡岛路文化一条街也已投入运行，相关文化企业陆续进驻该区域。这些街区文化企业聚集已有了雏形，但尚缺乏产业链的互相支持、合作、共享及竞争。

二、指导思想、总体定位与发展目标

（一）指导思想

以科学发展观和十八大精神为指导，深入贯彻习近平总书记系列重要讲话精神，围绕舟山群岛新区建设“一中心四基地一城”的战略目标，以创新、协调、绿色、开放、共享五大发展理念为引领，以文化资源为依托，以科学定位为基础，以业态组合为主线，以园区建设为载体，以机制创新为保障，按照“一三五七九”发展战略，提高文化产业发展的规模化、集约化、专业化水平，提升其对经济社会发展的关联度和贡献率，推进舟山经济文化化、文化经济化、经济文化互动一体化进程。

（二）总体定位

抓住文化大发展大繁荣的战略机遇，充分发挥舟山独特的生态人文优势，打好“佛教文化、特色海洋文化”两大文化品牌，加强资源挖掘整合，注重创意科技提升，突出功能差异定位，将资源优势转变为产业优势，将区位优势转化为竞争优势，按照“以佛教文化打造国际品牌，以海洋文化创设业态个性”的总体思路，建成舟山文化产业的两大基地（国际知名的佛教文化产业基地、国内特色鲜明的海洋文化产业基地），使文化产业成为舟山建设国家级新区的强大推进器。

1. 国际知名的佛教文化产业基地

舟山佛教发展历史悠久，佛教文化资源丰富，“观音道场”普陀山闻名天下，是全国四大佛教名山之一，也是海内外佛教信徒朝拜观音的圣地。舟山发展佛教文化产业具有优质的资源要素和广阔的市场前景，但是目前，佛教文化资源挖掘开发的集约性与关联度有待提升，需要按照“挖掘纵深内涵、延伸产业链条、加强品牌推广、完善服务功能”的思路，挖掘佛教文化资源的战略潜能，将佛教文化的深厚内涵向内挖掘、向外整合、向深体验。

第一，深化佛教文化的旅游开发。拓展以观音文化为主题的文化旅游空间，完善传统的观音三大节日，做精佛教文化节庆活动。完成大型佛教文化主题园区观音文化园的建设，包括观音文化园核心区域观音法界及周边业态配套。按照举世无双、流芳百世的标准建设高品质、高标准、高层次的观音法界，使其成为中国观音之大全、集观音菩萨之大成，发挥佛教正能量、实现中国梦。

第二，打造佛教文化产业。加强佛教文化研发与交流，继续扩大中国佛学院普陀山学院在国内外的影响。依托佛学院，加强佛教文化产业多种业态开发，包括佛教传统产品生产、佛乐创作、佛教文化动漫制作、佛教文化影视摄制等。建设佛教文化特色商业，促进佛教文化体验、佛教文化服务与消费，建设一批佛教文化主题酒店、素斋馆等。

第三，优化佛教文化感悟与养生产业。在保持佛教文化固有的清净品格和特质的前提下，不断提升文化层次，拓展服务功能，不断提高佛教文化的影响力，更好地服务社会。培养和集聚一批具有高深佛学造诣和影响力的僧才队伍，为来自海内外的佛教信徒提供正信正行的佛教禅修、闭关等体验活动，全面感受和体验佛教文化和精神内涵。通过禅修、佛学、佛礼等学习和体验，让佛教文化影响大众、教化大众，使普陀山成为全球佛教文化学习体验的首选之地，成为僧俗共修、引领世界佛教发展潮流与方向的精神家园。

第四，打造全球佛教文化用品创意研发、展示、交易集市。佛像、佛龛、佛画、佛塔、舍利塔、经书、念珠、宝石、佛香、香炉、木鱼等丰富多彩的佛教文化用品深刻地体现了佛教文化对人们日常生活形态的渗透和影响，有非常庞大的消费市场。要充分利用普陀山在全球佛教界的优势地位，培育舟山佛教文化用品生产与创意研发能力，使舟山成为全球佛教文化用品展示与交易集市，成为全球佛教文化艺术品与藏品的交流、鉴定、展示及交易中心。

2. 国内特色鲜明的海洋文化产业基地

充分利用舟山得天独厚的区位优势，紧紧依靠海陆空便捷的立体交通，在整合佛教文化和山海人文资源上下功夫，集约开发“禅游娱、吃住行”等元素，打造独特的海洋文化产业。

第一，继续扶持船舶设计业的发展。船舶设计业是舟山文化产业的一个骨干产业门类，在2012年，舟山市船舶工业设计基地被认定为省级特色工业设计示范基地。舟山群岛新区区位优势明显，投资环境优越，政务服务便捷高效，新落户舟山的浙江大学舟山校区在船舶与海洋工程设备方面具备强大的人才及研发溢出能力。在“十三五”期间，要引进更多的优质船舶工业设计企业来舟山投资发展，招揽一批在行业内具有一定影响力、研发设计能力强的船舶工业设计团队，推动船舶工业设计产业向更高层次发展，力争将舟山建设成为国内重要的船舶工业设计基地。

第二，扶持海洋动漫、海洋影视产业发展。舟山有非常丰富的海洋文化资源和山海风光，如今一批动漫制作公司、影视剧制作公司正在挖掘整理舟山海洋文化资源，制作反映舟山人文与自然的动漫剧和影视剧。在“十三五”期间，各有关部门要加大鼓励、合作参与动漫剧和影视剧的制作与投放，将舟山打造成海洋动漫制作中心、海洋影视拍摄和后期制作中心、动漫及影视衍生品的设计生产销售中心。

第三，加大扶持传统木船制造技艺、舟山贝雕、舟山渔民画等海洋类非物质文化遗产项目的产业化开发。以扩大市场规模为重点，以培育龙头企业和产业集聚为载体，全力推进古帆船、贝雕等舟山海洋工艺美术品业创新，全面提升海洋工艺美术品业综合实力和市场竞争力；加快舟山渔民画及其衍生产品的开发，“十三五”期间要加大普及渔民画的培训，鼓励奖励优秀渔民画的创作，积极引导渔民画衍生产品的开发；非遗项目的保护和开发，要加强知识产权保护工作，要普及知识产权的教育和宣传，推动艺术品创作的版权、专利权、商标权的申报及保护。

第四，继续办好沙雕节、东海音乐节等海洋文化节庆活动，扩大在国内外的知名度。办好海岛国际马拉松、海洋运动会、东海帆船节、海钓赛等体育文化赛事，聚集人气。继续完善中国长峙岛海洋养生基地建设，吸引更多高端人士来舟山旅游、度假、休闲、养生。

(三)基本原则

1. 坚持满足人民群众的文化需求

根植于舟山的鲜明文化特色，提倡多元化并重的文化产业类型，注重激发人民群众的文化创造力，推动生活与创业、文化与经济的有机结合，着力提升人民生活品质和文化惠民能力，满足人民群众日益增长的精神文化需求。

2. 坚持政府、市场、企业的三力整合

整合政府主导力、市场配置力与企业主体力，科学规划布局，提升产业层次，推动文化产业发展。

3. 坚持两轮齐驱带动

推进佛教文化产业与特色海洋文化产业两轮齐驱，丰富公共文化消费供给、提升人民生活品质，满足文化市场需求。

4. 坚持突出重点，集聚化发展

坚持“创新、协调、绿色、开放、共享”的五大发展理念，加强对产业集聚的政策引导，注重发挥重大项目对全局发展的带动作用，通过招商引资与本地培育，精选一批重点行业、重点园区和重点项目，以点带面，梯度开发，集聚发展，创造舟山文化产业的品牌、人气和财富。

(四)发展目标

重视文化产业规模的扩张，重视文化产业结构的优化、效益的提升和功能的发挥，加快形成“高增值、强辐射、广就业”的文化产业发展体系。“十三五”期间文化产业增加值继续保持增长态势，优势产业影响力逐步提升，重点项目、重点企业和重点品牌的影响力显现，对全市经济转型升级的贡献不断攀升；满足群众文化消费需求的能力不断增强，促进群众的文化素质全面提升，实现文化产业与社会经济的良性互动发展。目标如下：

1. 数量目标

“十三五”期间，文化产业增加值总量明显提高，文化产业增加值的年均增长速度高于“十二五”期间的年均增长速度，规模以上文化企业的数量明显增加，实现1－2家企业在新三板上市，文化贸易额大幅增长。

2. 质量目标

优化提升文化休闲旅游业、设计服务业、文化会展节庆业等发展基础较好的优势产业，加快发展艺术品业、动漫游戏业，积极推动影视业等新兴产业发展，逐步优化文化产业结构。构建结构较为合理，门类相对齐全，科技含量较高、竞争力趋强的现代文化产业体系，有效推进新常态下舟山社会经济的发展，并形成强大的辐射体系，带动舟山其他产业的转型升级。

3. 效益目标

文化产业对经济发展的贡献度和吸纳就业能力得到明显提高，文化产业原创能力和技术创新能力得到显著增强，为群众的文化消费提供更多的精神产品，为提升舟山城市的文化品位、提高舟山的城市软实力、建设具有海洋特色的国家级新区、建设海洋文化名城提供强大的支持。

三、空间布局

(一)架构思路

舟山文化产业的发展要为海洋文化名城建设奠定坚实基础，因此在“十三五”期间将全面实施促进文化产业发展的“一三五七九战略”，努力打造国际知名佛教文化产业基地和国内特色鲜明的海洋文化产业基地。“一三五七九战略”即“一带三圈、五大产业门类、七大产业发展平台、九大重点项目”的文化产业发展战略，具体而言，就是根据“一带三圈多组团”的空间布局，着力发展文化休闲旅游业、艺术品业、文化节庆会展业、设计服务业、动漫影视业五大重点产业门类；着力打造动漫产业公共服务平台、跨境电商文化贸易平台、保税区艺术品交易平台、船舶工业设计平台、科学城文化产业协同创新平台、文化产品展示平台、文化产业孵化平台等七大产业发展重点平台；集中优势资源加大观音文化园、南洞艺谷、伍玖文化创意产业园二期工程、科学城文化创意产业园、舟山传媒创意中心、舟山文化会客厅、影视产业服务基地、岱山东沙古镇、嵊泗东海渔村等九大重点项目建设力度，积极发挥重大项目的聚集和辐射带动效应，引导和带动全市文化产业协同发展。

(二)空间布局

舟山群岛新区文化产业按“一带三圈多组团”进行空间布局。

一带是指舟山本岛沿定海—新城—普陀的文化产业带,着力发展富有佛教和海洋特色的文化产业,是舟山文化产业发展的重心所在。依托佛教文化、岛礁沙滩、古城文化、生态环境、渔港风情、海防军事等资源,重点开发观音文化、海洋游乐、滨海度假、养生康体、婚纱婚庆等产品,完善城市旅游集散和休闲功能,形成沿定海－新城－普陀多个节点的海岛城市文化休闲旅游产业带。依托普陀山国际性的佛教交流中心、佛教圣地、国际旅游胜地这一独特资源,推进观音文化园项目建设,促进普陀山与观音法界信行合一,名山、名寺、名园、名校、名僧交相辉映的整体格局的形成。规划建设“观音法界”“佛教用品一条街”和“素食一条街”等功能区块,满足礼佛圣地、修行场所、弘法中心、信众服务等需求,开发香系列、佛像系列、佛具、书画音像、宫庙用品、佛教生活用品等佛事用品。

三圈是指定海文化产业圈、新城文化产业圈和普陀文化产业圈。定海文化产业圈将重点发展海洋文化休闲旅游业、动漫影视业、海洋特色创意设计业等产业门类。推进定海百里滨海大道、中国鸦片战争遗址公园、定海古城文化园、南洞艺谷、定海民俗艺术馆(暂名)等项目建设,形成一个集海洋文化艺术创作、艺术交流、艺术培训、非遗展示、互动体验、休闲度假于一体的大型的、高品位的文化产业集聚区。实施做深“海”、做好“古”、做活“游”的战略方针,促进海洋文化休闲旅游业的发展;依托定海伍玖文化创意产业园、海缘影视拍摄制作基地等平台,引进与群岛新区海洋经济产业相关的各类创意设计以及文化传媒、软件研发、时尚消费、影视动漫等新兴海洋创意类企业;搭建中小企业投融资服务平台,组建定海区文化产业投资有限公司,为海洋文化企业发展提供金融支持,为舟山文化金融业发展点燃燎原之火。

新城文化产业圈以创意和设计服务业、海洋信息服务业、现代传媒业、艺术品业等为发展重点。依托中国(舟山)海洋科学城核心区、舟山市工业设计基地等核心平台,集聚一批工业设计、船舶设计及软件服务类企业,营造“大众创业、万众创新”的氛围,加速创意和设计服务业的发展;依托海洋产业集聚区和海洋科学城,以海洋基础数据为支撑,以产业应用带动数据汇集,以数据应用促进产业升级,全力打造舟山海洋电子信息产业基地[①]与海洋大数据中心[②],大力发展海洋信息服务业;围绕舟山传媒创意中心建设,整合舟山日报社、广电总台、浙报舟山分社媒体资源,加快新闻出版、广播电视业发展,积极推进现代传媒业,发挥媒体集聚叠加的效应,推动形成现代媒体集聚区，引领和带动全市文化传媒创意产业发展；以舟山港综合保税区为核心，打造舟山跨境电子商务，建立保税区电子商务物流园，建设舟山电商产业园，并以电商产业园为基地，促进文化产品与文化服务的跨境贸易；依托保税文化艺术品交易平台、舟山海洋文化艺术品研发展销中心等载体，拓展艺术品市场，打造艺术品生态产业链。

普陀文化产业圈要大力推进高层次、高水平、高效益的佛教文化休闲旅游业、海洋文化休闲旅游业、海洋节庆会展业、演艺业等相关产业的发展，该文化产业圈是进一步提升舟山文化产业规模和质量的重点区域，将成为舟山文化产业发展的核心区域。以慈航广场、观音文化园、普陀山书院、佛教盛典《观世音》等为节点，构建佛文化休闲旅游集散体系；围绕观音文化的主题，有序引导、规范提升禅修体验、参学悟道活动，积极开发素斋、佛茶等禅修衍生产品、佛教工艺品；按照“一岛一特色”的定位，将桃花岛打造为侠侣爱情文化岛，将白沙岛打造为海钓休闲旅游岛，将东极岛打造为东海极地度假岛，开发一系列海洋文化主题旅游岛，形成各群岛协同发展的海洋文化旅游业；依托鲁家峙海洋文化创意园，布局集创意设计、渔业遗产保护、非遗传承、艺术展览、游艇海钓休闲娱乐等功能为一体的文化创意中心；打造“海誓山盟”婚纱摄影和婚庆基地；依托舟山群岛·中国海洋文化节、舟山国际沙雕节、中国普陀山南海观音文化节、中国普陀山国际佛教用品博览会等国际知名节庆会展品牌，做大做强国际海岛旅游大会、中国普陀佛茶文化节、朱家尖东海音乐节等特色节庆会展项目，带动舟山市海洋节庆会展业及相关配套产业；提升岑氏木船、中华古帆船、渔民画产业等海洋工艺美术品的产业水平，逐步形成舟山特色工艺品产业链；创新诸如里斯本丸事件等具国际影响力的重大历史典故及渔歌小调、渔民号子、舟山锣鼓等富有海岛特色的本土文化元素，演绎编排海洋艺术表演精品，推出一批渔家风情、海岛音乐等驻场演出，促进演艺、文化休闲娱乐业等产业发展。

多组团则是将其他区域作为文化产业发展的拓展区，重点发展符合当地特色的文化产业门类，通过区域联动，提升舟山文化产业整体发展水平。

岱山组团坚持海洋文化、海洋体育等特色文化发展方向和发展定位，依托“华东第一滩”——鹿栏晴沙资源优势，提升岱山国际风筝文化节品牌，策划开展风筝放飞大赛、“海洋文化节”风筝放飞表演赛、夜光风筝放飞大赛等系列活动，推进休闲运动的生活化发展，塑造岱山“运动休闲岛”品牌；充分发挥岱山玩具产业基础优势，引导玩具企业依靠“品牌＋渠道”的成熟商业模式占领玩具产业链的高附加值环节，加强玩具产业与相关文化产业联动，加强与高新技术产业、内容创意产业以及设计行业的跨界合作，注重把握玩具市场的“个性”与“科教性”（如建构类玩具与科教类玩具）主导趋势，强化商标权、知识产权保护，充分利用互联网平台进行品牌传播和产品销售；依托古镇独特的海岛风韵打造“写生基地”、海岛影视拍摄基地等，打响“中国唯一的海岛古渔镇”品牌；规划建设“海之坊”文化产业街，形成茶文化展示、风筝制作培训、渔民画系列产品研创、海洋非遗产品、古玩、文化旅游协作等多种业态。

嵊泗组团坚持以文化产业的发展来促进“离岛·微城·慢生活”文化内涵的价值实现。依托泗礁本岛基湖、南长涂沙滩、徐公岛、滩浒岛、花鸟岛、枸杞岛等特色旅游区以及一批适宜旅游开发的无人岛，围绕建设“美丽海岛”和“海岛时尚休闲度假旅游目的地”目标，开发港景观光游、离岛休闲度假、风情渔家体验、浪漫岛屿乐享、动感海岛娱乐等系列文化休闲度假旅游产品；依托田岙东海渔民画村，联合各渔民画工作室及创作户参与的产业联盟，形成渔民画及其衍生产品的创作、展销集聚区；积极筹办中国海洋文化节、嵊泗贻贝文化节、环舟山群岛新区女子国际公路自行车赛、国际海钓精英赛、滨海运动等大型节庆赛事。

四、五大重点产业发展门类

充分发挥舟山的人文资源积累和文化产业基础，以前瞻的视野和敏锐的眼光，着力发展具有特色与优势的文化产业门类，着力发展新兴的文化产业新业态，按照“超前谋划、高点定位、突出时序、错位发展”的思路确定重点发展门类，集中政策支持和资源要素集聚，以文化产业公共服务平台建设为抓手，促进其集约发展；努力培育新兴文化产业业态，实施产业梯度发展、融合发展，最终实现文化产业规模化、集约化、专业化、品牌化、国际化发展，实现文化产业增量优化与存量提升，形成以文化休闲旅游业、艺术品业、文化节庆会展业、动漫影视业为重点的文化产业体系。

舟山文化产业体系建设坚持“整体规划、突出重点、分时推进、融合发展”的原则，根据经济、社会发展趋势对文化产业的要求、文化产业的发展现状、文化产业的市场需求、文化产业发展的保障体系的建设进程，通过在特定时期对重点发展门类的超常规发展，进一步夯实文化产业优势门类基础和实力，不断提升文化产业优势门类对区域经济、社会发展的贡献率和影响力，以文化产业优势门类带动其他门类和传统产业的发展，使文化产业整体水平、规模总量和发展效率均有明显的提升，成为区域经济和社会发展强有力的引擎。

(一)文化休闲旅游业

1.发展思路

依托“一带一路”发展战略，以推进国家旅游综合改革试点城市和舟山群岛海洋旅游综合改革实验区建设为契机，加快开发邮轮、游艇、海钓、康体、禅修等时尚海洋旅游新业态，建设海洋文化主题旅游岛屿、海洋文化主题公园，把舟山群岛打造成国际化的旅游文化品牌，彰显海洋文化特色。依托佛教文化资源，发挥世界佛教文化论坛的品牌优势，全面推进佛教旅游文化转型升级，进一步打造国际佛教文化旅游目的地。

2.发展举措

(1)合理布局产业格局。按照旅游产业“一核三区十岛”的总体布局，提升普陀国际旅游岛群核心区的辐射带动力，做强岱山海洋旅游集聚区、定海国际海洋旅游集聚区和嵊泗国际旅游集聚区三大旅游集聚区，精心打造一批文化休闲主题旅游岛屿。抓好以普陀山为依托的佛教文化和禅修文化、以海洋海岛风光为依托的滨海休闲文化、以海鲜美食为依托的饮食文化三条线，围绕“海岛、佛教、生态、海鲜、渔村、文化”等特色资源，打造海岛民宿、禅修体验、运动休闲、海鲜美食、渔家风情、文化旅游六大特色文化休闲旅游产品体系，全面实施海岛休闲旅游和佛教文化旅游“两轮驱动”战略。

(2)深入挖掘文化内涵。深入挖掘舟山观音文化内涵与海洋文化内涵，创新文化休闲产品形态。以挖掘观音文化内涵为主脉，将抽象的观音文化资源转化为具体的旅游产品，培育新兴文化旅游业态，创新体验性强、品质高的旅游产品，如禅修体验、佛教讲经、禅茶表演、佛斋体验等，发挥普陀山的“磁极”作用，着重开发深度体验旅游产品，由观光朝拜旅游向佛教体验和佛教文化旅游等多元化方向发展。充分利用中国第一大群岛城市的特色优势，积极推进海钓、康体等时尚旅游新业态，形成包括大众海钓游、海鲜美食旅游、度假会展游、海洋文化游、渔农家乐游、群岛海上游等海洋旅游吸引物体系，打造舟山特色的“海腥味”品牌。

(3)着力提升重点项目。提升南洞艺谷、大青山国家公园、东沙古镇、秀山湿地公园、嵊泗蓝色海岸休闲带等重点项目内涵；加快推进观音文化园、百里滨海大道、定海鸦片战争遗址公园、嵊泗贻贝湾和长滩湾综合开发等重点项目建设；规划建设海洋主题游乐园、健康养生城、朱家尖禅意小镇、海岛温泉、定海历史文化名城核心街区、嵊泗马关旅游区等重大项目。运用数字化信息获取技术、虚拟现实技术展示技术等现代科技，提升海洋非物质文化遗产的感官体验，推动海洋非物质文化遗产资源开发与海洋文化休闲的融合发展。

(4)打响文化旅游品牌战略。打响“海天佛国渔都港城——中国·舟山群岛”城市形象品牌，分类推出佛教文化、海岛度假、康体养生、运动休闲、节庆会展等文化休闲旅游产品品牌，突出观音道场、离岛原生态、“中国好空气”等旅游吸引物，讲好“舟山群岛”故事。以演艺为先导，以商业为支撑，打造“印象·普陀”金名片。以海岛特色民宿为突破口，分区域打造自然生态型、文化体验型、休闲愉悦型、美食体验型、健身养生型等特色各异的主题民宿，实现“一楼一特色，一宿一亮点”，推动海岛民宿游。通过举办好中国海洋文化节、舟山国际沙雕节等品牌节庆会展，提升舟山文化休闲旅游业的国际影响力。

(二)艺术品业

1. 发展思路

按照“文化为本、科技为用、商业为体、旅游为形”的发展思路，高度重视传统民间工艺与艺术品的挖掘、保护、传承和发展；依托“一带一路”发展战略，深入挖掘舟山海洋历史文化，大力发展沙雕、贝雕、木雕、玉雕、船模、渔民画等海洋文化艺术品与佛教文化艺术品及其衍生产品的开发，树立舟山“海丝之路”品牌；创建“一区一品，一县一品”的艺术品集群模式；促进艺术品与金融业融合，重点打造保税区艺术品交易平台。

2. 发展举措

(1)促进产业协同发展。以旅游业为依托，促进旅游产业和民间工艺品产业的协同发展。合理利用民间艺术资源，开发富有地方特色、文化特色和民族特色的旅游产业，将特色民间工艺资源与自然、人文景观资源有机结合，打造特色海洋民俗旅游区、佛文化特色体验区。挖掘海洋文化、佛教文化内涵，塑造岑氏船模、舟山渔民画、佛教工艺用品等独具特色的地标性艺术品品牌。提高“海风”美术、“海韵”摄影等艺术作品的市场化、产业化水平。

(2)注重民间工艺传承。挖掘整理手工艺老艺人、老字号历史，打造名师、名店品牌效应。建立民间工艺美术传承人数据库，挖掘整理民间工艺美术历史传承谱系、传承路线，传承项目和技艺，等等，同时切实抓好国家级、省级工艺美术大师评选以及非物质文化传承人认定工作。联系组织省、市艺术家对村民进行渔民画、鱼拓画、沙雕、贝雕、玉雕、木雕等文化艺术的培训、创作和普及，进一步提升当地群众的综合文化素养。

(3)推动产业聚集形成。依托产业协会，搭建艺术品创作交流平台、产业服务平台和人才交流平台，促进人才聚集与产业聚集。鼓励和支持渔民画等创作基地向产业基地转型，建设各具特色的艺术品创作、展销集聚区，打造集制作、展览、艺术品销售于一体化的综合产业链。坚持文化传承与创新相结合，加快工艺美术产品、传统手工艺品与现代科技和时代元素融合，大力推进沙雕、贝雕、玉雕、木雕、渔民画等海洋文化艺术品与佛教用品等佛教文化艺术品及其衍生产品的开发。

(4)塑造区域特色品牌。扶植龙头企业、创建产业集团、形成产销联盟。拓展销售渠道，引进品牌管理机制，塑造良好品牌形象。探索“民间艺术＋相关产品产业＋特色产业集群”发展模式，创建“一区一品，一县一品”，打造产业集群的区域品牌。如在岱山地区形成以风筝文化为核心，以风筝设计以及相关产品生产为主导的产业，整合其他民间艺术资源，依托岱山国际风筝节的影响力，促进文化旅游业、节庆会展业等多产业协同发展，打造以岱山风筝为特色的产业集群与品牌效应。

(5)促进艺术品与金融业融合。以保税区艺术品交易平台的打造为突破口，积极建构以艺术品资源资产化、金融化发展为特点的平台化体系，整合资本市场的资源，为市场提供多元化、多样化的产品与服务，来满足个性化、多样化、多层次的需求。积极推进艺术品银行、艺术品期权、艺术品投资基金、“首付＋保涵”、艺术品按揭租赁等模式的艺术品金融新探索，推动艺术品市场从艺术品商品到艺术品资产的转变。引入第三方艺术评估机构，形成一套艺术品质押融资的标准和流程，吸引银行等金融机构参与推动艺术品质押融资，加快艺术品交易流通速度，推进艺术品交易市场规范有序发展。

(三)文化节庆会展业

1. 发展思路

举办舟山群岛·中国海洋文化节、舟山国际沙雕节、中国普陀山南海观音文化节等品牌节庆活动，举办特色鲜明的海洋文化产品展览会、佛教文化用品博览会、动漫影视展览会等文化类会展，全面展示海洋文化与佛教文化产品，提升全市海洋文化与观音文化影响力。

2. 发展举措

(1)拓展节庆会展产业链。依托海洋文化特色和佛教文化底蕴，塑造舟山群岛·

中国海洋文化节、舟山国际沙雕节、中国普陀山南海观音文化节等国际知名节庆会展品牌，做大做强国际海岛旅游大会、中国舟山国际渔业博览会、中国(舟山群岛)国际游艇展、普陀山国际佛教用品博览会、中国普陀佛茶文化节、中国岱山国际风筝节、朱家尖东海音乐节、嵊泗贻贝文化节等特色节庆会展项目。积极举办和承接高水平的国际展会和论坛，加快完善创意策划、场馆管理、会展传播、招商代理、广告代理、布展设计、设备租赁等配套节庆会展产业链，提高舟山文化节庆会展业的影响力与辐射力。

(2)加强对外交流与合作。引导文化节庆会展经营主体积极参与"国际展览联盟"等国际会展协会组织，加强国际性行业合作；引导和鼓励国内外节庆会展机构来舟山投资创办节庆会展企业或设立分支机构。吸引国际、国内有较大影响力的节庆会展企业来舟山举办展出，繁荣舟山节庆会展市场。举办中国普陀山佛教用品博览会、舟山渔博会、舟山船博会等会展活动，组织文化企业参加义乌文博会、深圳文博会等，加强对外交流与合作。

(3)推进网络会展发展速度。充分利用舟山市数字资源与互联网技术，整合现有虚拟展会资源，推动各展览会引进移动互联、App、微博和智能展会应用技术，发展基于互联网的新型会展业态。鼓励依托实体展会举办网上展会，实现"互联网+展览"升级，完善网上营销推广、线上交易等配套服务，实现线上虚拟展会与线下实体展会互补融合。支持建设会展公共信息服务平台，全面加强会展活动的统筹、协调、保障、服务工作，进一步优化舟山文化会展业的发展环境。

(四)设计服务业

1. 发展思路

以海洋工程装备与船舶设计、海洋科技研发、工业设计、海洋电子信息、海洋文化创意、海洋科技服务业等为重点，加大与中科院、浙大等科研院所的科技交流合作力度，培育一批以海洋为特色的设计服务业龙头企业和高科技企业，促进文化产业融合发展。

2. 发展举措

(1)加速创新平台建设。以集聚整合舟山市现有涉海的科研机构、企业总部、研发中心等为突破口，快速形成海洋科技研发的集聚效应并带动关联产业集聚发展。形成以浙江省海洋开发研究院共性技术研发平台为核心，整合舟山海洋工程研究院、中科院东海研究院、舟山桥隧技术创新研究院、物流信息研究院、国家海洋数据平台等N个特色研发服务平台的舟山“1+N”创新设计服务平台项目体系。引进大型科技园运营机构进行战略合作，以园中园模式加速科创园产业集聚。联合舟山市各类技术转移中心、科技服务平台，合作成立舟山市海洋科技产品和技术展示交易平台。

(2)推进产学研一体化。加快构建高能级的创新平台，与浙江海洋学院、浙大海洋学院、浙江大学开展更深层次合作，加速建设北京大学舟山海洋研究院，推进与上海交大的科技合作、与国家海洋二所的合作共建舟山海洋科技研发基地。重点培育海工装备与船舶设计、海洋科技研发、海洋文化创意、海洋科技服务等生产性服务业，构建创新型海洋高科技产业集群。

(3)促进“互联网+”模式。依托互联网、信息技术建立“虚拟海洋科技园”，进行跨区域创新资源整合，打造“海洋虚拟制造中心”，引领海洋研发设计。以船舶设计为突破口，建立舟山市虚拟制造技术公共服务平台，逐渐向海洋工程虚拟制造等领域延伸。以东海海洋信息数据云为切入口，重点建设海洋科技专利、海洋生物信息等专业化数据库，同时对接国家海洋信息中心、浙江省海洋监测预报中心等，建设海洋数据云服务平台。

(五)动漫影视业

1. 发展思路

以推动海洋原创动漫发展为核心，充分利用岛城丰富的海洋、旅游、渔俗文化资源，将其融入动画中，打造独具特色的动漫文化品牌。充分发挥舟山“天然影棚”的资源优势，不断完善与优化影视产业软环境，吸引更多制片厂、电视台、影视制作公司等影视机构入驻拍摄外景，进行影视创作，着力打造独具海洋文化特色的影视外景、影视制作、影视会展与影视旅游综合功能的品牌项目。

2. 发展举措

(1)平台化公共服务提供。以政府的产业指导为根基，采取企业化运作的方式，建设服务于舟山动漫影视企业，集创意、策划、制作、发行及衍生品的开发和运营为一体的综合性公共服务平台。平台提供包括动画制作、微电影创作、动漫品牌形象创作推广、动漫影视制作设计、博物馆及展览馆互动多媒体配套服务、建筑动画、房地产动画、动漫广告、渲染平台服务、音乐音效服务、策划与制作、设备与网络等的公共技术服务及动漫影视衍生品的开发、展示、推广服务。

(2)精品化内容产品开发。依托"海洋文化"的资源优势与创意源泉,坚持"原视频制作、版权专业化"原则,利用高性能渲染技术、云计算、大数据、虚拟现实技术等科技手段,开发独具特色的海洋主题动漫影视精品;扶持一批有活力、有竞争力的骨干动漫企业,培养高端复合型人才,支持在动漫影视领域开展众创、众包、众扶、众筹,拓展动漫影视产业投融资渠道。

(3)多元化产业形态构建。建立完善的版权服务体系,发力版权引入、版权授权、完型设计、衍生生产、运营推广等服务领域,以IP授权为轴心,开创以互联网平台为基础的跨领域、多平台的商业拓展模式,强调多领域共生,共同打造基于"互联网+"的IP粉丝经济。促进动漫影视产业与制造业、服务业等相关产业融合发展,促进与动漫影视形象有关的服装、玩具、食品、文具、电子游戏等衍生产品的生产和经营,延伸动漫影视产业链,开展动漫影视品牌授权业务。

(4)多维化促进产业融合。利用微电影易制作、传播快、覆盖广的特有优势,促进微电影拍摄与旅游景地特色完美结合,推出特色摄影、影视休闲体验线路,不断丰富影视休闲旅游的文化内涵,实现"影视""动漫""旅游""体验"的深度结合。

五、七大重点产业发展公共服务平台

(一)产业发展公共服务平台建设总体思路

国内外文化产业的发展实践证明,文化产业发展公共服务平台是加快文化产业发展的重要引擎和加速器,一些文化产业发展较好的地区,一般都建有设施良好、功能完善、服务高质、运作高效的文化产业发展公共服务平台,这些平台大致包括投融资平台、信息交流平台、成果展示平台、产品交易平台、人才服务平台、知识产权保护平台、技术服务平台、产业孵化平台等,通过这类平台来集中发展资源、扩大服务能力、扩大区域品牌影响,促进文化产业发展。

公共服务平台为处于文化产业链两端的政府和企业提供连接的桥梁,成为产业健康快速发展不可或缺的要素。通过公共服务平台建设,提供全方位的产业服务,促进产业联动,实现舟山文化产业的协同发展;同时,为舟山文化企业提供从决策指导、信息交流、产业培训与咨询、产业成果交易到推广等一系列产业服务内容。因此舟山要把加快文化产业公共服务平台建设作为"十三五"文化产业发展的重要战略举措,明确政府职能,做好平台定位,整体推进,重点突破,大力建设符合舟山文化产业发展需要的产业公共服务平台，积极探索切合舟山文化产业实际的平台运作机制，充分保障这些文化产业公共服务平台的作用发挥，形成独具特色和活力的文化产业公共服务平台体系，以平台建设为抓手，提高文化产业的规模化、集约化、专业化水平，推动文化产业出精品、上档次、创品牌。

舟山文化产业公共服务平台建设既包括利用网络资源而创建的具有产业信息交流和传播等功能的线上平台，也包括线下文化产业聚集区平台功能建设。通过文化产业公共服务平台建设，突出舟山文化产业特色，聚集优势资源，形成以点带面的差异化产业竞争格局；通过文化产业公共服务平台建设，将舟山市文化创意者、文化经营者、文化产品与政府、社会、受众多维度地整合在一起，清除连接障碍，实现资源共享，形成系统合力；通过文化产业公共服务平台建设，加快舟山文化产业集聚发展，推动规模化、集约化经营，建设一批带动力强的文化产业项目，培育一批有实力并具备知名品牌影响力的龙头骨干文化企业；通过文化产业公共服务平台建设，为舟山文化企业，尤其是小微文化企业提供更多的市场机会，实现小微企业孵化、创意成果转化、复合创意人才培训、文化产品交易推广等公共服务，形成规模化、全方位服务能力，帮助文化企业做大做强；通过文化产业公共服务平台建设，为政府部门制定政策、做出决策提供更加客观、可靠、宏观的依据，进而实现文化产业链整合、完善与延伸，加速文化和科技融合、文化和金融融合、文化和旅游融合，提升舟山城市品位，增强舟山在全国与世界范围的软实力。

(二)七大重点产业发展公共服务平台功能

1. 动漫产业公共服务平台

致力于海洋原创动漫推广、动漫衍生品打造、本土动漫文创人才培养、动漫相关业务咨询等；依托平台优势，大力引进优秀动漫企业，建立联合开发、优势互补、利益共享、风险共担的合作机制，促进舟山动漫产业健康发展。

运用“互联网＋”思维，加强网络功能开发，为舟山动漫企业提供法律、政策、技术、产品、标准、人才、市场等信息服务，打造舟山动漫产业信息服务基地；开发有舟山海洋文化特色的动漫产品，代理发行动漫、动画片，组织企业参加国内外动漫展会，提供高端技术、设备的应用和租借以及动漫衍生品的策划、设计等服务，着力打造舟山动漫产业项目孵化基地；与相关机构和院校合作开办培训班，培养青年学生创业建设舟山动漫产业创业人才培养基地。

2. 跨境电商文化贸易平台

以舟山港综合保税区为依托，另辟蹊径，差异化定位，建设以文化产品与文化服务为主营业务的跨境电商文化贸易平台，为各类文化企业提供进出口代理、渠道拓展、产品展示、设备租赁、商贸咨询、版权交易等专业服务。

运用云计算、大数据、物联网和移动互联网等新一代信息技术，构建面向国际国内文化市场的快捷、安全的跨境文化电子商务新模式。建设面向国际文化贸易领域的云数据中心和对外文化贸易跨境电子商务企业的云服务中心，建设跨境文化产业综合信息化应用服务平台。推动舟山特色的国家级船模、渔民画、玩具等文化产业品的跨境文化贸易；促进版权贸易、中外合作制作影视、广电节目境外落地的集成播出、广电对外工程承包、工艺美术品创意设计服务以及境外文化机构的新设、并购与合作等；培育文化装备技术研发和集成创新中心、投资交易和展示推广中心等形成。

3. 保税区艺术品交易平台

发挥舟山港口优势，完善、提升综合保税区口岸在文化艺术产品进出口方面的专业功能，形成有利于文化艺术产品国际化交流的安全、高效通道。立足于艺术品实物交易和整体文化产权交易，率先形成“艺术品＋互联网＋金融”的有机模式，创设“文化＋资本”服务体系。

充分发挥保税区的政策优势与港口条件优势，开展以佛教文化、海洋文化为特色的艺术品展示、拍卖、交易、保税仓储等活动，打造全国乃至国际有特色、有影响的文化艺术品交易平台；依托保税仓“境外关内”及“征税、保税、免税”机制，实现艺术品保税仓储、保税展示及保税交易等服务功能，逐步建立国际艺术品交流、交易的资产化艺术品金融服务平台；培育和集聚艺术品投资、拍卖公司、艺术品专业物流公司、艺术品金融服务公司等实体；研究探索文化艺术版权、文化艺术金融产品进出口新功能，建设成为集文化艺术品贸易口岸、协同创新平台、企业集群式发展于一体的国家级特色艺术品贸易示范区。

4. 船舶工业设计平台

打造船舶设计企业集聚区、公共技术服务区、工业设计与产业融合发展区，建设集船舶设计创新研究、船舶设计交易、人力资源服务、创业孵化平台、信息服务、投融资服务、试验检测服务等于一体的综合性、专业化服务平台，发挥舟山在“海上丝绸之路”建设中的战略支点作用，切实服务于舟山江海联运服务中心建设。

围绕船舶中小企业实施技术创新、提升创新能力的需要，提供包括设计创新、技术咨询、成果交易、试验检测、技术开发、人员培训、行业信息等服务资源;整合舟山船舶设计企业、行业专业人才、技术、高等院校等科技资源,提升船舶工业设计企业的科技创新能力;通过船舶工业设计平台,带动船舶配套设计、船舶配套相关服务等相关配套产业的发展,延伸产业链;借助船舶工业设计平台,推动长三角地区建立长效合作机制建设,实现"走出去"与"引进来"并举战略;借助于云计算,纳入更多国内外的船舶设计创新研究、船舶设计交易等船舶设计资源,形成虚拟的船舶设计创新服务平台,实现有形和虚拟的船舶设计创新服务平台相互协调、相互支持的新体系,进一步提高船舶工业设计平台的服务能力,进一步扩大船舶工业设计平台的影响力。

5. 科学城文化产业协同创新平台

依托浙江大学舟山校区、浙江海洋学院、海洋科学城等高校、园区、企业资源,探索建立文化产业协同创新机制,促进政府、高校、科研机构与园区、企业的密切合作,加快全市文化创意与创新的发展。

聚焦海洋经济,重点打造海洋工程装备与船舶设计、海洋科技研发、工业设计、海洋文化创意、海洋科技服务业等生产性服务业和第三产业,积极培育海洋电子信息产业等战略性新兴产业;发挥浙江大学舟山校区、浙江海洋学院等的教学资源基础优势,完善海洋人才培育体系,加快海洋科技人才培养,建立多元、柔性的人才引进机制,构筑我国重要的海洋科教文化基地;集聚海洋科技研发资源,以海洋科技成果转化为目的,整合对接国内外大院名校,建设高效的海洋科技创新服务体系,在海洋工程装备和船舶产业、海洋资源综合开发利用等方面掌握一批核心关键技术,建设海洋科技研发资源集聚的高地;建设"产城融合"新型城区,按照多功能、现代化新城区的功能定位,打造满足高端人才居住、生活和工作的新型城市功能区,成为海上花园城市的有机组成。按照"利益共享、风险共担"的原则,共同开展技术开发的协同创新活动,紧密联成园区产学研协同创新网络,由此进一步提高园区内企业、高校、科研机构等主体的海洋技术研发和创新实力,引领国内海洋科技创新,实现海洋科学城建设和发展目的。

6. 文化产品展示平台

围绕海洋文化和佛教文化,集聚舟山优秀文化企业和产品,持续举办具有鲜明地域标志和浓厚佛教、海洋文化特色的文化产品展示活动,充分利用舟山城市文化会客厅、慈航广场文化集市、特色文化博物馆等有形空间的展示平台,建成特色文化产品的展销中心;建设电商平台、微信公众号、手机 APP、微博等线上展示平台,线上线下结合，全方位展示、推广舟山文化产业的成果。

通过布局舟山城市文化会客厅、浙江舟山群岛新区城市展示馆、舟山博物馆、文化馆（美术馆）、舟山市海洋文化非物质文化遗产展示厅、慈航广场文化集市等有形空间的展示平台，搭建集文创产品研发、交流、探讨为一体的休闲展示平台与舟山文化产品对外宣传窗口；依托“淘文化网”、普陀数字文化馆、海洋数字图书馆等线上平台，创新“互联网＋文化产品”的新模式，拓展社会资本参与公共文化服务的路径和渠道，为文化产品展示与传播插上“互联网的翅膀”；通过举办舟山群岛·中国海洋文化节、舟山国际沙雕节、中国普陀山南海观音文化节等国际知名品牌节庆会展，中国（舟山群岛）国际游艇展、中国普陀佛茶文化节、中国岱山国际风筝节、舟山市海洋文化衍生品展示会等特色节庆展，促进海洋文化产品与佛教文化产品的展示与交易。

7. 文化产业孵化平台

以产业园区及创客空间等为有形载体，搭建文化产业孵化平台，为文化产业领域创业者提供政策扶持与产业引领、聚集发展与辐射带动、创业孵化与人才培训、宣传推广与交流合作、保姆式服务与数据性支撑等一站式公共服务。

充分利用观音文化园、伍玖文化创意产业园、海洋科学城文化创意产业园区、舟山市创意软件园、海洋产业孵化园、舟山港综合保税区国际企业发展中心孵化器等平台的孵化、培育功能，培育成长性好的文化创意企业和人才。通过政校企、产学研相结合的模式，建成世界一流的观音文化产业孵化平台及特色鲜明的海洋文化产业孵化平台。大力发展创客空间，构建面向人人的“众创空间”，全面推进大众创业、万众创新。形成舟山新区创客空间等一批集交流互动、创新创业孵化、天使投资、创业辅导培训、资源对接等为一体的创客空间，推动区域创客空间资源汇聚、经验交流和创业实践，营造了浓厚创新创业氛围。

六、九个重大建设项目

舟山文化产业的发展，需要依托舟山文化资源，积极实施重大文化产业项目带动战略，加快建设一批具有重大示范效应和产业拉动作用的文化产业项目，实现资源优势向的转化。通过重点规划建设观音文化园、南洞艺谷、伍玖文化产业园二期工程、海洋科学城文化创意产业园区、舟山传媒创意中心、舟山城市文化会客厅、影视产业服务基地、岱山东沙古镇、嵊泗东海渔村等九大重大项目，既能体现舟山文化产业特色，又可引领舟山未来文化产业发展方向；同时，规划建设海岛骑行项目、鸦片战争遗址公园提升工程、新城怡岛路文化街、鲁家峙文化创意园区、中华古帆船研究制作中心、长峙国际养生岛项目、岱山“海之坊”文化产业街、中国海岬公园、美丽岛旅游开发项目、马关旅游综合体项目等储备项目。根据“十三五”具体要求的建设情况与发展趋势，对重点建设项目与储备项目施行动态调整，对优势明显、特色鲜明、效应显著的储备项目，可以提升到重点建设项目的层面。

1. 观音文化园

总投资约30亿元，总面积约9平方公里，建设用地约5000亩，规划包括圣坛、法界总门、大悲律寺、观音居士村、佛学院扩建、高僧精舍等在内的单体项目。总体构想建设以观音文化为主题，集朝圣、观光、体验、教化功能于一体，集观音菩萨和观音文化之大成的观音文化博览园、弘法中心，成就当代佛教建筑最高典范的“建筑地标”与

现代佛教弘化理念的“精神地标”。通过对中国传统“禅文化”的创新性解读和运营，与休闲度假相融合，创造出适合现代人的时尚生活方式，打造精品佛教文化旅游项目，拓展观音文化内涵，打造独具魅力的禅意小镇，扩大普陀山“金名片”效应。深度挖掘观音文化的“禅意修生、慈善爱心”内涵，遵循“主题化、生态化、人文化、体验化、多元化”的产品打造原则，依托自然与文化资源，以观音文化为主题，以市场需求为导向，形成以观音朝圣祈福、观音文化感悟为两大核心产品，以禅修体验、佛医养生、民俗节庆、慈善会议为支撑的产品谱系。推进普陀山佛教造像研究院建设，旨为建设世界一流、国内权威的，集佛教宝像、佛教法器的征集、收藏、维护、鉴定、展示、复制、监制、设计、制造、出版及国内外文化交流等于一体的佛教造像艺术研究基地；遵循“主题化、体验化、时序化、多元化、增益化”的策划原则，举办观音圣诞、素心美食节、放生节等突显观音文化内涵和海洋文化特色的系列节庆活动，实现眼球效应与经济效益相结合。

2. 南洞艺谷

发挥新建社区南洞艺谷的品牌优势，根据现有的文化产业基础，规划好文化产业的发展方向，努力把新建社区南洞艺谷打造成戏剧文化的传承基地、戏剧作品的孵化基地、海洋文化的创意基地和文化艺术影视基地。高水平规划和建设“中国戏剧谷”，加强与知名艺术家合作，邀请知名艺术家落地南洞，并提供良好的条件供艺术家驻地创作、排练、首演，设置青年艺术家驻地创作项目，扶持和鼓励青年艺术家的创作，定

期演出和交流国内外著名戏剧节目，展示国内外戏剧历史和文化，加强对有潜力的艺术院校毕业生及作品与各大舞台联系，建设具有鲜明特色的戏剧作品孵化基地。围绕“文化创意小镇”建设，强化和国家级、省级文化单位的对接，鼓励全市各文艺家协会在新建社区创办本土艺术家工作室和群众性的文化艺术沙龙，将南洞艺谷打造成全国、全省作家创作采风基地。以美丽风光和良好服务吸引影视公司和剧作家来此进行剧本创作、研讨，吸引更多影视剧组来南洞取景，努力争取一批影视公司落户南洞。积极与艺术类大专院校对接合作，将“南洞艺谷”打造成为全国艺术类大专院校学生的学习、交流和创作成果展示基地。依托市渔民画产业协会，建设别具特色的渔民画创作、展销集聚区，打造集制作、展览、艺术品销售于一体化的综合产业链，搭建创作交流平台、产业服务平台和人才交流平台，进一步聚集优秀的渔民画人才，鼓励和支持南洞艺谷渔民画创作基地向产业基地转型。

3. 伍玖文化创意产业园二期工程

总建筑面积 26476 平方米，总投资 1.7 亿元，要坚持立足功能定位和运营模式的创新，加快招商引资工作，促进文化产业的聚集发展，引导相关产业上下游产业链的形成，形成一个集软件与服务外包、动漫游戏研发、海洋工业设计、海洋文化艺术创作、广告传媒、会展、婚庆于一体的大型的、高品位的文化产业集聚区。园区建设三大服务平台：商务服务平台、技术服务平台、生活服务平台。服务内容包括：信息查询、技术支持、质量管理、管理咨询、创业辅导、市场开拓、人员培训、生活保障等。引进一系列高端艺术的创作、展示、交流和培训服务，为入驻企业提供更多的个性化服务，引进公共技术服务平台，如 3D 打印机、规模化的摄影棚等，为园区内的企业提供服务。园区还将打造成婚庆产业一条街，包括婚庆策划、摄像摄影、婚纱定制、珠宝设计等，成为婚庆这一文化产业新兴业态的集聚地。

4. 海洋科学城文化创意产业园区

融合高新科技和文化创意，建设电商支付服务平台、信息支撑平台、船舶设计平台、文化产品设计与研发平台等，打造海洋文化科技企业集聚区、创意设计企业孵化器。依托浙江省特色工业设计示范基地——舟山市船舶工业设计基地，为船舶设计企业和设计师提供专业化、系统化的服务平台；依托中国卫通、中兴通讯等通信龙头企业，以北斗海洋应用及海洋通信研究院为核心，建成一个立足舟山、辐射沿海市场的中国北斗海洋应用、海洋卫星通信产业集群，并建设集海洋基础地理、海洋基础环境、海洋信息产品于一体的综合性大型涉海数据库，形成海洋信息支撑平台；围绕跨境电子商务、B2B 电子商务、B2C 电子商务、O2O 综合商城、电子商务人才孵化、中小企业电子商务公共服务等功能，重点打造具有全国影响力的海洋电子商务产业集群，构建良好的电子商务生态圈；集聚一批以海洋文化为特色的文化创意企业，打造海洋文化创意公共服务平台，成为中国海洋文化创意、创新、创业中心；精心打造"创客码头"品牌。

5. 舟山传媒创意中心

项目总投资约 5.57 亿元，整合舟山日报社、舟山广电总台、浙报舟山分社媒体资源，加快新闻出版、广播电视业发展，积极推进现代传媒业，发挥媒体集聚叠加的效应，推动形成现代媒体集聚区，引领和带动全市文化传媒创意产业发展。"以新技术服务新媒体，以新文化融合新媒体，以新平台集聚和培育新媒体"为理念，打造一站式、智能化配套服务平台，新媒体创作、应用、研发等创新平台，新媒体高端论坛、会展等营销展示平台。重点引进培训类、传媒类、设计类、艺术类等新媒体产业和上下产业链的配套设施，使之成为"功能集中、产效集聚、资源集约"的新媒体产业发展战略核心。

6. 舟山城市文化会客厅

合理规划和整合资源，开辟一个全新的展示空间，在主城区规划建设舟山城市文化会客厅。在城市会客厅设置传统渔业生产、渔文化展示、海上活动、渔民画等主题

区，全景展示多种海洋空间利用形式，诠释海洋渔港文化；依托普陀观音文化核心资源和品牌效应，提升舟山城市文化会客厅的影响力。设置集中展示交易普陀沙画、舟山渔民画、观音莲花茶、观音饼、精品沉香等舟山特色文化商品及佛教文化产品，打造成全景展示舟山文化产业发展和文化产品开发的集聚空间，成为舟山城市的"文化会客厅"。

7. 影视产业服务基地

舟山群岛海域广阔，岛屿密布，沙滩、海礁、奇洞、悬崖、险峰等自然景观秀丽，处处均为外景地，要挖掘"天然摄影棚"独特价值，整合舟山全市特色海洋资源，不鼓励

新建外景建筑，不走国内大部分影视基地的发展路径，更强调以高水平的拍摄服务获得竞争优势，建设集影视剧本创作、影视设备租赁、影视外景拍摄、影视后期制作、拍摄接待服务、影视产品推广等为一体的海洋影视全产业链服务基地，成为国内外著名的海洋影视外景拍摄服务基地，吸引更多影视公司入驻创作，形成突出海岛风情、以影视为主题的多层次多单元的系列影视文化组合。

8. 岱山东沙古镇

立足古镇渔文化，注重对海洋文化的挖掘整理，在保存古镇整体风貌的基础上，在古镇非遗一条街上规划建设了中国海洋渔业博物馆、中国书雕城、岱山方言馆等多家海洋文化主题展示场馆，将网具制作、书雕、岱山方言等非遗文化分类展示，彰显渔文化魅力；规划筹建岱山县非物质文化遗产展示馆，进驻海洋鱼类传统加工技艺、舟山船模、渔民画等非遗项目，展现岱山独特的海岛地域文化下的“生产、生活、生态”场景，倾力打造岱山非遗集聚地；设立古渔镇风情展示区，开辟古渔镇风情活动区、民俗工艺一条街，建设海洋文化采风写作基地、海岛影视拍摄基地等，打响“中国唯一的海岛古渔镇”品牌；创新开展非遗进校园活动，精心选择渔民画、剪纸、贝雕、船模制作等部分青少年感兴趣的海洋“非遗”项目，积极发掘古镇海洋非遗人才；促进非遗文化与旅游的融合发展，注重非遗文化旅游产品的开发，突出非遗主题小镇特色，进一步宣传推介“中国唯一的海岛古渔镇”品牌。

9. 嵊泗东海渔村

通过民居风貌改造、景观环境建设、美丽庭院创建、休闲业态丰富、渔家民宿引导、乡土文化提炼等举措，把东海渔村打造成原生态文化主题公园，整体提升村落品质。紧密结合“文化礼堂”建设，打造文化寻根之旅，将地方之魂注入文化产业中。不断挖掘渔村文化内涵，引导渔家民宿差异发展，增强特色竞争力，推进以渔家民宿为载体的渔俗文化和独具海岛特色的“精品渔家”民宿游。依托“中国美术学院 · 东海渔村墙体壁画创作基地”和“舟山渔民画创作基地”，实现渔民画由“分散创作”到“集中创作”的转变。依托“嵊泗县渔民画创作研究会”、青少年美术基地（渔民画）、县文化馆渔民画培训基地等载体，定期举办县、乡镇、社区（村）三级业余渔民画骨干培训班、专题教育讲座、创作人员交流会等，提升业务创作水平。推进“嵊泗渔民画进学校”工作，形成渔民画特色教育推广体系。加快推进田岙村等渔民画创作基地向产业基地转型；搭建“嵊泗渔民画”统一销售平台，逐步形成渔民画创作、衍生产品开发及展销集聚区。重新梳理产业布局和功能划分，围绕旅游业态延伸区、高档海鲜美食体验区、精品渔家民宿聚集区和游客娱乐休闲区、渔民画创作区等错落发展，推动“东海渔村”整体打造与产业升级。

七、对策建议

(一)完善组织保障体系

1. 强化组织领导，优化顶层设计

明确领导体系的职责与分工，市委宣传部负责研究部署全市文化产业的战略思维和发展方向，协调解决文化产业发展中的重大事项。在文化产业项目的具体落实过程中，市委宣传部起主要领导与协调作用，各政府主管部门负责项目的实施与推动、落实文化产业公共服务平台和文化产业园区的发展和建设。市委宣传部协调政府相关职能部门制定相关政策，创新文化产业投融资体系，落实并使用文化产业专项资金，指导、协调文化企业招商引资工作，论证和决策全市文化产业的发展战略、政策制订、项目发展。成立文化产业发展专家委员会，提升舟山文化产业发展的决策和管理水平，对舟山文化产业发展规划、政策制定、项目评审和资金的使用管理提供咨询和评审意见，为文化产业发展提供更多智力支持。

2. 改革体制机制，创新服务供给

解放思想、改革创新，努力突破体制机制制约，打破部门和所有制界限，促进各种文化资源合理优化组合。发展文化经纪和知识产权代理、评估鉴定、技术交易、法律服务、业务咨询、项目评估、决策论证、市场调查、信用担保等中介服务机构。整合专业服务资源，通过政府购买的方式，创新、优化政府公共服务供给方式，加快政府职能转移、增强社会治理能力的溢出效应。从组织机构、氛围营造、产业集群、考核激励、统计制度、资金筹措等方面对文化产业项目建设予以重点支持，加强对文化产业发展的全面引导和有效管理。支持行业协会或社会团体在规范会员行为、制定行业标准、维护行业权益、组织行业交流等方面发挥积极作用，形成自上而下、相互贯通的组织网络。

(二)加大政策扶持

1. 提高专项资金使用效率

进一步优化文化产业专项资金的作用，每年对优势产业、基础设施、新兴领域进行重点支持。完善专项资金的使用管理办法，支持重点文化产业项目、基地建设、园区建设以及平台建设，加大对产业孵化、人才建设、理论研究等方面的资助，助推文化领域新产品、新技术的研发。强化引导资金使用的绩效考核制度，完善项目资金管理和监督工作。及时、有效、充分使用专项资金，实现对文化产业项目的精准扶持，提高资金使用的针对性和资金使用的效率。

2. 拓宽投融资渠道

多渠道吸引各类资本，形成包括企业、金融机构、基金、外资和个人在内的多元投资主体，使中小文化企业及时得到资金支持，顺利开展文化创意的研发和生产经营活动。鼓励商业银行通过风险补助、贴息、无形资产抵押、质押等方式为中小文化企业提供金融服务。支持和引导担保机构为中小文化企业提供担保。支持文化企业通过资本市场壮大发展。强化文化产业项目、资源、资产的金融化设计，提供针对性的金融产品，并对接交易所、文交所或者其他相关匹配的金融通道和路径。

3. 强化土地保障

积极利用现有规划用地兴办文化产业，确保文化产业发展用地指标，确保文化项目建设"落地"或预留发展空间，加大对文化产业重点项目的用地支持力度。积极鼓励利用存量土地发展文化产业，加大对低效利用土地的盘活利用和闲置土地的清理处置力度，在不改变土地法定用途的前提下，支持以划拨方式取得土地的文化单位利用工业厂房、仓储用房、传统商业街等存量房产或土地资源兴办文化产业。鼓励对淘汰落后产能闲置的土地、厂房进行创意设计改造，"腾笼换鸟"用于文化产业经营，借助产业转换加大土地、厂房的空间利用。针对房地产"去库存"压力，积极考虑与文化产业对接，采用贴息、补助、公积金等方式，鼓励将符合条件的公寓、厂房、仓库等，改造为"创客空间"、文化产业用房等。发挥文创产业的创新潜能，共同打造文化创意新高地。鼓励文化经营单位和个人利用自有土地资源进行文化产业开发。

（三）建设人才保障体系

1. 培养本土人才

鼓励产、学、研、用有机结合，培养既懂专业、又善经营文化产业的管理人才，实施文化产业人才培训计划，与大专院校合作开办文化产业高端人才培训基地，建立非物质文化遗产与民间文化传承培训基地，注重发现、培育行业领军人物。依托专业院校、教育培训机构和企业等多方力量，建设文化创意人才实训基地。加强与国内外高校和研究机构的交流合作,培养具有国际视野的文化创意人才。对于在外工作的高端人才回舟山创业就业,给予适当的资金奖励和其他配套措施的落实。建立文化产业专家库,整合专家优势,加强协同创新,探索"政产学研用"协同创新平台建设,为文化产业发展提供人才智力支撑。

2. 引进高端人才

建立健全引得进、留得住、用得活的用人机制,为文化产业可持续发展积蓄充足的人力资源。深入实施人才战略,采取柔性引进模式,形成包括住房、子女入学、落户等在内的高端人才引进"一揽子"政策,在国内外积极组织开展招聘高层次文化人才工作,引进一批有影响力的文化经营策划人才、文化企业管理人才、文化经纪人和其他相关专业人才。鼓励文化产业领军人物和优秀团队入驻文化产业园区,设立工作室,通过工作室业务的开展进一步吸引和培养文化产业专才。巧借高校的"蓄水池"之力,采取公开招聘、人事调动、合同聘用、项目合作、开办工作室和创作室等方式,着力引进一批国内外优秀的文化创意人才和创业团队。

3. 共享人才信息

建立文化创意高级人才信息管理协调制度,形成开放共享的高端文化产业专家库、文化创意人才信息库、分类人才资源信息库,畅通供需信息发布渠道。组建人才评估专家委员会,建立规范的人才评估制度,对不同人才量身定制不同的优惠政策。定期举行文化产业风云人物评选活动,对贡献突出的个人授予荣誉称号。

(四)优化市场环境

1. 规范市场秩序

营造良好的文化产业发展环境,加强和改善对文化产业工作的领导,加强文化法规建设和文化市场管理,保证文化市场竞争机制的有效运行。加强各类文化市场的建设,创新文化产品,丰富市场结构和层次,丰富交易种类和交易方式,强化规范服务。加大对知名企业、规模企业、品牌企业的引进力度,重点培育一批具有竞争力的文化龙头企业。大力扶持孵化器项目建设,提高中小企业创业成功率。

2. 完善中介服务

培育和发展项目推介、人才培训、风险投资、代理服务等各类中介服务机构,规范各类中介机构的服务,提高中介机构在文化产业发展中的桥梁作用,加强政府、企业和科研院校的合作,形成以政府为主导、各类中介服务机构与行业协会为主的文化产业服务体系。完善针对中小企业的知识产权转让、融资、产权评估体系等中介服务。

3. 保护知识产权

建立健全知识产权保护体系，包括鼓励和规范知识产权评估机构发展，完善知识产权信用保证机制，促进自主创新知识产权在文化产业领域的运用。加强知识产权保护，抓好版权服务进园区，加大对知识产权的宣传和保护力度，加大对地名商标、证明商标的注册保护。完善知识产权和文化项目的评价机制，探索搭建知识产权交易平台，加快成果的市场转化。吸引国内外知名文化企业和拥有自主知识产权的文化企业来舟山创业，提升文化产业的核心竞争力。

（作者：史　征，厉春雷，邹立清）

八、附件

附件一：舟山市“十三五”期间文化产业重点建设项目

序号	项目类型与名称	建设项目内容	责任单位
1	观音文化园	建设以观音文化为主题，集朝圣、观光、体验、教化功能于一体，集观音菩萨和观音文化之大成的观音文化博览园、弘法中心。打造独具魅力的禅意小镇，扩大普陀山“金名片”效应。	普陀区委宣传部、市民族宗教事务局
2	南洞艺谷	高水平规划和建设“中国戏剧谷”，将其打造成戏剧文化的传承基地、戏剧作品的孵化基地；围绕“文化创意小镇”建设，将其打造成全国、全省作家创作采风基地；建设别具特色的渔民画创作、展销集聚区。	定海区委宣传部
3	伍玖文化产业园二期工程	通过商务服务平台、技术服务平台、生活服务平台三大平台建设，形成一个集软件与服务外包、动漫游戏研发、海洋工业设计、海洋文化艺术创作、广告传媒、会展、婚庆于一体的大型的、高品位的文化产业集聚区。	定海区委宣传部
4	海洋科学城文化创意产业园区	融合高新科技和文化创意，建设电商支付服务平台、信息支撑平台、船舶设计平台、文化产品设计与研发平台等，打造海洋文化科技企业集聚区、创意设计企业孵化器。	海洋科学城建设管理局

续 表

序号	项目类型与名称	建设项目内容	责任单位
5	舟山传媒创意中心	打造一站式、智能化配套服务平台，新媒体创作、应用、研发等创新平台，新媒体高端论坛、会展等营销展示平台。	舟山市委宣传部(舟山日报社、舟山广电总台、浙报舟山分社)
6	舟山城市文化会客厅	合理规划和整合资源，开辟一个全新的展示空间，在主城区规划建设舟山城市文化会客厅。	市委宣传部
7	影视产业服务基地	建设集影视剧本创作、影视设备租赁、影视外景拍摄、影视后期制作、拍摄接待服务、影视产品推广等为一体的海洋影视全产业链服务基地，使之成为国内外著名的海洋影视外景拍摄服务基地	定海区委宣传部
8	岱山东沙古镇	规划建设了中国海洋渔业博物馆、中国书雕城、岱山方言馆等多家海洋文化主题展示场馆；倾力打造岱山非遗集聚地；设立古渔镇风情展示区，开辟古渔镇风情活动区、民俗工艺一条街，建设海洋文化采风写作基地、海岛影视拍摄基地	岱山县委宣传部
9	嵊泗东海渔村	把东海渔村打造成原生态文化主题公园，整体提升村落品质；推进以渔家民宿为载体的渔俗文化和独具海岛特色的“精品渔家”民宿游；搭建“嵊泗渔民画”统一销售平台，逐步形成渔民画创作、衍生产品开发及展销集聚区。	嵊泗县委宣传部

附件二：舟山市“十三五”期间文化产业储备建设项目

序号	项目类型与名称	建设项目内容	责任单位
1	海岛骑行项目	项目贯穿朱家尖本岛，由“特色岛礁探险”“城郊浪漫体验”“禅修文化之旅”等7条特色骑游线路组成，串联了全岛主要文化休闲景点。	普陀区委宣传部
2	鸦片战争遗址公园提升工程	游客中心、鸦片战争全景画馆、鸦片战争纪念馆、三毛文化馆、柳永文化馆、竹山晓峰岭天阶、休闲商业街等基础设施建设。	定海区政府
3	新城怡岛路文化街	打造成为新城集文化创意、休闲养生、艺术品鉴赏交流等功能于一体的文化休闲街。	新城管委会、市文广新闻出版局

续 表

序号	项目类型与名称	建设项目内容	责任单位
4	鲁家峙文化创意园区	建设美术馆(渔港博物馆)以及艺术家创作室(画廊)、非遗传承基地等。结合现代艺术家的创意元素,建成集创意设计、渔业遗产保护、非遗传承、艺术展览、休闲娱乐等为一体的文化创意中心、休闲娱乐场所、人才集聚基地、旅游精品工程。	普陀区委宣传部、普陀区政府
5	中华古帆船研究制作中心	中心计划设古船制造与旅客游览两大功能区,将被打造成一座集木帆船设计、制造、展示、游览和学术研究为一体的现代化中华古帆船文化产业基地。	普陀区委宣传部
6	长峙国际养生岛项目	根据养生的不同需求,开发度假酒店、旅游服务港、养生体验区、养生文化博览中心等不同的功能载体。	新城管委会
7	岱山"海之坊"文化产业街	形成集海洋文化展示、传承、体验、教育培训、产业推广等功能于一体的文化产业基地。	岱山县委宣传部、县政府
8	中国海岬公园	规划建设滨海自然风光与海岛运动休闲相结合的滨海旅游区。	岱山县委宣传部、县政府
9	美丽岛旅游开发项目	建设产权式酒店、商务中心、旅游购物中心、休闲演艺中心、露天特色餐饮等旅游综合设施。	嵊泗县委宣传部、县政府
10	马关旅游综合体项目	项目集旅游集散、休闲度假、农业休闲、会议会展、商业娱乐、文化创意于一体。总用地面积 233.73 万平方米,总建筑面积 183 公顷。	嵊泗县委宣传部、县政府

附件三：舟山市“十三五”期间文化产业空间布局图

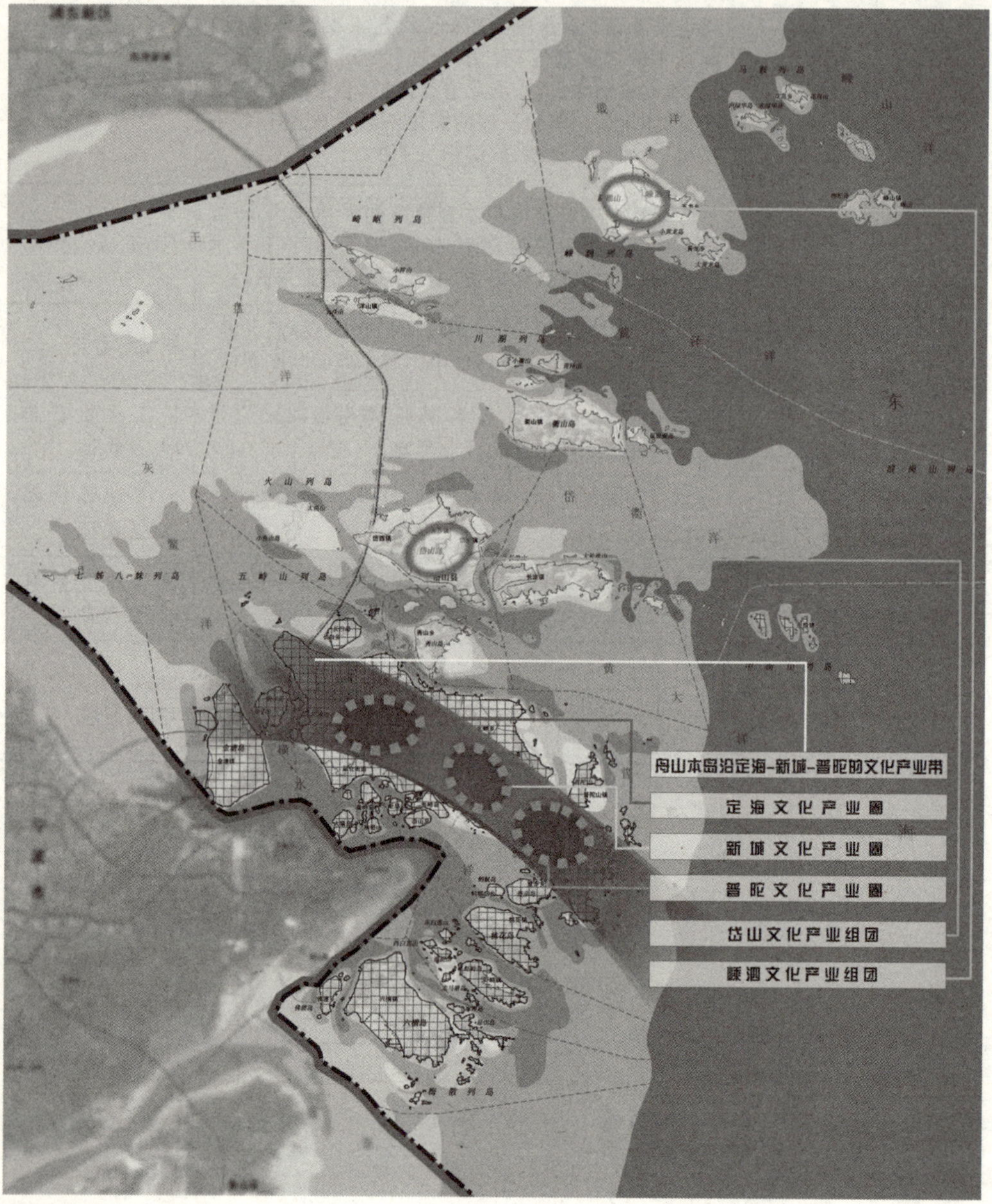

嵊泗县文化产业发展调研报告

文化产业是知识密集与智慧主导的战略型新兴产业，它的成长与发展是以文化为资源，以创意为引擎，具有高成长、强融合、多创意、低污染的优势。文化产业已成为国际社会公认的朝阳产业，在新一轮的区域竞争中占据着至关重要的位置。推进文化产业发展，突出“软实力”建设，已成为当今世界经济社会发展的强势潮流。浙江省委、省政府多次强调要把发展文化产业摆上战略性、全局性位置，在经济社会发展过程中要坚持先进文化引领，努力把文化产业发展成为国民经济的支柱性产业。

嵊泗地处舟山群岛新区规划中的“海洋生态保护区”，生态保护重任在肩，不宜开展大规模的开发性建设。作为一个典型的“海洋大县，陆域小县”，嵊泗陆域空间狭小，资源缺乏，也不具备现代工业化发展的要素条件，将其定位为“离岛·微城·慢生活”，标志着其正在大力推进“美丽海岛”的建设，正在不断对文化产业的发展提出更高的要求和全新的期盼。同时，嵊泗县人均GDP已超过10000美元，越过了文化产业发展战略激发点，已经具备了文化产业突破发展的经济基础。发展文化产业是嵊泗“新常态”下加快经济发展方式转变，促进产业转型升级，提升综合竞争力，促进政治经济社会文化生态可持续发展的必然选择。

一、嵊泗文化产业发展现状

（一）文化资源基础得天独厚

嵊泗虽为“离岛”、虽为“微城”，但有着丰富的历史文化遗产与海洋文化资源，为文化产业提供了历史溯源的基石与得天独厚的海洋自然休闲旅游文化产业基础。根据第三次全国文物普查结果，嵊泗县共有不可移动文物66处，其中国家级文保单位3

处，省级文保单位1处，市级文保单位2处，县级文保单位17处；非遗项目48项、市级非遗项目20项、省级非遗项目4项。以嵊泗渔歌、渔民画、嵊泗海洋剪纸为代表的海洋文化金名片，以礁美滩佳、石奇洞幽、山秀崖险等海洋自然风光，集人文与宗教为一体的东海福文化等得天独厚的文化资源为嵊泗文化产业发展提供了肥沃的土壤。

(二)文化产业总量增速凸显

2013年嵊泗县文化产业增加值达到4303万元，占全县GDP的比重为0.6%，比上年同期增长72.3%，增速高于当年的地区生产总值增速63.3个百分点(计算文化产业增加值增速时均未扣除价格指数，下同)。从单位情况来看，2013年嵊泗县有文化产业单位91家，从业人员657人，分别比2012年增加27家和115人，增速达42.2%和21.2%。其中，广播电视业实现增加值1636万元，同比增长30.6%；群众文化活动等文化艺术及娱乐服务业实现增加值542万元，同比增长80.1%。这两个行业的增加值占全部文化产业增加值的53.4%，是嵊泗县文化产业发展的中坚力量。

(三)文化产业格局逐步形成

嵊泗文化产业由“微”到“小”，已逐步进入新的发展时期。在中央和地方一系列文化产业政策的引导和支持下，嵊泗文化产业加快了以市场为导向的战略，逐步形成了以文化旅游、休闲娱乐、民间文化艺术为核心，影视摄影、艺术培训、特色节会、文化艺术品、体育赛事等多业并举的文化产业发展格局。到目前为止，嵊泗县文化经营单位已达80家，其中文化娱乐业22家，文化商品零售业11家，文化旅游业18家，广播电视及其传播服务业7家，文化艺术业9家，互联网服务6家。

(四)特色文化产业优势明显

文化旅游产业方兴未艾。随着嵊泗“旅游兴县”政策的不断深化，文化旅游业已成长为全县文化产业中发展快、活力强的增长点之一。2013年，嵊泗县文化旅游实现营业收入2811万元，占全部新兴文化产业营业收入的73.3%。民间艺术产业蓬勃发展。嵊泗渔歌创品牌之路越走越宽。如今，已有十多首新渔歌获得了国家级和省级的大奖。尤其是《东西南北风》和《哥是舢板妹是缆》两首渔歌两度进了央视。渔民画入驻“中国最美乡村”——田岙东海渔村，产业聚集效果初显。渔民剪纸艺术得以推广与传承。由民间艺人创作的嵊泗海洋剪纸作品曾多次在省、市、国家乃至国际剪纸艺术展中获奖。影视摄影产业前景广阔。海岛风光摄影艺术早曾风靡一时，声名在外；独特海洋自然景观正在促成具有海岛风情的影视拍摄基地形成。

二、嵊泗文化产业发展存在的不足

（一）工作机制不够顺畅，战略意识有待提高

有关文化产业发展的工作机制还未理顺，文化部门与产业部门之间工作职能划分尚未清晰，存在各自为政的现象，未能在发展文化产业上形成合力；文化产业发展的中间层，如行业协会、民间机构建设等还存在缺失，在有关产业发展的信息交流、市场咨询、宣传推广等辅助性服务方面存在不足。一些部门和干部对文化的产业属性认识不足，发展思路尚处于自由、发散阶段，政策措施也缺乏系统性和连贯性，缺乏对文化产业长期发展的战略意识和系统规划。

（二）文化产业规模偏小，产业能级亟须提升

嵊泗文化产业不论是总量还是发展规模都明显偏小，不仅与长三角一线城市存在很大的差距，也落后于定海、普陀、岱山等兄弟县区。产业发展仍处在自发性状态，而且布局分散，组织化、市场化和集约化程度不高，主导领军作用的文化旅游、文化娱乐、文化艺术服务等支柱产业不突出，不能形成有效的产业集聚。文化旅游产业虽然初具一定规模，但开发力度欠缺，产业链不长，文化与旅游融合不深。2013 年嵊泗文化产业增加值占 GDP 的比重仅为 0.6%，远远低于全省 4.0%的平均水平。从单位规模来看，目前嵊泗县文化产业单位中仅有 6 家限额以上单位，仅占当年限上单位总数的 9.0%，且缺乏龙头企业。

（三）产业要素发掘不够，文化旅游融合不深

嵊泗作为全国唯一的国家级列岛风景名胜区，历史文化悠久，文化底蕴深厚，可供选择作为题材的文化资源也很丰富，但目前文化产品的题材选择过于单一，特色还不够突出，品种还不太丰富，嵊泗的历史、海洋、生态、渔俗、海防、宗教等文化优势资源并没有得到充分地运用而转化为经济优势。嵊泗文化旅游娱乐业正处于起步阶段，文化活动与旅游结合程度不高，文化旅游娱乐项目较为缺乏，水平不高，业态单一，文化旅游娱乐消费占旅游总消费比重很小。

(四)文化人才比较缺乏,配套措施尚未落实

拥有文化领军人物是文化创意产业成功发展的关键。但嵊泗的现状是文化创意领域人才匮乏,表现在:文化产业经营管理人才短缺,从业人员整体素质不高,尤其是高级经营管理人才、专业技术人才和复合型文化经营创意性人才短缺,领域内有影响乃至能起到中流砥柱作用的领军人才更是短缺。2013 年嵊泗县城镇集体以上文化产业单位中具有本科及以上学历的有 59 人,仅占文化产业单位直接从业人员的 10%。并且人才结构不合理,有青黄不接之态。同时,在文化人才政策配套上也不完善,如对文化企业进行人才培训的补贴未能落到实处,对文化人才的户籍、子女入学、住房、交通出入等配套激励措施未能跟上。

(五)扶持政策体系不全,发展环境有待完善

虽然国家和浙江省出台了促进文化产业发展的相关配套政策,但很多政策尚未真正落地,也不广为人知,相关政策扶持体系缺乏完整性、系统性和操作性,特别是重点扶持政策突破力度不够,针对嵊泗本地文化产业发展特色和要求的多项政策实施细则还未制定,导致在鼓励文化产业特色化发展、规模化经营和专业化协作方面,尤其是对文化产业结构调整、文化产业布局、文化产业重点门类等方面缺乏科学有效的产业政策引导和保障,在文化产业发展涉及的土地使用、税收优惠、财政支持、融资通道、基建设施等方面也缺乏实质性的战略举措推动和优惠政策支持。

三、嵊泗文化产业发展思路

提高对文化产业发展的认识高度。改变对文化的传统固有思维认识定势,克服畏难和自满情绪,切实把文化产业作为重要的产业来抓。在当前及今后一个时期,下大力气把丰富的文化资源开发出来,与生态环境、海洋风光、区位优势相结合,将文化产业与嵊泗传统优势产业、城镇渔村建设融合发展,全面加快文化产业的发展。通过加快发展文化产业,打造经济发展新引擎,要以文化产业发展来引领嵊泗产业结构的调整和现代服务业的全面发展,要以文化产业的发展来促进“离岛 · 微城 · 慢生活”文化内涵的价值实现,要以文化产业发展来实现人民群众的文明素养和生活品质的提升,加快“美丽海岛”的建设,实现文化产业与文化事业的“双轮驱动”。

加大文化产业发展的工作力度。要用像抓经济一样的力度抓文化产业发展。把

文化产业发展作为“产业兴县”的重中之重，将其提上更加重要的战略位置。像研究经济一样研究文化产业，把文化产业发展的目标定位、方法路径、主要问题、制约瓶颈等研深研透，充分结合嵊泗的实际情况和资源禀赋，明确发展思路和工作举措；像抓经济一样齐心协力抓文化产业，全县上下、各级各部门拧成一股绳、同下一盘棋，共同致力于文化产业发展；像支持经济发展一样鼓励文化产业发展，加强政策研究，不断增强政策的针对性、有效性和可操作性，切实推动文化产业的快速发展。

坚持“整体规划、突出重点、特色定位、融合发展”的原则，根据嵊泗县经济、社会发展趋势对文化产业的要求、文化产业的发展现状、文化产业的市场需求、文化产业发展的保障体系的建设进程，以项目为载体，狠抓项目的落地与进展，以推动文化与旅游的深度融合、促进民间艺术的产业化发展、打造海岛风情影视文化产业、打造特色节庆会展业为重心，带动文化艺术培训、文化创意和设计等产业全面发展。

（一）推动文化与旅游的深度融合

旅游是文化性很强的经济产业，也是经济性很强的文化产业。把文化旅游资源优势转化为旅游发展优势，是发展旅游业、适应新需求及传播地方特色文化的重要途径和方向。文化天然地融合和体现于旅游全过程，使旅游成为展示文化、传播文化、推动文化发展的重要载体。因此，旅游的过程本质上是文化体验的过程，无论是旅游消费活动还是旅游经营活动都带有强烈的文化性。

1. 通过文化与旅游融合打造休闲度假旅游胜地

嵊泗作为国家级旅游列岛风景区，基于其独特的地理位置、自身特点以及对当地生活方式提出的“离岛 · 微城 · 慢生活”理念，安逸、慢节奏的城市人文特质和“寡求不争”、安耽自在、闲逸高雅的精神追求，与休闲度假旅游的内在特质高度吻合。建议切实把文化遗存修复好、恢复好，把文化资源整合好、梳理好，积极开发创意更巧妙、类型更丰富、特色更鲜明、质量更上乘的旅游产品，不断提升休闲度假旅游的内涵和魅力，努力打造杭沪宁的“休闲花园”、长三角的“海岛公园”，乃至全国、全球有独特吸引力的休闲旅游度假胜地。

2. 认真研究和梳理挖掘地方特色文化

嵊泗文化资源丰富，迫切需要遵循旅游经济发展的规律，顺应休闲度假文化消费的需求，厘清脉络、挖掘内涵、提炼深化。在嵊泗渔俗文化、民俗文化、东海福文化、石刻文化等多元文化基础上提炼以景观文化、渔文化、福文化体验为主题定位，以“亲海”为创意核心的文化产业品牌，实现“港、景、渔”合一的文化产业模式。把景观度假休闲、海洋文化体验、文化节庆、主题场馆等作为主打品牌；把积极打造原生态的文化主题公园、文化礼堂及文化产品生产地列为辅助品牌。促进地方特色文化遗产与科技的嫁接，把传统元素与时尚元素结合起来，变“文化遗产”为“文化产业”。通过文化产业的内容、业态的科技创新，彰显文化、科技与旅游融合的魅力，打造文化、科技、生态深度融合的旅游休闲文化产业。

3. 把握文化精髓构建休闲度假旅游产品

依托泗礁本岛基湖、南长涂沙滩、徐公岛、滩浒岛、花鸟岛等特色旅游区以及一批适宜旅游开发的无人岛，围绕建设“美丽海岛”和“海岛时尚休闲度假旅游目的地”目标，开发港景观光游、离岛休闲度假、风情渔家体验、浪漫岛屿乐享、动感海岛娱乐等系列文化休闲度假旅游产品；把握文化精髓，立足村镇特色，挖掘海岛历史沉淀，创建“一村一品”的村落文化，打造“离岛风情”花鸟村、“蓝海牧岛”大王村、“渔场风情”民富村、“东海石村”峙岙村、“百年渔场”泗洲塘等外岛品牌村落。开创由本岛“一枝独秀”向各乡镇“百花争艳”转变的新局面。深入推进邮轮、游艇、海钓、康体、禅修等时尚旅游，建设海洋文化主题旅游岛屿，提高旅游产品质量和国际化水平，形成以海岛休闲度假和佛教文化旅游为核心的产品体系。

4. 做大做强“渔俗文化、海洋文化和福文化”旅游品牌

深入挖掘与提炼“渔俗”文化。打造具有嵊泗地方特色的文化演绎品牌，加强《东海谣》大型文艺表演节目与游客的互动性，加大文化演绎品牌的传播力度，增强营销效果；开发渔家饮食文化、起居文化、服饰文化、生产文化，打造乘船出海、赶海垂钓、登岛探秘、沙滩篝火晚会、海上烽火传递、海上泳潜竞技、海上攀船桅、扬帆驶篷摇橹、船头唱渔歌、民俗文化表演等海洋民俗旅游品牌项目；开发体育竞技、海礁探险等项目，增加体验性娱乐等产品；积极建设和扶持特色博物馆、陈列馆、美术馆，运用现代科技对传统海洋文化、佛教文化的展陈、演艺、教育、体验等进行策划创新，增加其感染力和参与性。按照“东海祈福地、嵊泗大悲山”的主题，进行整体性的高起点、高规格策划，构想在大悲山顶建立能够容纳数万人的祈福广场(可依山势呈梯次而建)，集祈福、观光、览史、休闲、购物于一体的“福文化”旅游景区。

(二)促进民间艺术的产业化发展

按照“文化为本、科技为用、商业为体、旅游为形”的发展思路，高度重视对传统民间艺术的挖掘、保护、传承和发展，加大对嵊泗民间艺术的宣传和推介力度，把民间艺术融入文化旅游产业的发展中。

1. 促进民间艺术聚集发展

依托田岙东海渔民画村，鼓励创建渔民画个人工作室。采取“公司＋工作室”的模式，形成以重点骨干文化企业为龙头，联合各渔民画工作室及创作户参与的产业联盟，形成渔民画创作、展销集聚区，逐步改变目前渔民画产业“低、小、散”的现状。与文化旅游接轨，逐步建设融渔歌欣赏、学唱、体验和衍生产品开发为一体的嵊泗渔歌体验馆和嵊泗海洋剪纸体验馆。结合文化旅游，拉长民间艺术产业链。加大渔民画等衍生产品开发力度，达到品种多样化、制作精良化的产品开发目标。逐步使渔民画及其衍生产品成为嵊泗特色旅游纪念品市场的主打产品。

2. 打造海洋文化艺术精品

紧紧围绕“美丽海岛”建设，依托丰富的海洋资源和深厚的海洋文化底蕴，突出海洋特色，体现本土文化，充分发挥精品工程的龙头作用，抓好文艺精品创作，完善海洋文艺精品的创作、生产、传播机制，加强题材创新，努力在“美丽海岛”建设题材、新渔村建设题材、旅游文化题材创作方面取得新突破。做好海洋剪纸工作室、渔文化创研室和文联艺术阁挂牌工作，挖掘、保护、传承、提炼一批富有海洋文化特色和海岛特点的文化精品。

3. 培养民间艺术骨干人才

大力培育年轻的文艺骨干和业余文学艺术爱好者，做好渔民画、剪纸等人才教育培养工作，组织开展采风、创作、培训等活动，提高民间艺术的创作水平。开展名师带徒活动，形成渔民画、剪纸等传习机制，不断增加从业人数。加强新生代民间艺术传承人的培养工作，确保传承队伍的阶梯化、年轻化。打造渔民画名品、名师、名店、名企、名村，积极推进渔民画品牌的认定授牌工作。积极组织参加“群星奖”等国家、省重点文化活动和重大赛事，充分发挥重点文化活动和重大赛事在推动文艺创作和群众文化活动中所起到的导向性、示范性和带动性的作用。

4. 完善艺术创作激励机制

坚持把群众评价、专家评价和市场检验统一起来，加大对产生良好社会影响的文化作品的奖励力度，建立有利于出精品、出人才、出效果的评价机制。根据公开、公平、公正的评奖机制，继续做好嵊泗县两年一届的文化和体育政府成果奖评定工作，进一步规范奖项评定的制度，提高权威性、科学性和公信度。通过加大资金的保障力度，进一步巩固嵊泗渔民画、嵊泗渔歌、嵊泗海洋剪纸和嵊泗风光摄影四张文化名片，确保采风、创作和出版等顺利进行，为其宣传嵊泗、扩大嵊泗知名度发挥重要作用。

5. 开展民俗文化文艺营销

民俗文化作为一种文化现象，本身是其传衍地原住民文化的共生物，其特有的风貌或多或少、或显或隐地折射出其所置身的文化生态。一般的消费者在不了解其所传播的民俗文化时，只能看个热闹，其产业的生命力已大打折扣。文艺营销可以使消费者了解嵊泗渔歌、海洋剪纸、渔民画等传播的民俗文化，进而喜欢上嵊泗民间艺术，使嵊泗民间艺术具有旺盛的产业生命力。通过联合媒体举办“讲一个嵊泗故事，说一段嵊泗情结，构成一个嵊泗‘映象’”的征文活动；定期举办嵊泗渔民画、渔歌、海洋剪纸和风光摄影等民间艺术创作比赛，积极参与文博会等展会的作品参展。推动和鼓励新闻媒体、公共文化场所、交通客运车（船）等方面在展演展播展映优秀文化作品上提供条件、搭建平台，扩大文化作品的社会影响力。积极实施“与沪同城”战略，借力营销，加强与上海东方艺术中心、上海大剧院、上海宣传画艺术中心、上海宝山国际民间艺术节、田子坊艺术中心等知名平台合作，强化两地的文化艺术合作交流。

（三）打造海岛风情影视文化产业

随着舟山群岛新区海洋生态保护区和“美丽海岛”的建设，嵊泗优美的自然风光和独特的民俗风情，将成为发展海岛摄影、影视拍摄、微电影文化产业的重要资源，同时也成为嵊泗新兴文化产业的突破口。

1. 突出海岛风情主题

嵊泗列岛是我国目前唯一的国家级列岛风景名胜区，西与上海芦潮港隔海相望，南临普陀山，东濒浩瀚的太平洋，北接黄海。海域广阔，岛屿密布，有沙滩、海礁、奇洞、悬崖、险峰等自然景观，海岛风光美丽多姿。可将这些具有鲜明特色的地缘文化与摄影文化、影视文化充分结合起来，吸引更多制片厂、电视台、影视制作公司等影视机构入驻拍摄外景，进行影视创作，形成突出海岛风情，以摄影、影视为主题的多层次多单元的系列影视文化组合。

2. 搭建产业发展平台

通过谋划成立海岛摄影联盟、建立微电影创作拍摄基地、举办摄影展、举办影视高峰论坛和微电影节等举措，汇集影视、摄影行业的权威专家、一线导演、编剧以及电视台、新媒体代表等重量级人物；通过政府扶持资金引领国有资本吸纳金融资本和民间资本，通过资本与资源的高效结合，在孵化优质影视、微电影项目、培养专业影视人才、扶持中小影视企业方面发挥巨大作用；成立嵊泗摄影协会、微电影协会，完善协会的服务功能，维护会员利益，建立提供信息服务平台。

3. 完善校企合作模式

海岛摄影基地、微电影产业基地要建立专业团队，不断拓宽思路，将人才和技术作为基地发展的双驱动力，把产业基地做大做强；要深入挖掘文化内容，形成海岛摄影基地、微电影产业基地的文化传统；要盘活现有资源，与本地高校合作完善校企合作模式；要制定长期的发展规划，发挥自身造血功能，逐步成立海岛摄影、微电影的交流研究基地和人才培养基地，创立海岛摄影基金会、微电影基金会；扶持大学生创业就业，大力开展大赛和培训活动，发现和培养大批后备人才，促进嵊泗摄影、微电影产业快速协调发展。

4. 实现文化与旅游融合

利用微电影“易制作、传播快、覆盖广”的特有优势，通过新媒体传播渠道来打造嵊泗城市文化符号；借助微电影的特色性、故事性、文化性、生活性、时尚性等特点，使微电影拍摄与旅游景地特色完美结合，品牌与故事相得益彰，微电影产业与旅游产业相互交融，使旅游景地成为微电影可用的拍摄场景。实现“电影”“旅游”“体验”的深度结合。而且，在互联网时代，微电影与旅游的结合更具迫切性和创新性，旅游微电影是社交网络化、媒体数字化、沟通开放化环境下的必然趋势，也是新媒体时代旅游营销的新渠道。

5. 带动爱情主题旅游

爱情主题旅游越来越成为年轻人的个性化选择，而明星们的海岛婚礼更是助推了这一时尚。嵊泗作为离长三角城市最近的蓝海岛屿群，已经自发地吸引了一些文艺青年来拍摄婚纱照、爱情 DV、爱情微电影，在他们的传播和当地有关部门的宣传下，嵊泗会成为越来越多人选择的“旅拍”优质之地。推出特色摄影、影视休闲体验线路，不断丰富影视休闲旅游的文化内涵。将泗礁岛附属“南北朝阳”岛打造为“爱情港湾”——以爱情为主题的高端精品酒店区，包括婚礼礼堂、爱情邮局、蜜月酒店、爱情晚餐等一系列爱情主题项目，将是华东最具特色的婚礼主题影视外景地，同时积极打造嵊泗高端婚礼产业链。

（四）重点打造特色节庆会展业

节庆会展是集会议、展览、旅游、休闲与文化交流于一体的一种特殊经济形态，对助推区域经济、文化全面发展有着不可估量的作用，是区域迅速提升自身综合竞争力的重要因素。坚持“为美丽寻找资本、为智慧创造财富、为要素搭建平台”的原则，“始于节会，超越节会”，重点打造嵊泗特色节庆会展产业。

1. 发挥资源优势，实现接沪融杭战略

积极引入开放、创新、包容的理念，加快嵊泗文化产业接沪融杭战略的实施。围绕“离岛 · 微城 · 慢生活”主题，大胆实践，注重整合，将节庆会展活动作为美丽海岛的营销载体和平台，重视活动策划，拓宽宣传渠道。着力确保“中国海洋歌会 · 大海歌谣”系列活动、“美丽海岛 · 多彩渔民”舟山渔民秀盛会、“嵊泗贻贝文化节”之枸杞贻贝节等主题突出、影响较大的节庆活动的举办。积极筹办中国海洋文化节、嵊泗贻贝文化节、环舟山群岛新区女子国际公路自行车赛、国际海钓精英赛等大型节庆赛事，同时积极开展“与沪同城”文化交流等活动。把节庆会展作为城市推介的上佳平台和窗口，展现“嵊泗 · 美丽海岛”原生态的渔俗文化，借力起势，进一步向外展示嵊泗、宣传嵊泗、推介嵊泗，提升“嵊泗 · 美丽海岛”的品牌知名度与美誉度。

2. 培育市场主体，引入市场竞争机制

注重按市场规律办事，发挥市场的基础作用，探索节庆会展产业化的新路。引入竞争机制，采取公开申办、公开招标的方式，选择高素质的承办单位，将项目承办单位逐步由政府向专业公司过渡，鼓励会展中介机构和企业参与项目运作，利用品牌、广告、配套服务等资源进行市场化资金筹集，包括项目冠名权出让、门票总承销权出让等，做到“以展养展，以会养会”，推动项目主体市场化。

3. 加强科技融合，创新节庆会展形态

精心策划相关海洋民俗、传统节庆活动，加强科技融合，增强节庆会展的知识性和趣味性，注重娱乐欣赏和主体参与，满足游客体验海洋文化、体验民俗风情的愿望。

以渔俗文化展为例，打破传统的展列方法，以声、影、景结合的形式，启动渔船点睛仪式、海景布展以及单元陈列等展现手法，运用 3D 技术、动画制作技术活化重现渔俗文化中的非物质因子，如渔歌、渔业生产禁忌习俗。既能点播聆听渔民传唱至洋面与天际的渔歌，欣赏灵动、鲜活的渔家剪纸，也能畅快领略嵊泗渔民画特有的奔放明彩之美以及嵊泗风光摄影中或静谧或粗犷的海岛之美。

4. 体现地域特色，塑造系列品牌项目

充分利用和开发底蕴深厚的嵊泗特色旅游文化资源，对优势资源进行整合并有计划地进行宣传，逐步形成一批不同类型的、高端市场和大众市场协调发展的知名节庆会展品牌。突出海洋历史文化名城和海岛和谐社会主题，体现地域特色，打造节庆会展文化名片。如举办“海洋·海岛”高峰论坛、“浙江民歌”论坛、中国海洋歌会、国际性海岛摄影展、旅游微电影节等，逐步实现节庆会展的产品精品化、系列化道路。以旅游微电影节为例，围绕嵊泗的名胜古迹、海岛景观、民俗风情、宗教文化等精品旅游内容，组织拍摄微旅游系列片。与优酷、爱奇艺等视频展播平台签订战略合作协议，将其作为旅游微电影节的视频展播平台。面向全社会，尤其是针对高校学生，广泛征集和嵊泗旅游相关的微电影剧本、作品，入围的优秀作品可以在活动的展播平台进行展播及参与评奖，达到宣传嵊泗文化、促进嵊泗旅游业发展的目的。

四、嵊泗文化产业发展保障措施

（一）组织保障机制

1. 成立专门机构，形成联动组织机构，统筹管理

建立由县主要领导亲自挂帅，宣传、发改、财税、科技、国土、旅游、工商、经信、文广新以及其他相关部门主要负责人参加的县级文化产业领导管理决策机构，各乡镇要参照建立相应的文化产业管理机构，各个文化产业相关部门要明确负责人和联系人，逐步完善全县文化产业协同发展的联动工作机制。

组建县文化产业发展领导小组、县文化产业发展专家咨询委员会和县文化产业发展招商管理办公室等机构。其中，县文化产业发展领导小组负责统筹协调全市文化产业发展中的重大战略问题，落实产业发展的责任主体，健全产业发展协调推进机制，调动社会各种力量发展文化产业的积极性。

2. 制定文化产业考核评价体系，建立文化产业的督查和例会制度

加快研究制定全县文化产业发展考核实施办法，把文化产业发展各项工作任务完成情况作为各乡镇党委、政府及相关职能部门重要工作内容，并将其纳入考核评价体系之中，作为对领导班子和领导干部考核的重要指标。建立项目督查制度，重点对文化建设与文化产业发展指标、重点任务、政策落实和项目推进情况进行专项督查。建立健全文化产业领导小组成员单位工作例会制度等工作机制。

（二）政策扶持机制

以政策扶持机制为保障，对重点项目、重点企业和重点人才加大资金投入，加强

政策配套，营造良好的政策环境，充分发挥政策对文化产业的引导和促进作用。

1. 财税政策

整合全县产业政策扶持资金，统筹文化资金，争取建立嵊泗文化产业引导资金，用于支持文化产业重点项目、文化产业公共服务平台建设和文化创意人才培养等方面。充分落实文化企业，特别是小微文化企业的税收政策。

2. 投融资政策

加强银行业金融机构与文化企业的对接合作，探索开发多元化、多层次的信贷产品和贷款模式，加大有效的信贷支持，鼓励金融机构结合嵊泗文化产业发展特点，开发有针对性的信贷产品，并给予一定的利率优惠或贴息补助。支持和引导担保机构为文化企业融资提供担保。

(三)项目推进机制

尽快按照发展文化产业的战略布置，积极争取市、省，甚至国家级文化产业项目，通过实施项目带动战略，拓宽嵊泗文化产业发展项目，提高嵊泗文化产业生产总量，建立高效的项目推进机制。

1. 制定项目标准

编制嵊泗文化产业利用外资、民资、社会资本项目的指导目录，通过独资、合资、合作等多种途径，科学、有效地引导外资、民资、社会资本投向嵊泗文化产业基础设施建设和新兴文化产业领域；编制“嵊泗县重点文化产业项目招商目录”，积极吸收社会资本进入嵊泗文化产业，培育一批重点民营文化企业。

2. 吸引项目落地

以大项目招商、楼宇招商、地块招商、产业链招商等形式，重点加大对文化产业知名企业、规模企业、品牌活动的引进力度。建立吸引全省乃至全国文化产业项目落户嵊泗的激励机制，对文化内涵丰富、科技含量高、市场前景好的文化产业项目实施“一事一议”的政策。

3. 重视过程管理

按照项目建设既定目标分解任务、落实责任，项目推进小组定期或不定期召开会议，协调解决具体问题，细化工作措施，对每一个项目的全程服务情况做详细记录，动态管理，确保项目顺利推进。

(四)人才培育机制

通过构筑人才高地，解决目前人才紧缺，特别是高级人才稀缺的问题，突破制约文化产业发展的瓶颈。

1. 强化培养

高度重视以各类专业人才为主体的文化骨干队伍建设。通过与高等院校联合办学、上挂下派、定向培养、在职进修等多种途径培养文化急需人才，启动“文化创意人才梯队工程”，建立多层次、多渠道的文化人才培训体系。拓宽人才培养渠道，创新人才培养模式，搭建文化人才终身学习平台。

2. 大力引进

深入实施人才战略，坚持“不求所在，但求所用”的原则，采取柔性引进模式，吸引更多的人才为嵊泗文化产业发展服务。积极组织开展国内外招聘，吸引高层次、高技能文化创意人才来嵊泗建立工作室。设立优秀人才奖励专项基金，形成包括住房、子女入学、落户等在内的文化创意人才引进“一揽子”政策。

(五)市场提升机制

以重点门类、重点企业、重点项目为抓手，通过促进嵊泗特色文化产业的发展，打造一批文化品牌企业，大力实施嵊泗文化产业市场提升战略。

1. 健全文化产业市场体系

在稳定和拓展全县文化消费市场的同时，探索资本、产权、人才、信息、技术等文化生产要素市场的建立，努力构建重要的文化生产、投资、消费、流通、服务等市场，积极推进文化产权包括股权、物权、债权、知识产权等上下游的交易，通过市场推动内资与外资、虚拟文化与实体产业、文化与资产的对接方面发挥专业化的优势。

2. 加强特色文化品牌建设

强化海洋文化、渔俗文化、福文化等“美丽海岛”品牌，突出海洋特色，体现本土文化，充分发挥文化节精品工程的龙头作用，加大文化品牌推介力度和知识产权保护，促进自主创新知识产权在文化产业中的实施和运用。

3. 加强重点文化企业培育

积极扶持培育文化产业市场主体，充分发挥重点文化企业的示范、引领和辐射作用。在文化产业重点发展门类中，遴选并重点培育一批文化企业，力争通过几年的努力，成为嵊泗文化产业发展的“领头雁”。优先推荐县“重点文化企业”文化产业项目争取国家、省、市及其他专项资金扶持。各乡镇、街道和各行业主管部门要给予县“重点文化企业”相应的优惠政策支持。优先推荐县“重点文化企业”参与各级文化产业示范基地、先进单位评比奖励活动。

五、近期工作重点

(一)成立联动组织机构，健全产业发展协调推进机制

建立由县领导亲自挂帅，宣传、发改、财税、科技、国土、规划、商务、教育、统计、旅游、工商、经信、文广新、会展办以及其他相关部门主要负责人参加的县级文化产业发展领导小组，探索“产业＋部门＋乡镇”的文化产业管理机制，各乡镇建立健全相应的文化产业管理机构，由党委副书记、主管工贸的副书记(副主任)和宣传委员负责本乡镇的文化产业发展；各文化产业相关职能部门要明确一位分管领导和联络员。领导小组要负责统筹协调全县文化产业发展中的重大战略问题，落实产业发展的责任主体，健全产业发展协调推进机制，调动各种社会力量发展文化产业的积极性，要定期召开工作会议，讨论研究决定文化产业发展的重大事项。

(二)制定产业发展规划，促进文化产业科学发展

要把文化产业发展纳入全县经济和社会发展总体规划，坚持“全域发展”理念，实行“一张图”规划，尽快组织专家团队深入调研，摸清家底，吃透县情，把握文化产业发展趋势；将文化产业发展规划与全县其他重要规划整体谋划、同步实施、全面推进；聘请高水平的规划研究团队积极开展《嵊泗县文化产业“十三五”发展总体规划》和《嵊泗县文化产业发展三年行动计划》的编制研究工作。

(三)组建文投公司，促进文化和资本的结合

文化产业化的关键环节是创意和资本的结合管道。文化和资本的结合虽然不能保证每一个项目运作的成功，但是一个社会是否具有畅通的产业化管道却是文化产业是否发达的重要标志和条件。文化产业前期投入大、附加值高、轻资产的特点，使传统结构的金融工具很难满足文化企业特定需求的问题。要由政府出资、引入国内

外创投机构和民间资本参与设立的文投公司，搭建起文化企业与金融机构的服务平台，从而促进嵊泗文化产业快速发展。

(四)推动文化产业园区建设，培育集聚效应

加快嵊泗文化产业园区内配套基础设施和相关服务机构建设，利用"政府主导""市场配置""龙头培育""集群发展"的理念把主要嵊泗特色文化行业、相关文化企业、研发机构、艺术家工作室、中介服务机构等有机组合，在空间经济上形成创意要素密集区，提升文化产业的核心竞争力，增强文化企业的创意能力和产业园区的市场竞争能力。并以此吸引国内外知名文化企业和拥有自主知识产权的文化创意企业入驻共享优势资源，拓展市场空间。

(作者:史　征，邹立清)

发展专题研究篇

舟山群岛新区设立海洋卫视的可行性研究报告

一、项目背景

21 世纪是海洋的世纪，全方位开发利用海洋成为世界各国经济增长和全球竞争的重要领域。党的十八大提出要建设海洋强国，实施海洋战略，发展海洋经济将成为我国经济社会发展的重要任务和目标，我国海洋经济发展将进入新的机遇期。海洋强国内涵丰富，不仅包括海洋资源开发、海洋经济发展，还包括海洋科技创新、海洋生态文明等，这是对海洋物质资源与文化资源的协调开发与利用，海洋文化及其产业的发展是未来海洋经济的重要组成。

2011 年 6 月，国务院批准设立浙江舟山群岛新区，舟山成为我国首个以海洋经济为主题的国家级新区。2015 年 5 月习近平总书记赴舟山考察调研，对舟山的海洋经济发展做出了重要指示。在我国漫长的海岸线和众多海洋发展经济区、示范区和综合试验区中，舟山群岛新区就如同一颗明珠，承接南北，联通海陆。在党的十八大报告明确提出要“建设海洋强国”的大背景下，舟山群岛新区就必然成为我国探索海洋经济科学发展新路径、打造面向环太平洋经济圈的桥头堡。

大众传媒是推动社会经济发展的重要力量，任何国家、任何时期的社会经济发展都需要现代传媒体系的支撑。在海洋经济发展热潮不断涌现的当下，大众海洋意识的普及与提升，海洋经济发展的新动向、新问题，都亟待大众传媒及时、有效、全面的传播。

在此背景下，舟山群岛新区作为首个以海洋经济为主题的国家级新区，建设专业性、服务性和综合性的海洋传播平台——以海洋卫视为中心，覆盖广播、电视、网络媒体、移动媒体等全方位一体化的海洋传媒机构就成为必然之举。

二、项目实施可行性分析

第一，发展海洋已经成为国家战略。21世纪是海洋的世纪，对海洋的开发利用已经成为全球竞争热点，党的十八大首次明确提出“建设海洋强国”，将发展海洋经济提升到国家战略层面，正是对这一国际发展趋势的准确判断。在此背景下，大众传媒亟须应对这一新型社会经济现实，加强对海洋经济发展的舆论引导、加大涉海题材的宣传报道力度、提高大众传媒对海洋经济发展的服务水平。引导大众从国家战略的高度认识海洋，提高全民海洋观念，强化海洋意识，营造全社会关注、开发和保护海洋的舆论氛围。建设专业化、服务性和综合性的海洋传播平台就成为必然选择。

第二，海洋与传媒具有天然的内在联系和良好的互动共进关系。从近现代大众传媒的发源、发展、壮大的历史来看，其无不与海洋存在着密切联系。从诞生于16世纪航海大发现时代的威尼斯的世界上最早的报纸，到近代各国最先进的媒介技术发展脉络，都显示出海洋始终伴随媒介发展的历史真实，海洋与媒介具有良好的互动共进关系。在当今海洋大发展的重要历史时期，海洋必将成为媒介的重要内容之一。舟山作为群岛形态的海洋区域，自古有“以海为田”的经济、社会、文化和生活模式，具有鲜明而独特的海洋特色，在舟山建设专业化的海洋传播平台具有其他涉海区域所不具备的天然优势。

第三，当前我国尚缺乏有品牌影响力的专业化海洋传播机构。我国长期重陆轻海的历史传统使得大众传媒自身海洋传播意识较为淡薄，对海洋问题的宣传报道缺乏专业化、纵深性和连贯性；国内除了少数海洋类专业报纸杂志外，纸质媒体和广播电视媒体都很少有专业化和连贯性的海洋传播内容。其中2013年设立的三沙卫视已经开始初步实践海洋主题传播，浙江大学与新华社合作打造新华电视海洋频道，这些都为构建海洋传播平台提供了重要经验，而其影响力和品牌化操作有待进一步提升。因此当前亟须从传播意识、传播思维、传播内容和传播方式等诸多方面全面提升我国的海洋传播水平。开办专业海洋传播平台，专业定位于海洋服务和海洋传播，既是我国大众传媒界的先例，也是海洋战略实施的重要举措。

第四，舟山群岛新区具有天然优势。舟山群岛新区未来将成为面向环太平洋经济圈的桥头堡，在我国建设海洋强国的战略部署中处于重要地位，对深入实施国家区域发展总体战略和海洋强国战略具有重大意义。

首先，舟山群岛自古以来就在中外经济与文化交流中扮演重要角色。作为中国的东大门，舟山通过海上交通与很多国家有经济、文化等交流，与日本的佛教文化、民俗文化也有大量交流，明代郑和下西洋将舟山作为重要站点，英国、葡萄牙等以舟山为中介，出口中国的茶叶等物品，并在舟山建设重要港口基地，舟山因此成为当时云集亚、非、欧等各国商人的世界最大贸易港之一。舟山的对外交流一直持续到二战期间。这些历史文化交流成为舟山群岛建设国家级传播媒介的重要历史基础。

其次，舟山群岛新区自成立就进行了科学的规划和定位，其国际物流、自由贸易、海洋产业、国际休闲和海上花园的功能提炼涵盖了舟山所拥有的优势海洋资源，具国际化和全球视野，为国家级海洋专业传播平台的建设提供了重要现实条件。

舟山群岛的优势海港基础和海洋物质资源，丰富的跨文化交流资源，以及舟山独具特色的本土宗教文化、海洋民俗文化等文化资源，这都成为舟山建设全方位一体化的海洋传媒机构、全方位开发海洋传播内容的重要内容基础。舟山海洋传媒将填补我国现有海洋主题卫视的空白，与南海的三沙卫视等其他海洋主题媒体遥相呼应、相互补充，成为中国面向世界传播中国海洋的主阵地。

三、项目内容与建设原则

(一)项目内容

本着提升国民海洋意识、全方位展现中国海洋图貌的建设目标，遵循陆地与海洋并重、全面走向海洋的媒介传播观，本项目将在舟山群岛新区建设专业性、服务性和综合性的海洋传播平台——以海洋卫视为中心，覆盖广播、电视、网络媒体、移动媒体等全方位一体化的传播媒体机构。

该平台将由舟山政府主建，联合国家海洋局、浙江传媒学院等单位共同建设，发挥国家海洋局在海洋事务统筹协调、海洋发展规划等方面的优势以及浙江传媒学院作为专业传媒类高校的人才与科研优势，在广播、电视、网络媒体、移动媒体等终端，全媒体、多样化地传播，综合使用新媒体技术对海洋资源进行开发、制作、传播。

该传播平台将涵盖以下三大类内容：

第一，海洋新闻类栏目。紧紧围绕海洋这一核心内容，打造全方位、多形态新闻栏目，包括动态新闻播报、系列主题报道、大型宣传活动、深度调查报道等多样化内容。切实肩负起宣传报道、引导推进海洋全面发展的重要使命。海洋新闻类栏目将紧紧围绕国家海洋战略的核心内容和我国海洋发展的现实需要，在解读国家及各地有关海洋的政策文件，推广各地海洋经济与海洋文化发展的生动实践基础上，逐步改变国民海洋意识淡薄的现状，对国民海洋教育起到积极作用，为我国打造海洋强国、为海洋经济发展营造良好舆论环境。

第二，海洋经济专题栏目。海洋经济服务工作将是海洋传播平台的重要职责和内容指向。围绕优化海洋经济发展布局、打造现代海洋产业体系、提高海洋科技创新能力、加强海洋生态文明建设等重点工作，尝试开设资讯信息、气象服务、专家访谈、专题分析等栏目，通过及时播报海洋经济动态信息、深度解读海洋经济政策法规，为推进全省乃至全国海洋经济发展做好专业性服务。海洋传播平台旨在改变现有大众传媒对海洋经济发展的报道零散、缺乏系统性，海洋经济服务内容浅显、缺乏支持性的传播现状。海洋传播平台要发挥全面性与专业性的优势，全面兼顾与典型引导相结合，切实发挥大众传媒对海洋发展的重要作用。

第三，海洋文化专题栏目。海洋文化资源的开发与传播是实施海洋战略、建设海洋强国的重要内涵。围绕海洋文化宗教、民俗 风情、人文地理、节庆会展、旅游观光、美食娱乐等方面，尝试开设文化讲坛、科普探索、海洋娱乐、纪录片、影视片等栏目，这既是充分满足群众海洋精神文化生活的需求，也是大众传媒传播海洋的重要手段。海洋传播平台要立足舟山，辐射全国，面向世界，海洋文化类内容的开发要注重深度与全面，娱乐性与科普性相结合，运用最新的传媒技术创新海洋文化资源的开发与传播。

(二)项目建设原则

第一，以构建海洋传播思维为根本。长期以来，陆地生存发展的历史及现状，让媒介传播深深烙下了陆地思维的印记，我国重陆轻海的“黄色文明”构成了大众媒介的陆地式传播思维模式。即使是沿海地区的大众媒介也常忽略了海洋这一特殊的地理区域定位，未充分利用海洋资源的传播优势，仍然立足陆地看待和报道海洋。因此，本项目的建设根本应该从构建海洋传播思维模式开始，充分挖掘海洋文化、经济等各类资源，无论是传播形式还是传播内容都要充分体现真正的海洋特色，构建区别于陆地思维的海洋媒介运作逻辑。这将成为建设高水平海洋卫视的根本所在。

第二，以提升海洋传播意识为目标。要实现“海洋强国”的建设目标，提升全民的海洋意识是首要，大众传媒在其中担任重要角色。我国大众传媒自身的海洋意识尚待进一步提升，对海洋的重视程度不够，以至于大大影响了海洋在公众中的传播效果。本项目所建设的全方位一体化海洋传播平台要首先提升我国大众媒介自身的海洋意识，增强对海洋的重视程度，从而不断提高海洋在社会公众中的传播效果，整体提升我国民众的海洋意识，在中国海洋强国的建设中起到举足轻重的作用。

第三，以海洋传播专业化为宗旨。海洋传播平台需要兼顾深层次、全方位和专业化的建设原则，以专业化为宗旨。涉海内容的开发专业性极强，既涵盖海洋科学与技术等自然科学领域，又包括海洋经济、海洋文化等人文社科领域。这对海洋传播的工作提出了很高的专业要求，需要专业化的人才、技术与设备、经营与管理手段。围绕海洋这一核心内涵，从寻求多样化的传播新形式到挖掘丰富的传播内容，从多元类型的栏目设计到传播平台的跨媒介运营都体现出海洋元素和亲海特色，打造极具特色和品牌影响力的海洋专业性媒体。

第四，以海洋传播理论研究为基础。当前有关海洋的传播内容缺乏深度，流于表面，这源自大众媒介对海洋传播理论缺乏了解和应用。因此，要打造专业化的海洋传播平台需要加强媒体工作人员与海洋传播理论以及相关海洋领域学界的密切沟通和深度交流。一方面学界从整体上对海洋传播进行系统梳理和学理思考，同时媒体业界及时将最新的研究成果运用于海洋传播实践。这为开发更具科学性、专业化、文化性的海洋传播内容提供重要学理基础。

第五，以建设全媒体综合平台为要义。随着网络化、数字化和信息化的迅猛发展，三网融合趋势不断加剧，现代传媒已经不再是某一单一媒介平台的发展，新媒介技术日益增多，媒介开始呈现多功能一体化发展趋势。因此，构建海洋专业媒体需要顺应这一发展趋势，充分利用最新传播科技成果，尝试传播的数字化、平台网络化和使用的移动化，海洋传播平台需要融合传统媒介与新媒体，除了利用报纸、杂志、广播和电视等传统媒体之外，更要积极利用互联网、IP 电视、手机电视以及移动媒体终端和微博、微信等新型社交媒体手段，同时借助虚拟现实技术等手段打造海洋题材的电影、电视剧、动画片、纪录片等多种传播内容，建设全媒体的海洋传播平台和媒介集团，构建完整产业价值链。

四、报告结论

2015 年 5 月习近平总书记赴舟山考察调研，对舟山的海洋经济发展做出了重要指示，这成为舟山群岛新区的重要发展契机。

本海洋传播平台混合运用多种传媒技术和传播手段，打造新媒介时代的全方位媒体平台，这必将成为我国大众传媒发展的重要探索。我国的传媒专业化发展已经倡导了多年，各地报纸、广播、电视等媒体不断尝试专业化发展路径，但实施效果有待提高。本传播平台专业定位于海洋经济发展与海洋文化传播，有利于整合现有资源、充分调动各方面积极因素，将成为我国乃至全球首个真正意义上的专门定位海洋的综合性传媒机构，开创现代传媒发展的新领域。

舟山海洋传播媒介的建设必将成为我国宣传海洋、服务海洋和发展海洋的重要阵地。海洋传播平台能够集中精力，紧紧围绕我国海洋发展现实，时刻关注世界海洋发展动向，为我国的海洋经济和海洋强国战略做出贡献。当下正处于海洋经济发展的重要机遇期，舟山群岛新区要抓住难得的历史机遇，以舟山的优势海洋资源为重要基础和条件，积极建设专业性、服务性和综合性的海洋传播平台，这既是我国实施海洋强国战略的大势所趋，也是弥补当前我国大众传媒海洋传播空白的重要举措，必将为我国新时期海洋经济发展和海洋强国形象传播起到重要推动作用。

（作者：奚建华，张仁汉，关萍萍）

新媒体环境下舟山日报社发展路径之思考

舟山日报社是舟山市委领导下的市级新闻媒体，编辑出版有《舟山日报》《舟山晚报》《舟山乡音报》等，同时承办舟山网，并开设了官方微博、微信等新媒体网络平台，形成了初具规模的新媒体矩阵。《舟山日报》创刊于 1955 年 3 月，是舟山群岛新区的权威主流媒体，为读者提供本地的重大政治、经济、社会、文化新闻和深度报道，每日出版一期，每期发行量 4—5 万份。《舟山晚报》创刊于 1996 年 1 月，是以自费订阅为主、深受市民喜爱的都市报，坚持“关注民生、反映民情、服务民众”的宗旨和“亲民、主流、新锐”的目标，每日出版一期，每期发行量 5—6 万份。《舟山乡音报》创刊于 1994 年，主要向国内外 30 多个国家和地区的乡亲乡友介绍舟山，反映舟山人情风貌，是各地友人了解舟山的窗口。《舟山乡音报》为半月刊，每月出版两期，每期发行量约 1 万份，主要通过民间协会和政府的外联部门向港澳台地区及海外发行。舟山网则于 2003 年 8 月 6 日开通，2009 年 8 月 6 日起改用“大海网”域名，致力于将网站努力打造成为区域性门户网站和海洋类门户网站，目前已成为浙江舟山群岛新区影响力最大的综合性门户网站。

许多市场化程度高的报纸多集中在人口密集、经济总量大、消费能力强的中心城市，竞争相对激烈，而像《舟山日报》这种地方机关报在市场化程度高的中心城市报纸媒体激烈竞争时，还能在自己的“一亩三分地”上耕耘，不仅能守住摊子，而且还能有所发展，确实属罕见。《舟山日报》和《舟山晚报》的总发行量和影响力虽然不及中央和省级的报纸，但其在当地的发行量却往往比任何一家报纸都大，这种“强势”地位决定了《舟山日报》具有别的报纸所没有的区域影响力，而其在区域内的影响力则成功吸引了商家将广告往这里投放。新媒体虽然分割了传统媒体的广告市场，但相对而言，由于《舟山日报》在舟山市没有较强的竞争对手，这就给《舟山日报》改革传统媒体和建设新媒体等方面留下了发展的空当。

面对新媒体的发展和受众阅读习惯的改变，舟山日报社也正在积极推进媒体融合与产业转型。但是，报业的媒体融合，是知易行难。所以，在此从思维方式、内容、技术、体制机制等方面，对舟山日报社融合发展的一些现实操作问题谈一点认识与思考，以抛砖引玉，不断求索与创新。

一、思维方式与工作流程的全媒体转型

新媒体环境下，报业的转型首先是一种思维方式的转变。这种思维方式的转变既包括从"读者"思维到"用户"思维的转变，也包括从"信息提供者"到"服务提供者"的理念转变。新媒体环境下，报纸的发行应以影响力为核心，以用户的需求为优先，信息的传播方式应更加契合受众接受习惯。与传统纸媒的思维方式不同，报纸的新媒体转型应该更多地考虑如何满足读者或用户的互动性和参与性，比如，新闻的呈现可以利用图片、视频等数据新闻模式，读者可以对新闻进行反馈，而且内部工作人员可以对读者的反馈给予即时的回答。因此，在技术方面，新闻的互动设计和编程等，比以往任何时候都更重要了，数据新闻将成为报纸的核心竞争力。

以浙江日报报业集团为例，2013 年，集团斥资 35 亿收购边锋和浩方网络平台，引起业内轰动。集团董事长高海浩表示："浙报集团是奔着用户去的。我们花了一年时间深入研究发现，边锋和浩方平台的棋牌、桌游和电子竞技与其他网络游戏明显不同，它对我们实现与互联网融合创新具有互补性和协同性。可以说，拥有了这个 3 亿注册用户＋2000 多万活跃用户＋1000 万移动用户的自主网络平台，浙报集团才算在互联网有了一席之地。有了可观的用户基础，才算具备了与互联网融合发展的必要条件。"

以用户为导向，就是重视为用户提供信息和文化服务。新媒体环境下，读者需要的是快乐阅读、快乐体验、快乐享受各种优质的文化服务。为此，报纸要综合考虑用户的需求，重视在大众传播中的用户体验设计，打造出带有一个综合性体验的好产品，通过大众媒体与社会化媒体的相互嵌入来实现更有效的传播。为此，新媒体环境下的舟山日报社只有关注用户，才能被用户关注；只有真正地把握住用户的喜好，提供更好的信息服务和用户体验，才能真正赢得市场。

全媒体转型，也是一场自上而下的工作流程改革。是改革总会有影响，有不适应、不习惯，所以需要培训。无论是老牌的《泰晤士报》、行业翘楚《金融时报》，还是《每日邮报》这种常发耸人听闻消息的小报，都在吸纳各种媒体形式的长处，推进"报

纸＋视频＋网站”的全媒体发展模式。英国《金融时报》要求，原有的记者编辑都必须向全媒体方向转型，他们的部门设置大部分维持原样，还是以做新闻、讲故事为主。大家可以不用太多关注发布终端，但始终要关注的是一条新闻如何呈现得更好，传播得更好。视觉设计人员、编程技术人员、数据新闻记者等，打入各个原有团队，促进整体转型。《金融时报》针对数字采编、媒体融合等，还在不断对员工进行各种各样的培训。

全媒体发展，不仅要改变过去的传统媒体界限的思维与能力，还要适应融合媒体岗位的流通与互动，采编人员要发展采、写、摄、录、编、网络技能运用及现代设备操作等多种能力，强力推进传统媒体内部人员的转型。说到融合发展，其很容易偏重新兴媒体的建设，而忽略采编人员的转型。在现实操作中，由于在一个报社内部，新媒体项目往往是独立运营与考核的单位，与传统媒体的关联尚不紧密，所以会呈现出各自为政、两张皮的状况。以《河北日报》为例，尽管制订了融媒体的考核办法，发一篇微博短消息可能与在《河北日报》上发稿所得的稿酬一样多甚至更多，河北省委宣传部也发文把新媒体新闻纳入河北新闻奖评奖范围，但从实际推进的结果看，仍有许多采编人员的新媒体意识有待强化，有的记者不但不想写、不会写新媒体稿件，甚至连线索也想不到要提供给新媒体。因此，传统媒体内部人员的工作流程与思维方式的全面转型仍是一个需要推进的重点工作，做好了这项工作也能开发出传统媒体巨大的内生动力。

二、“中央厨房”式新闻生产机制

内容在新媒体时代依然重要，与过去传统媒体的“内容为王”不同的是，新媒体环境下应更注重内容与技术的结合、内容与载体的结合。过去，报纸都在同一个载体上，竞争多是由内容带来的。到新媒体时代，竞争不仅包括内容的竞争，也包括载体的竞争。载体不同，用户体验也不同，这个时候考虑的问题，就不仅仅是内容了，还要考虑怎样的内容放在什么样的载体上，最后如何呈现出最好的体验。因此，一个纸媒总编需要考虑的变量比原来更多了。为此，报社在媒介融合过程中，要逐步打破以“报纸”为核心的生产流程，建立“中央厨房”式的新闻生产机制。也就是说，利用融合媒体编辑部来重构报纸、网站、微博、微信等多媒体平台之间的生产流程，即要更多地考虑怎样的内容用在什么样的载体上，以及如何在不同的载体上呈现出最好的用户体验。

“中央厨房”的核心理念是“一个产品、多个出口”。也就是说，记者采集的同一个内容包含文字、图片、音频和视频等素材，进入全媒体数据库或“成品稿库”。报社内部的各种子媒体根据需要对这些素材进行二次加工，重新“排列组合”，生产出多种形态的终端新闻产品。最后，按照传播速度的快慢，通过多种媒介逐级发布、传播。通过内容的集约化制作，实现新闻信息的多级开发，以提高传播效果，节约传播成本。从理论上看，“中央厨房”模式是对原有采编机制的重构与再造，能够节约采编成本及增强传播效果。

新媒体时代，报纸的读者发生了重大改变。一些原有发行量不错的都市报，正在变为老年报和消遣报。许多年轻的读者已没有了读报的习惯，他们生活中 30% 的时间，都在阅读新媒体（手机）或各种移动终端上的讯息。世界各地的统计数据都表明，年轻人接受信息的渠道比之他们的前辈要更加多元化。网络传播与移动载体必将成为新闻与信息传递的主流。传统媒体如果不运用数字技术和新媒体开拓新的市场，将难以应对局势的变化。

不过，舟山市是一座老龄化程度较高的城市。据浙江省老龄办和老龄事业统计公报的数据统计，舟山市人口老龄化程度居浙江省第 2 位，老年人口占总人口的 22.76%。舟山市公安局 2014 年底发布的 2014 年全市人口统计年报显示，从年龄结构情况看，全市总人口中 18 岁以下、18 岁—34 岁、35 岁—59 岁、60 岁以上的分别占总人口的 11.68%、20.59%、44.96%和 22.76%。老年人口所占比重较大，这对报纸的发展是有利的。据相关台湾老年人阅读习惯调查统计数据显示，老年人阅读读物类型居第一位的是报纸类，其次分别为书籍类和杂志类。可见，老年人的阅读习惯还是更倾向于印刷版阅读，而报纸是老年人快速了解时事的一个重要途径。因此，建立“中央厨房”式新闻生产机制，可以在各种网络终端或移动网络终端上快速发布重要的即时新闻，同时在更新相对较慢的印刷版上可以更注重新闻评论，这样就不仅仅告诉了读者发生了什么，更告诉了大家发生的事意味着什么，做到对同一新闻素材进行不同的二次加工，从而生产出多种形态的终端新闻产品以满足不同类型受众的需要。

三、电子阅读器——适应报纸阅读习惯的改变

从技术角度来讲，为适合新媒体时代受众的阅读习惯，国外报业开始考虑电子阅读器的开发和使用。但是，电子阅读器价格昂贵，比如，Kindle DX 在美国售价高达 400 多美元，在经济陷入严重困境的情况下，高昂的成本使其很难成为报业的救命稻

草。但在中国，情况不一样。实际上，电子阅读器的技术含量并不高，其在中国大规模制造后，降价空间巨大。

除了专门的 E-ink 电子墨水屏幕，电子书阅读器的硬件和软件架构比 MP3 还简单，MP3、MP4 厂商可以轻松进入这个市场。正因为如此，电子阅读器的国内市场突然热闹起来。据统计，2009 年中国电子阅读器销量为 80 万台，移动阅读市场活跃用户超过 1.55 亿，数字出版产业产值每年增速超过 50%。而 2010 年阅读器的销量将有可能增至 300 万台，5 年内则可能实现年销量上亿台。国内很多电子制造企业已经瞄准了这个市场，如著名的汉王科技，将投巨资研发电子纸智能读写终端项目等。据预测，到 2011 年，电子阅读器的价格将稳定在 600 元左右，甚至更低。

虽然手机、智能本、平板电脑、MP3、MP4 都有阅读功能，专用的阅读器在市场上一定会受到冲击，但是手机、MP3、MP4 的阅读屏幕太小，而智能本、平板电脑的便携性差。至于内容，如果把报纸的数字化考虑进来，有硬件无内容的矛盾就会迎刃而解。比起电子图书，电子报纸的版权门槛、成本门槛要低得多。书籍由于不登广告，售价自然居高不下，电子图书的普及也会受到影响。而报纸只要覆盖面够大，通过面向广告商的二次销售，就足以赚回内容成本。比起用新闻纸印刷，使用阅读器传播会极大地降低成本。以一张国内中等城市发行 20 万份的都市报为例，如果电子阅读器降价到 600 元左右一台，那么免费赠送 20 万台电子阅读器给订户，需要 1.2 亿元。如果一台阅读器使用寿命为 3 年，那么意味着传统报纸 3 年的印刷、纸张、发行成本 4 亿余元，仅需 1.2 亿元就能完成。这还是免费赠送的估算，如果把阅读器购买和报纸订阅结合，收取“订阅费”，那么成本还会大幅下降。而有了 20 万份的发行量，广告收入应该不会发生太大的波动。如此算来，报业的利润平衡问题将迎刃而解。当然，新的阅读方式是需要读者接受的，这也是为什么提出免费赠送的原因（通过有选择地筛选读者群、有目的地赠送阅读器，相信对广告客户会更有吸引力）。

除了降低成本，使用电子阅读器的电子报，其采编模式也将发生革命性变革。不再受到印刷环节、发行环节制约的报纸，完全可以实现信息的半天更新、一小时更新，乃至实时更新。电子阅读器所提供的信息快捷化必将带来效率的提升，更是经济和社会发展的促进剂。电子阅读器的信息快捷性甚至将超越新闻网站；在实现了结合视频、音频的多媒体传送后，新型电子报纸的震撼力和感染力也应该和电视、广播有一比了。

在目前倡导低碳经济的情况下，电子阅读器的环保意义巨大，将大大节约纸张、降低环境污染，而且纸张过多带来的携带及传阅不便问题也不复存在。此外，有了阅读器，新闻的点击反馈对报纸自身内容的调整、考评将提供第一手资料；而读者的留言、点评，甚至投稿，可以完美地实现报纸和读者之间“一对一”的互动。读者还可以实现内容的指定订阅、个性化阅读，这都是传统报纸无法满足的。

电子阅读器平台上的“电子报”，其“投递”可以通过3G技术传输。这一技术目前方兴未艾，硬件包括中国自己的标准都已不是问题，缺少的恰恰是内容，而报纸的数字化也将为电信运营商提供巨大商机。

随着国内传媒整合的不断发展，电子阅读器未来完全可以实现报纸、电视、广播乃至网络的全整合、同平台。当新的阅读形式被受众接收后，未来的市场将走上硬件不断升级、软件不断完善的良性发展之路。人人一部阅读器，也有望成为一种时尚。

如果报社现在着手与国内生产厂家、软件供应商以及3G电信企业合作，尽快推出可以接收并显示报纸内容的电子阅读器，尽快进入电子报的商用测试阶段，那么在国家标准没有出台前，市场先入者很可能成为标准的制定者以及相关专利的拥有者，这也算是足以补偿风险的一种“诱惑”吧。

四、APP平台——实现报纸内容的广告增值

随着智能手机和iPad等移动终端设备的普及，人们逐渐习惯了使用应用客户端上网的方式，各种APP也应运而生。APP一方面可以积聚各种不同类型的网络受众，另一方面可以支持更丰富的交互设计、更好的用户体验和更好的互动。

报纸要生存，要吸引广告商，就必须得到更多受众的关注。开发自己的APP平台，可以利用APP来提升受众的关注度和点击率，以此来实现报纸内容的广告增值。报社可以依托报社新闻采编的优势和内容，请专门的信息技术公司为报纸量身打造出符合自身特色的APP，吸引年轻受众成为报纸APP读者，不断提高报纸的舆论影响力，从而带动线下读者数量的增加。英国《金融时报》APP版的内容，通过对用户阅读习惯的数据分析做出了相应调整。比如早上发布的内容基本固定，更偏报纸化；晚上发布的更新，则更像新媒体。南方日报报业集团旗下的《南方周末》新年贺词也是外界关注的焦点，具有很强的可读性和研究价值。《南方周末》推出了新年贺词APP，从而引发了巨大的下载量，实现了预期的传播效果，带动了线下的报纸销售。

众所周知，报纸销售的目的是获得广告商，报纸的APP的内容是免费的，受众所要付出的不是资金，而是自己的注意力和时间，将受众的注意力卖给广告商，报纸的新闻内容就会得到增值，报社的经济效益就会提高。另外，通过宣传，原来报纸的读

者和广告商以及 APP 的用户和广告主可以实现互相转化，所以，利用新媒体和传统媒体的互动分享广告市场，也将是一个有益的探索。

五、融资途径的寻求与体制机制的转变融合

在当前和未来，传媒业的发展都离不开与资本的进一步融合。为了使传统媒体更好、更快地融资，一个有效的途径就是打包新媒体资源并上市，以吸引更多社会资本，助力传统媒体的升级转型和融合发展。舟山日报社在条件成熟时也可以考虑在全国中小企业股份转让系统（即新三板）上市，通过组建新媒体集团并登陆资本市场，满足报社在日常运营中和项目建设中可能产生的阶段性资金需求。

近日，辽宁报业传媒集团旗下新媒体公司辽宁北国传媒网络科技股份有限公司在新三板上市。由大众传媒股份有限公司主导组建的山东省互联网传媒集团也正在等待挂牌，他们提出的目标是 3—5 年内争取在主板上市。据了解，郑州、合肥等城市的重点新闻网站也正在准备新三板上市。已经在新三板上市快一年的全国首家挂牌资本市场的省级重点新闻网站——湖北日报传媒集团控股的湖北荆楚网络科技股份有限公司（简称荆楚网）在 2014 年完成销售收入 7866.00 万元，较上年同期增长 124.84%，公司实现净利润 2213.58 万元，较上年同期增长 591.97%；截至 2014 年 12 月 31 日，公司总资产 14904.72 万元，增长 12.92%。在营业成本较上年同期增长 47.70%的影响下，荆楚网销售收入大幅增长，并实现盈利。

从报业体制机制改革来看，实力较弱的报纸可以成立实力强大的报业集团或借助已经具有较强实力的报业集团的资金与资源优势来发展。舟山日报属于地市机关报，有着自己得天独厚的优势，可以利用这个优势做好本土新闻。浙江日报等报社在舟山也有分社，但这些外地报纸派到舟山本地的人员队伍并不多，能提供的报道的版面也不多，而舟山日报社有固定的一支报道本地新闻的强大的专业队伍，有熟悉各行各业情况的人脉资源，有当地党委和政府的支持与帮助，有已建立起来的畅通的通讯员网络。因此，在及时发现和挖掘本地新闻方面，具有得天独厚的条件。而浙报集团拥有庞大而深厚的受众群体，其传统媒体读者有 600 万，互联网活跃用户由融合前的 2000 万增加到目前的 4000 多万，浙江日报的传播力、公信力、影响力借助新媒体也得到了提升。如果舟山日报并入浙江日报报业集团，那么可以借助浙报集团的受众资源、资金资助和报纸影响力来解决发展过程中的一些瓶颈问题，通过这种双赢的模式将舟山的“本土”新闻做活，为内容提供、版面呈现、载体呈现，乃至发行、广告等营销

方面都注入新鲜血液。

六、"付费墙"赢利模式

报纸的缺陷是具有高昂的生产和发行成本、正在弱化的读者忠诚度以及被新技术和经济衰退破坏的广告基础，因此，许多报纸考虑建立网上付费模式——即"付费墙"(Pay Walls)，对在线内容实行付费阅读。建立付费墙的目的就在于将不订阅报纸的潜在读者挡在墙外，并且产生质量更高的网上收益和更高的每千次点击费率。

英国的《金融时报》从2000年左右开始数字化转型，目前《金融时报》总发行量约为66.5万，其中数字版43万，纸质版22.4万。在前些年的数字化改革中，《金融时报》率先成功建立了全球性的付费在线阅读模式。

美国的《纽约时报》从2005年到2011年，也开始尝试网站付费阅读，先后推出了"Times Select"以及"Pay Wall"等服务，虽然引发了读者的不满，但经过对网络付费制度的不断改进，到2011年下半年，《纽约时报》网站共有32.4万付费用户，为公司带来了5800万美元的年收入。且由于报纸印刷版的订户可免费获取网站的全部内容，所以通过对网站内容收费，《纽约时报》印刷版订阅量有所回升。且由于成本降低，发行收入提高到2.37亿美元。此外，《纽约时报》与通讯技术公司合作布局了最先进的网络通讯设备，使得数字平台更易于管理。同时，《纽约时报》与微软、苹果、谷歌等合作，开发平板电脑和移动设备阅读软件，研发出"Times Reader"，打造自己的新闻客户端。2011年3月，《纽约时报》启动"付费墙"，读者需要支付15至35美元不等的月费，才能阅读该报网站的大多数内容，将大多数不愿意花钱的用户挡在了优质内容外。2013年4月26日，《纽约时报》发布了Google Glass应用，这是全球首个可安装在该设备的第三方应用，这款应用能给佩戴者实时提供最新的新闻标题，用户如果想要看到详细的新闻内容，只需要倾斜一下头部就可以阅读到详细的图片和文字。同年6月，《纽约时报》宣布对旗下移动端APP实施收费，非缴费订户虽然可以浏览首页以及新闻摘要，但最多只能免费阅读三篇文章。如果用户想成为缴费订户，客户端将提供七天免费试用期以访问阅读客户端的全部文章。目前，《纽约时报》的IT部门人数已经迅速扩张到500人，首席信息官Marc Frons正在集中全力向科技信息化转移，并打算利用数据直接引导公司决策。《纽约时报》对用户进行了精准分析和归类，针对手机用户、iPad用户、网站用户以及常上Facebook、Twitter等社交网络的用户制定不同收费标准。例如，通过社交网站进入时报网站链接的读者可享受免费阅读，这有效地增加了年轻读者对时报的访问量，这占到时报总访问量的一半。《纽约时报》历经数十年，完成了从资本融合到报网融合的一系列转型，保住了报业佼佼者的地位。在其向新媒体转变和融合的过程中，特别是对网络时代技术和设备的利用，新闻数字化平台的建设等，有很多值得中国报业借鉴和学习之处。

美国地方报纸《阿肯色民主党人报》是一家比较大型的报纸，与其他报纸不同，其纸质报纸的发行量相比 10 年前不降反增。这家报纸的网站一直以来只对那些订阅了其印刷版的读者免费开放，而其他的读者必须付费才能阅读其网络版内容。《阿肯色民主党人报》设立“付费墙”的主要目的是以退为进，留住印刷版的订户。其在 2009 年的日平均发行量达到 18.0314 万份，但报纸网站只有 3400 个数字订户，他们每个月也仅仅支付 4.95 美元的订阅费。但是，《阿肯色民主党人报》的出版人赫斯曼认为，这样做的唯一理由就是为了让人们继续阅读纸质版的报纸。如果人们读不到免费的数字报纸，他们中的许多人都会转而订阅报纸。赫斯曼认为，他并不是在对抗网络，如果在网络上可以得到 35 美元的千人成本，他很乐意把报纸当作废物扔掉。现在，在某种程度上，报纸仍然具有较高的价值，仍然值得重视，不应自毁武功。巴菲特迄今已经收购了 29 份报纸，他曾经表示，即使收购来的这些报纸发行量下降，公司还是可以在报纸业务上获得至少 10%的税后回报。收费是应该的，但是不能指望“付费墙”能够挽救报纸于颓势，如果抱有这个念头，那么“付费墙”将加速报纸的衰退。“付费墙”的目的应是把读者拉回到报纸中来，而不是促使读者更快地离开报纸。

目前 1/3 的美国报纸已经开始网上收费，但以收费完全替代纸质广告收入的情况仍然没有看到。《纽约时报》等少数报纸也许能在未来几年通过网上收费、网上广告完全实现盈利，彻底停止纸质报的发行，但多数美国报纸仍然需要出版纸质版。未来在中国政治地位高和有内容竞争力的报纸，也许可以走这条路，但绝大多数报纸还是很难通过这种方式生存。美国很多报纸采用网上收费，纸质版由日报改为周五报或者周三刊，这种方式值得我们研究，也许能成为未来部分中国报纸选择的道路——线上＋线下两条腿走路。

如今网络上充斥着各类免费信息，这种收费的做法本身很难让普通受众接受。因此，其他一些大报如英国的《卫报》和《独立报》等仍坚持网络版供读者免费浏览的策略。国外的数据和经验已经证明，企图单纯依靠网站广告来弥补纸质版广告收入的下跌，是不切实际的幻想。根据美国报业协会的统计，报纸网站广告收入的增长远不足以抵销纸质版广告收入的下降。2012 年报纸纸质版广告收入每减少 25 美元，网站广告收入仅增长 1 美元。但是，对报纸电子版收费，竖起“付费墙”，虽然不能创造纸质版广告那么高的收入，但毕竟可以通过订阅费收入来弥补一些报纸发行、广告收入下滑带来的影响，这成为报业不得不选择的策略，“付费墙”的必要性也体现于此。

七、结语

艾媒咨询集团首席执行官张毅认为，现在传统媒体做移动互联网，总体来说都做得太谦虚了，基本上没考虑到包装自己；缺乏包装，一定是个问题；未来新闻，尤其新媒体这块，可能会形成一个产业链，这是非常明显的趋势。

新媒体时代，报纸没有消亡，内容产品始终都是最重要的，同时注重呈现与传播。如何用内容吸引读者也是一个重要问题，有必要研究吸引读者和留住读者的新方法。在报纸转型与融合的过程中，技术创新是必然的，技术与内容相结合才能发挥更大的威力。报纸的融合发展是一个不断改革和创新的过程，需要顶层设计，需要培训学习。不可否认的是，传统报纸作为信息媒介的方式不会消失，不断适应社会、适应人的发展才是其永续生存之道。

（作者：詹成大，万丽萍）

大数据时代下舟山文化旅游发展对策研究

一、大数据概念的提出与内涵

(一)大数据产生的历史背景

随着全球计算机技术、光纤通信技术和卫星技术等日益成熟,各国对信息基础设备的投资持续增加,信息基础设施得到持续不断的加强和完善。信息技术的不断提升和网络用户的不断增加,不仅提高了信息产品的性价比,也降低了用户的上网费用,犹如高速公路、高速铁路之于物流,为大数据的产生、存储和传播奠定了物质基础。特别是物联网和移动终端的类型不断丰富,数量持续地增加,产生了数量巨大、类型众多、内容鲜活的"大数据"。云计算和云存储为大数据的集中和分布式管理与访问提供了必要的技术手段、场所和分享渠道。春江水暖鸭先知,从事互联网领域业务的公司最先认识到数据资产的重要性,并重视数据资产价值的开发。他们不仅从大数据开发中获得了巨大的经济利益回报,而且还引领了大数据的发展趋势。2011年5月,麦肯锡发布《大数据:创新、竞争和生产力的下一个前沿领域》报告,这是国内外产业界发出关于大数据产业的先声。2012年3月,美国奥巴马政府发布了《大数据研究和发展计划》,标志着"大数据"上升为其国家战略,引起各国震动。随后,美国国防部、能源部、卫生研究院、国家科学基金、地质勘探局、NASA等部门提出与大数据相关的尖端项目,产业界、学术界、非营利性组织、资本市场通力合作,共同推动大数据的发展。我国从2011年12月开始发布大数据系列报告,其中包括《大数据时代即将到来》《大数据时代三大发展趋势和投资方向》《以数据资产为核心的商业模式》等,引起了资本市场和产业界的高度关注。2012年11月,我国首次召开了数据科学与信息产业大会,标志我国学术界、产业界、资本市场达成共识,共同推进大数据产业的发展。

从历史发展的角度看,大数据是数据化趋势下的必然产物。数据化最核心的理念是“一切都被记录,一切都被数字化”。其结果一是数据量爆炸性剧增;二是数据来源极大丰富,形成多源异构的数据形态。其中非结构化数据(包括语音、视频、图像等)所占比例逐年增大。大数据本质上是人类社会数据积累从量变到质变的必然产物,是在“信息高速公路”基础上的进一步升级和深化,对人类社会的发展具有极其重大的影响和意义。

(二)大数据的内涵及其认知框架

1. 大数据概念的发展

对大数据的研究可追溯到2001年麦塔集团(METAGROUP,现被高德纳咨询公司收购)的分析员Doug Laney所做的一场演讲中。Doug Laney当时指出未来数据量会从数据大小(Volume)、数据输入输出的速度(Velocity)与多样性(Variety)三个方向给企业带来机遇和挑战。Volume、Velocity、Variety被合称为“3V”或“3Vs”。自Doug Laney提出大数据具有“3V”的特征以后,高德纳与现在绝大部分大数据产业公司,都继续使用“3V”来描述大数据。随着数据量的增大、数据类型的增多,业界再也无法使用传统的分析方法获取其蕴涵的信息;同时,大数据所蕴涵的价值被挖掘出来以后,超越了传统的数据应用范围,拥有数据就拥有竞争优势,数据成为企业不可或缺的重要资产。针对新的形势,2012年,高德纳公司对其定义做了修改,给出了新的定义。“大数据是大量、高速或多变的信息资产,它需要新型的处理方式去促成更强的决策能力、洞察力与优化处理。”修改后的定义除保留原有的三个特点以外,将大数据上升到信息资产的高度来理解大数据,同时,将处理大数据的技术和大数据可能的应用方向涵盖进来,这样就基本概括了大数据的内涵和外延的各个方面。当然,在“3V”之外,还有相关的数据机构认为数据的真实性或价值密度低(Veracity)为大数据的第四个特点。

2. 大数据概念的认知框架

对正在蓬勃发展的大数据,任何一种定义都难以全面概括它的全貌。基于对大数据内涵的理解及大数据领域研究的进展,我们可以从大数据的来源、处理、特点和影响等层面对大数据形成一个科学的认知框架,以便更好地把握大数据的内涵、外延和发展趋势。大数据概念的认知框架如图1所示。

一个完整的大数据认知框架应包括数据的来源、数据的处理、数据的特点及数据的影响四个方面。大数据主要来源于车联网、移动互联网、物联网、社会化网络、GIS等，它们组合在一起，又被称为泛互联网。多样的数据来源为数据类型的多样性、鲜活性提供了质量保证。所获取的数据又可分为大交易数据和大行为数据两个方面。它们涵盖了用户包括时间、空间、数量、习惯等多维信息。通过云储存、云计算及数据融合，形成了数量大、类型多、速度快和开发价值高的大数据。通过不断积累数据和提高数据的运用能力，拥有大数据的组织比其他组织具有了更强的竞争优势，成为企业不可或缺的资产。当大数据成为组织的资产后，将对组织的结构、功能和行业的水平与垂直融合产生巨大的影响。

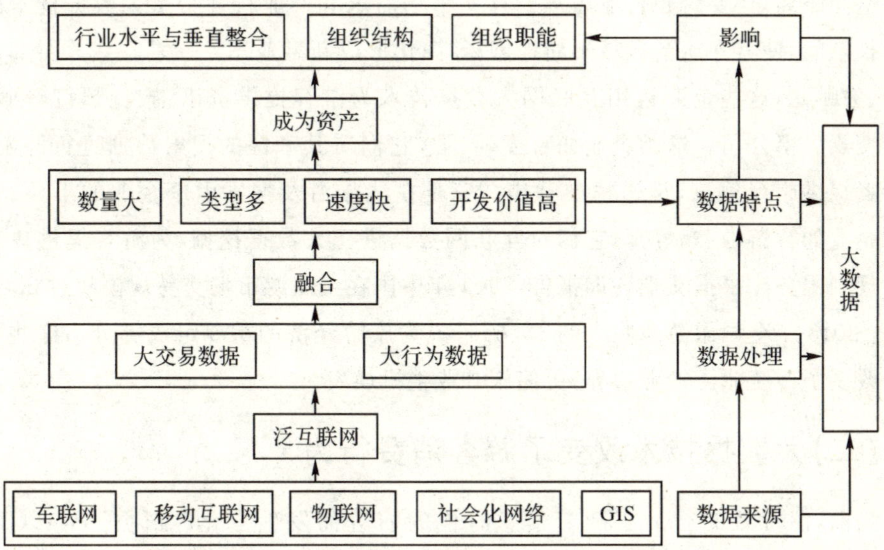

图 1　大数据概念的认知框架

二、现代旅游的大数据表现

随着我国旅游业的快速发展以及旅游者行为的日益成熟，自助游逐渐取代跟团游成为国内旅游者出游的首选方式。在此背景之下，慢旅游、深度游等旅游形式不断兴起，越来越多的游客开始利用网络等途径搜寻旅游信息、规划专属旅程等，旅游活动的自主性和多样性不断提升。与此同时，随着网络信息技术的飞速发展，搜索引擎、旅游专业网站、地方门户网站等成为广大网民的重要网络信息平台，人们按照自己的需求和兴趣，利用其检索服务功能查询和获取信息。这期间，庞大的网络搜索和阅读数据被网络搜索工具记录下来。有研究表明，这些庞大的搜索数据与现实的社会行为之间存在一定的相关性，互联网已成为游客搜索旅游信息及购买旅游产品的有效手段，旅游网站信息成为旅游开发者和旅行代理商向旅游者提供服务和促进购买的重要渠道。挖掘出用户对旅游的网络关注度和实际旅游需求的关系，了解旅游需求趋势是研究的新角度。

(一)大数据技术打破了传统旅游业边界

作为一种空间移动行为，游客对于旅行活动的便利性和信息对称的需求是无止境的。旅游还是一个综合性的产业，涉及吃、住、行、游、购、娱等多个领域，消费既要跨越空间距离，还要跨越行业藩篱。这些市场需求和产业特性给了大数据技术巨大的生长空间，使其在旅游领域不断地创新、演化形成新型业态。一是在线旅行商。如携程、去哪儿，这些企业运用互联网大数据技术为游客提供资讯、旅行预订等服务。二是搜索引擎公司。这类企业如百度、谷歌，它们对其掌握的搜索数据进行开发，向消费者提供旅行信息、推送精准营销。三是在线旅游及搜索引擎企业的下游企业。这类企业如智游啦、蚂蜂窝，它们对互联网数据进行大数据挖掘，为游客提供攻略等旅游规划服务。根据艾瑞咨询报告，2013 年中国在线旅游市场交易规模超过 2200 亿元，占 2013 年全国旅游总收入的 15.6%，成为旅游经济的重要组成部分。这些新型业态改变了传统旅游产业边界，更使旅游业生机焕发。

(二)大数据技术改变了游客消费行为

当前，消费者的行为正随着信息时代的演进而发生变化。根据 GWI(Global Web Index)2013 年的调查显示，中国超过 82%的互联网用户会在线购买；中国还是移动互联网使用率最高的国家，超出第二大市场美国市场 3.5 倍；有 47%的人表示当他们寻找产品信息时会使用消费者评论网站。在旅游消费领域，出门前看看评论和攻略已经成为游客的习惯。互联网上人们对酒店、景区、旅行线路等各种评论，以及网站用大数据技术形成的相关评分结果、推荐对象，都是游客旅行决策的重要依据。据统计，携程、艺龙、同程、去哪儿以及大众点评、驴评等网站每天产生 2 万多条点评。作为一种网络公共资源，它们不仅能为游客提供决策参考，还能为旅游企业所用改善产品和服务，也能为第三方的旅游服务评价提供依据。不仅如此，利用基于大数据技术提供的各种服务，游客们的旅行更为便捷。根据百度指数调整旅行地点，用易到用车或滴滴打车招车，再用“美味不用等”吃个美食，用携程 APP 来一趟说走就走的旅行,这些游客们都已经驾轻就熟。未来,游客们还可以用电子代理人打理旅行生活,用数字旅游伙伴进行便捷预订,用 iWatch 手表导航到想去的地方,用谷歌眼镜环游世界。大数据技术让信息时代的旅行生活变得如此舒适而智能。

(三)旅游信息的需求特征

据调查,约 87.1%的旅游者会通过网络搜寻相关的旅游信息。在旅游前,不少团队游客会借助网络等手段查找旅游目的地的游、购、娱等方面的相关信息,从而降低其旅游风险,获得更大的旅游享受。自助游游客往往更侧重于搜寻旅游目的地的吃、住、行、游等方面的相关信息,如住宿、交通、景点线路、特色餐饮等,从而合理地规划旅游行程,获取更好的旅游体验。在旅游过程中,旅游者往往需要借助移动互联网、旅游咨询、宣传资料等渠道获取行、吃、住、购等方面的实时旅游信息,从而更好地推进其旅游行程。在旅游结束后,旅游者对旅游信息服务的需求开始变弱,但部分旅游者可能会关注投诉电话、景区优惠等相关信息。旅游者在旅游过程的各个阶段都存在着旅游信息需求,然而由于网络等渠道的信息量过大、可靠性不强、信息不完整等原因,旅游者很难准确便捷地搜寻到所需的旅游信息。因此,提供便捷可靠的旅游信息服务与旅游咨询是旅游者对地方旅游服务需求的基本内容之一。

三、舟山文化旅游发展现状

(一)舟山文化旅游资源

舟山群岛新区是我国唯一的正省级新区,位于浙江省东北部,是我国两个以群岛建立的地级市之一,海域面积广阔,全市总面积 2.22 万平方千米,其中海域面积 2.08 万平方千米,由 1390 个岛屿组成,占全国岛屿总数的 1/5。主要的文化旅游资源包括悠久的佛教文化、海洋渔业盐业文化、海洋美食文化以及海洋历史文化旅游资源等。

1. 佛教文化

舟山群岛有“海天佛国”美誉,具有浓郁的佛教文化,在众多的岛屿上随处可见寺庙建筑,例如大悲山灵音寺、定海祖印寺、岱山超国寺、衢山观音山等,其中以普陀山最为闻名。普陀山作为观世音菩萨的道场,是我国四大佛教名山之一,首批国家重点风景名胜区,近年来,每年前往普陀山朝拜的人数都超过 300 万,可见舟山群岛佛教文化的吸引力。

2. 海洋渔业盐业文化

作为我国最大的渔场、世界四大渔场之一的舟山渔场，其海洋渔业文化悠久，从建筑、服饰、风俗到生产生活方式都沉淀着浓郁的渔业文化。石浦渔港是我国最古老的捕鱼渔港之一，沈家门渔港是当今中国最重要的渔港之一，这些渔港都是该地渔业文化的集中代表。此外，舟山群岛还是我国重要的海盐生产基地，该地盐业生产历史同样悠久，朱家尖、定海等地的盐场和盐业作业方式等盐业文化同样具有很强的旅游吸引力。

3. 海洋美食文化

拥有我国最大渔场的舟山群岛，其海洋生物资源异常丰富，主要海产品有大黄鱼、小黄鱼、墨鱼、带鱼、石斑鱼等，拥有闻名海内外的美食文化。舟山群岛是我国最大的渔场，依托当地丰富多样的海洋生物资源，舟山市形成了具有浓郁地方特色的美食制作方法、美食习俗、美食节庆活动、美食景观等，沈家门海鲜夜排档获得了"中华美食名街"称号，这些海洋美食文化，不仅提升了舟山海鲜美食品牌，还促使更多的旅游者慕名而来，推动了舟山海洋旅游业的发展。

4. 海洋历史文化旅游资源

舟山群岛历史悠久，不仅拥有较多的近现代历史遗址，例如定海、沈家门等地的近代革命斗争遗址；还拥有具有一定影响力的史前文化遗址，例如嵊泗的史前文化遗址以及一批重要的历史人文遗址。定海古城是我国唯一的海岛历史文化名城，该地拥有众多保存良好的历史古街、古建筑等；此外舟山还有众多的名人故居。这些众多的海洋历史文化旅游资源同样是舟山市海洋旅游发展的宝贵财富。如表 1 所示。

表 1　舟山海洋历史文化旅游资源

资源类别	分布情况
古人活动遗址	海上河姆渡——马岙镇新石器文化遗址、定海百泉镇十字路、岱山县大衢岛太平乡勤俭村孙家山、岱山县大舜庙后遗墩等多处新石器文化遗址
古城遗址	临城城隍头山——城湾东周和战国时代遗址
历史建筑	定海东大街、西大街历史建筑群
古战场遗址	三江口抗倭古战场、定海鸦片战争古战场遗址、马岙石岭戚家军墓、朱家尖乌沙门古战场
名人活动遗址	戚家岙（岱山县衢山镇）、朱葆三墓（定海虎头岗）、刘鸿生故居（定海芙蓉洲路）、丁光训故居（定海册子乡）、董浩云故居（定海将军桥）、三毛祖居（定海小沙镇）、五志士墩（朱家尖大青山）

续 表

资源类别	分布情况
摩崖石刻	普陀山、枸杞岛摩崖石刻
古道遗址	三江口至定海北门一线古驿道、古客栈、古驿亭遗址

5. 海洋民俗文化旅游资源

舟山拥有中国最大渔场，是全国唯一的海岛地级市，其独特的地理环境和生产生活方式，催生了海洋特色鲜明的民俗风情。以非物质文化遗产为代表的海洋民俗文化旅游资源具有极大的吸引力。目前，已经有5个项目被列入国家非物质文化遗产保护名录，9个项目被列入浙江省级非物质文化遗产保护名录，22个项目被列入浙江省民族民间艺术保护名录；非物质遗产保护共有文物保护单位109处，其中国家级3处、省级5处；命名了6个“舟山市民族民间艺术之乡”和10个“民间名艺人”，如表2所示。同全国范围内其他非物质文化遗产相比，舟山的非物质文化遗产充满海洋性，例如观音传说、渔民号子、祭海大典、岑氏木船等均独具特色，富有海洋风情。这是以农耕为主要文化特色的中国国内少见的。

表2　舟山非物质文化遗产

	国家级	省级	市级
民间音乐	舟山锣鼓、舟山渔民号子		舟山锣鼓、舟山渔民号子、舟山渔歌、舟山佛教音乐
民间文学	观音传说	观音传说	观音传说、舟山鱼类故事、舟山渔业谚语
民间曲艺			滃州走书
民间舞蹈			跳蚤会、马灯舞、打莲湘
民俗	渔民谢洋节	岱山县的祭海	祭海
民间美术			舟山渔民画、临城剪纸
曲艺、戏剧		定海区的滃州走书	布袋木偶戏
传统手工技艺	传统木船制造技艺	岑氏木船作坊、渔用绳索结编织技艺	渔网结、造船工艺、海盐制作工艺

(二)舟山文化旅游发展现状及存在的问题

伴随着我国海洋旅游产业的进一步发展，舟山群岛新区大刀阔斧地进行建设，海洋文化旅游发展也在不断发生变化，游客对海洋文化旅游产品的需求越来越呈现出个性化、多样化的趋势。

1. 舟山主要文化旅游产品

作为我国重要的海洋旅游城市、首批旅游综合改革试点城市，舟山目前拥有普陀山和嵊泗列岛两个国家级风景名胜区，其中普陀山的佛教文化是舟山旅游的核心竞争力，并依托此衍生了大量的佛教文化旅游产品；岱山岛和桃花岛两个省级风景名胜区，其中桃花岛的影视文化旅游产品与朱家尖、普陀山形成了“金三角”；以及我国唯一的海岛历史文化名城定海古城。

舟山文化旅游资源散布于舟山群岛众多岛屿中，旅游资源十分丰富，但是由于受海域的阻隔，空间集聚效应较弱。目前，舟山海洋旅游产业形成了“一核一轴两翼”的空间发展格局。“一核”指的是普陀金三角旅游发展核。该区域的海洋文化旅游发展最早，文化旅游产品也最为齐全，影响力和吸引力也最大，已经成为了带动舟山海洋文化旅游产业全面发展的主要推动力。“一轴”指的是沿舟山跨海大桥和 329 国道，形成一条以定海古城及中北部区域、临城新区多个节点构成的海岛文化旅游景观轴线。“两翼”指的是南翼和北翼，南翼主要包括定海南部诸岛、桃花岛、登步岛、白沙岛等岛屿；北翼主要包括嵊泗列岛、岱山各岛、东极岛等岛屿。“一核一轴两翼”的空间布局中各区域旅游功能定位都有所不同，例如普陀山的旅游形象为“海天佛国”，其文化旅游定位为国际佛教圣地；东极岛的旅游形象为“东极之光”，其主要文化旅游功能定位为国际海钓基地和影视文化；沈家门渔港的旅游形象为“东方渔都”，其主要旅游功能定位为中国海鲜城，提供海洋美食文化产品。

舟山作为华东地区最大的海洋旅游休闲度假基地，其文化旅游产品已从早期单一的朝圣、观光型旅游向文化旅游产品种类多样、地域特色鲜明、文化内涵丰富的多元化发展，文化休闲度假产品、节事旅游产品、专项文化旅游产品以及新型文化体验旅游等产品得到进一步的发展。当今，舟山市已形成了普陀观音文化朝拜游、海洋文化特色游、射雕文化探秘游、国际沙雕节精品游和海滨度假休闲游等五大旅游产品，其中普陀山“海天佛国”的品牌已经享誉国内外。此外，舟山市还在极力打造节事旅游产品、专线文化旅游产品等。沈家门民间民俗大会、中国普陀山南海观音文化节以及中国舟山海鲜美食文化节等已经成为了舟山节事旅游的重点产品。表 3 为舟山市海洋文化旅游主要产品类型。

表 3　舟山海洋文化旅游主要产品类型

类型	主要区域	文化旅游产品
文化观光旅游	普陀山、桃花岛、定海	普陀山佛教文化之旅、桃花岛影视武侠文化游、东极岛影视文化游
文化休闲游	岱山、朱家尖、定海等	朱家尖渔家乐休闲游、定海古城要塞休闲游、岱山海洋文化科普游等
节事旅游	普陀山、嵊泗、岱山等	中国普陀山南海观音节、中国舟山海鲜美食节、中国舟山国际沙雕节、沈家门民间民俗大会、舟山国际海钓节、舟山国际航海大赛等
文化体验游	普陀	禅修、渔民体验游等

2. 舟山文化旅游发展中存在的问题

(1)海洋文化旅游产品结构仍较单一

海洋文化旅游产品的开发必须在充分利用当地海洋文化旅游资源的同时，以市场为导向，挖掘文化等深层次的内涵，满足不同层次消费者的不同需求，因而，海洋文化旅游产品结构需要不断的优化，海洋文化旅游产品开发应向综合化、多样化、精品化、名品化方向发展，并且需要注重品牌营销。

舟山海洋文化旅游产品虽然逐渐在向多样化方向发展，并且已拥有一批地方特色鲜明的海洋文化旅游产品，但是从结构上看，产品结构仍比较单一，仍以海洋观光型为主，并且仅停留在静态的、简单的观光上；游客互动参与程度不高；此外，产品创新度不高，没有开发出海洋旅游的延伸和扩展产品，海洋旅游精品不多，品牌不强。

这些问题表现在：在海洋自然资源型旅游景点景区方面，产品仍比较单一，缺少让游客深度参与、互动性强的文化旅游产品，众多产品仅停留在观光层面；而在海洋人文旅游资源产品上，对文化的挖掘力度不够，很多深层次文化要素并未充分利用；邮轮、游艇旅游等海洋旅游的延伸和扩展产品开发不足，新型体验游、会展旅游等产品有待深度开发，休闲度假和专项文化旅游产品开发优势并不明显。舟山海洋文化旅游产品结构中存在的问题是舟山海洋旅游产品优化升级的重要方向不明，因而，舟山市需要进一步加强对海洋文化旅游资源的规划与开发，充分利用自身丰富的海洋文化旅游资源，把资源优势转化为产品优势，进而促进海洋旅游业的发展，拉动舟山国民经济持续、稳定、健康发展。

(2)当地文化内涵未深入挖掘，产品主题形象不突出

舟山拥有有“海天佛国”美誉的佛教文化，以全国最大渔场为基础的渔业文化，全

国唯一的海上历史文化名城定海古城,历史悠久的盐业文化等。但是,当今舟山开发的海洋旅游产品中,文化类旅游产品并未得到足够的重视和开发。虽然以佛教文化、渔业文化为主题的海洋旅游产品开发较多,但是以其他文化为主题的海洋旅游产品的开发相对较为滞后。从量的方面看,由于对此类旅游开发投入的资金有限,海洋文化旅游产品规模少,内容也较单调;而从质的方面看,海洋文化旅游产品的档次还不够高,文化内涵挖掘不充分,开发层次较浅。

此外,舟山群岛岛屿众多,其丰富的海洋文化旅游资源遍布于众多岛屿中,但受海域的阻隔,各区县文化旅游资源不集中,文化旅游海洋产品主题形象存在不集中不突出的问题。舟山群岛佛教最为出名,普陀山是观音菩萨的道场,同时也是我国四大著名佛教名山之一,因而,众多旅游者将舟山群岛仅定位为“海天佛国”,认为其是我国佛教旅游的圣地,而对其丰富的海洋文化旅游资源知晓度并不高,舟山市的海洋文化旅游产品主题形象并不突出。作为我国重要的海洋旅游目的地,舟山市海洋产品旅游品牌形象并不突出,知名度并不高,这就导致了其海洋文化旅游产品市场竞争力不强。

(3)文化旅游开发趋同化现象明显

舟山海洋文化旅游的开发有得天独厚的条件,其海洋文化旅游资源非常丰富,这为多元化文化旅游产品类型结构的发展提供了有利的条件。虽然当前舟山市海洋文化旅游产品较多,但是其在旅游产品开发的过程中,过多地模仿和移植国内外著名景点的做法,使产品趋同化现象明显,不仅与其他海洋文化旅游产品存在雷同,就是在舟山市本地各岛屿之间也存在较多低水平重复建设现象,存在区域文化旅游产品同质化的现象。

舟山市海洋旅游产品的趋同化,不仅导致资金利用效率不高、相应旅游设施的闲置与浪费,还导致有本地特色的海洋文化旅游产品得不到开发,不易形成多元化文化旅游产品布局,满足不了游客追求个性化的需要,导致舟山文化旅游市场竞争力的下降。从目前旅游开发情况来看,舟山市海洋旅游开发的重点依然聚焦于传统的旅游项目上,具有浓郁地方特色的文化旅游并未得到深入挖掘。

(4)科学技术含量不足

舟山众多海洋文化旅游仍以观光为主,文化旅游科技含量较低,不能满足游客多元化的需要。这主要表现在文化旅游的表现手段以及海洋文化旅游的经营管理上。

目前,舟山市众多海洋文化旅游仅停留在表面走马观花的游览阶段,产品质量和品位不高,产品的表现手段单一落后,科技含量不高;此外,景区及景点众多服务设施、辅助设施等的科技含量不高,未能给旅游者提供安全、舒适的服务。而在海洋文化旅游的经营管理上,舟山缺乏专业化的管理团队和管理方法;国内外先进的管理方法与理念并未得到贯彻,缺乏对舟山市海洋文化旅游产品的品牌宣传。此外,对海洋旅游信息系统的开发与应用不够,未能做到利用先进的科技提供人性化、个性化的服务。

四、对策及前景

(一)各文化旅游主体树立大数据意识

旅游业在信息化的过程中,非常重视数据的重要性,其主要表现在两个方面:一是深入地挖掘分析数据,改进自身业务,提高服务质量;二是重视数据的外部性,即旅游企业用自身业务产生的数据来解决主营业务以外的其他问题,如OTA的销售记录可用来估计旅游消费价格指数(CPI)等。在大数据时代,数据将成为独立的生产要素。由于大数据引发数据在旅游业地位的变化,舟山市人民政府、宣传部、旅游委员会、文广新局、文化旅游景区、酒店、旅行社等行为主体相应地需要改变对大数据在旅游业的认识,树立大数据意识。

(二)吸引和培养大数据旅游人才

大数据的意义不在于掌握或拥有庞大的数据信息,而在于对这些数据的尝试分析挖掘和专业处理能力,这种能力的形成离不开对大数据人才的培养。大数据专家需要具备产品和市场分析、安全和风险分析及商业智能三个方面的能力。

1. 大数据人才首先需要具备专业技术方面的技能

扎实的统计学基础是大数据和数据挖掘算法的理论基础,对统计理论的准确把握和理解有助于对数据进行更好地解读。

2. 要具备建立预测模型的能力

常见的回归、聚类、决策树等预测模型能够利用历史数据对未来进行预测。

3. 要熟练使用相关的数学工具

如Excel、MATLAB、SAS、SPSS等数据统计分析工具,能够帮助数据分析和挖掘专家更方便地提取信息,为决策服务。

4. 要有良好的职业道德

一是数据人才接触到企业大量商业机密，从企业信息安全和战略安全的角度出发，大数据人才要保守个人数据隐私和企业的商业秘密。二是要具备团队合作意识。数据专业专家要注重团队合作意识的培养，能充分调动团队成员的资源和才智，重视对业务合作伙伴的支持，才能发挥数据的作用，促进旅游企业的发展。

（三）旅游管理部门掌握主动权

当前，我国旅游经济进入大众化发展阶段，适逢旅游管理体制的新一轮改革。在制度、技术与市场共同推动下，旅游行业管理将从微观监管走向宏观调控。在规划引导、法律规范、信息引导和行政干预等可选的调控工具中，信息引导应当，也可以成为旅游产业宏观调控的基本手段。大数据则可以成为舟山市宣传部、旅委、文广新局文化旅游信息引导中最先使用的好工具。

1. 实施舟山智慧文化旅游行动计划

构建统一的旅游数据库系统、旅游信息化公共服务平台系统、旅游信息化应用支撑系统和旅游信息化管理标准系统。建设智慧旅游云计算中心，要求舟山建立起覆盖全市的旅游信息数据中心、旅游信息交换系统，并且按照政府制定的统一规则来搜集和存储有效的文化旅游信息，通过统一的标准化平台来发布这些文化旅游信息，使全市各旅游企业更方便地获取信息，从而最终实现信息管理的智慧化。舟山市的酒店管理、景区管理、文化旅游商品生产企业、旅游服务业都可以搭乘大数据的东风，更好地完成行业间协作，使智慧旅游之路走得更加长远。

2. 建立覆盖旅游活动各环节的产业运行大数据监测平台，为宏观调控打好数据基础

首先，要建立面向政府部门的、与当前文化旅游发展相适应的大旅游统计体系。将互联网旅游企业等文化旅游新业态、散客消费、典型旅游投资等纳入统计中来。其次，要建立面向产业主体的、多元结构的动态数据监测系统。包括与国内外旅游组织、旅游企业及游客合作，对互联网、物联网中的旅游非结构化数据进行挖掘和整合，形成相应的数据库。再次，要建立面向公众的、与旅游公共服务相关联的数据系统。通过加强与气象、地质、交通、海关、公安等部门的横向合作，形成数据互换和共享机制。基于舟山本身的地理位置，尤其需要发布实时气象信息和交通信息，对台风预警、空气质量、舟山跨海大桥和朱家尖大桥交通信息、客运码头班次信息等进行发布和预警。最后，要建立文化旅游大数据交换平台，统筹行政主管部门与各地市的大数据资源，推进跨地区信息资源共享和业务协同。

3. 建立常态化的文化旅游大数据信息发布工作机制和决策制度，提高信息引导和公共服务能力

在大数据平台基础上，制定信息引导的工作机制，确定信息引导的工作内容，明确信息的发布程序、发布主体和发布方式，整合形成基于互联网、手机的产业信息发布平台。利用大数据监测平台，依法、准确、及时地向社会发布国家、省、舟山地区产业政策、文化旅游导向目录和布局指南、发展建设规划、市场准入标准、投资管理规定及文化旅游经济运行等数据信息，提高行业主管部门的宏观引导能力。配合平台建设，开发文化旅游公共服务应用程序（APP），向游客提供文化旅游消费指引和交通、天气、安全、签证等信息，以及投诉与处理等公共服务。

4. 着眼于优化文化旅游发展环境和提高经济运行质量，建设舆情监测窗口和信用等级系统

依托大数据技术，加强旅游舆情信息监测和动态分析，主动引导形成有利于产业发展的舆论环境。结合国家发改委、央行的社会信用体系建设，整合政府职能部门及企事业单位、行业协会、中介组织的信用信息资源，建立面向企业和游客的信用等级评级系统，与财政部等部门联动，使产业宏观调控可精准到企业和游客个体，形成有利于产业发展的市场环境。

5. 着眼于大数据将对文化旅游带来的深远影响，加强人才培养工作

要积极组织相关培训和进修，培育大数据方面的文化旅游人才。要加大大数据人才引进力度，尽快改变人才急缺的状况。借鉴其他行业及国际经验，设立文化旅游相关研究课题，开展基于大数据的文化旅游决策模型研究，并积极展开面向文化旅游实践的政策转化工作，推动文化旅游决策及信息引导的科学化。

（四）文化旅游景区建设“智慧旅游云”系统

1. 建立文化旅游景区智慧旅游系统

以《印象·普陀》为例，可以建立包括票务系统、停车场系统、WLAN 系统、视频监控系统等多套数据采集及挖掘系统。票务及门禁系统，可使整个文化旅游景区实现售票电脑化、验票自动化、数据网络化、管理信息化的高科技管理体制；停车场系统，一方面将便于统计进出车辆数据、车位情况，同时通过网络将信息发布到景区交通要道的LED大屏幕上，方便游客提前做出停车目的地选择；WLAN系统，在景区所需的热点及游客聚集区域等实现免费Wi-Fi全覆盖，为智慧旅游APP等各类手机应用提供便捷的网络条件，打造良好的自助旅游网络环境；视频监控系统，将在景区游人集散中心、主要交通要道、出入口、重点保护区域、事故高发地带、停车场等地建设数字监控系统，营造安全、舒适的旅游目的地。

2. 改变海洋文化旅游体验方式

在"印象普陀"、普陀山、桃花岛等热门文化旅游景点先试先行，然后推广到其他文化旅游景点。改变传统的以图片、文字解说为主的方式，运用移动智能终端（智能手机），通过APP提供集影视视频、音频解说、电子图书等多种形式于一体的信息载体的方式；以及增强现实（AR）和虚幻现实（VR）、情景再现等表现手段，将某一个文化旅游景区的解说和展示置于大地理和文化背景下，进行全方位、多视角、立体化的"故事化"展示，将与该景区相关的史料史论、人物传记、轶事趣闻、国内外相关研究成果等融合集成、分类推送，供游客自主选择；基于移动智能终端，还可以在文化旅游景区的宣传推广上突破时空的局限，通过随时随地利用多媒体、新媒体和社交媒体等新型信息发布工具，实现与旅游者的实时双向沟通，及时了解宣传推广的绩效，按照细分市场、细分人群，调整宣传推广的策略。

3. 通过大数据建立一个文化旅游景区的数据统计网站，包含景区人数、车辆、天气以及景区承载量

景区管理公司可以将已经提前预订的游客和散客的现场入园数据及时汇聚到网上，游客便可以根据人数的统计结合景区的承载量，来判断在一段时间内是否适合进入该景区。对普陀山、朱家尖、东极岛、白沙岛等旅游人数较多的景区实施发布游客人次和承载量预警，保证景区的可持续发展。

4. 利用这些数据的分析可以适当的引导游客的出行

将游客引导至旅游人数不太拥挤的景区。通过大数据的分析和预测，不仅可以给旅游者一个愉快的旅游感受，同时能减缓景区的压力，避免造成一些不必要的旅游纠纷，还可以适当均衡热门和冷门景区。要将海洋文化旅游作为一种特殊的文化创意旅游来开发，并充分吸收和应用现代信息技术（IT）、大数据（Big Data）和智慧旅游（Smarter Tourism）的研究成果，提升文化旅游的思想内涵和宣传手段。将文化旅游开发成可观赏、可游览、可参与、可体验的文化旅游产品，避免枯燥的说教式的展示。突出其观赏游览、增长知识、参与体验、养生健体等功能，将文化旅游资源打造成寓教于乐，融传统教育、观赏游览、参与体验于一体的，对于国内外旅游者都具有吸引力的旅游产品。在文化旅游目的地(集散地)的系统里将文化旅游资源信息与本地相关的旅游信息集成为具有本地特色的海洋文化旅游产品信息。此外，还可以借此开发出一系列的海洋文化旅游纪念品和旅游商品。

5. 舟山可以依托政府管理部门，打造舟山文化旅游 APP

准备去舟山体验海洋文化的游客出门前就可以通过 APP 查看景区 3D 实景，实时了解景区交通、天气、游客量、住宿、美食、娱乐相关讯息；并在景区提供的免费 WI-FI 下实现自助导览定位、自助导游讲解、紧急救援呼叫、旅游服务寻呼等。海洋文化旅游主题的大数据和云平台构建不仅对于提升现有的文化旅游景区的发展有着极其重要的作用，而且还可以借此开发出新的海洋文化旅游景区或按专题灵活组合多种海洋文化旅游线路。如可以应用数据挖掘技术，将各个海洋历史文化资源的海量信息加以整理，创建舟山自己的海洋文化集中展示区；也可以将舟山本土的海洋民俗文化集中展示，建立永久性的舟山海洋民俗体验馆。并将此开发成国家级的海洋文化旅游景区，这是海洋文化不可估量的精神财富。对于建设繁荣富强的小康社会，实现伟大的海洋强国梦具有重大的现实意义。

(五)配套海洋文化旅游服务完善

1. 海洋美食文化方面

(1)海洋美食企业可通过搜集消费者在不同类型餐厅的消费习惯、网络搜索关键词、社交内容等数据信息，分析判别不同性别、年龄、宗教信仰、职业、地区等方面的消费者对海鲜餐厅的色彩、灯光、音乐、装饰、空间大小、餐桌材质、餐座位置朝向等的偏好，然后结合餐厅的总体环境，布局设计相应的餐饮环境，并根据顾客的预留信息，为其提前安排最佳的就餐环境。(2)在菜品开发方面，可搜集近段时间的客源市场所在地的各种海鲜及相关加工材料等交易信息及各种海鲜餐厅的菜品点单率和各种网络数据信息，获得客源市场喜好的主要菜品，研究消费者潜在的消费欲望，从而结合舟山的菜品特色，开发出独具特色的海鲜美食菜品。(3)在海鲜美食定价方面，可搜集各种交通信息、海鲜价格等信息数据，确定最佳的海鲜采购地，控制成本，并通过大量数据分析，了解目标消费者的价格偏好，从而对菜品进行定价。

2. 海岛酒店住宿方面

海岛住宿可以分为海岛酒店和渔家乐，海岛酒店是依托海岛环境和海岛风情修建的高质量住宿设施，渔家乐是舟山旅委认证的以渔民为营业主体的住宿设施。但由于当下许多渔家乐旅馆缺乏文化性与乡土性，入住率不高。因此，在客房设计上，渔家乐旅游企业可搜集客源市场所在地的收入结构、渔家乐所在地的各类旅馆的价格和各类网络信息数据，综合分析判别消费者对渔家乐住宿客房的主题、档次等的偏好，从而结合渔家乐的文化性与乡土性设计客房布局。同时，在客房定价方面，可借鉴餐饮定价的方法进行合理定价。

3. 海洋民俗文化体验方面

海洋民俗文化体验项目现已成为极具吸引力的海洋文化旅游产品，但目前海洋民俗的体验项目普遍简单化，民俗体验活动缺乏创意和实用性，且有些活动受外界影响较大。因此，在新体验项目开发方面，海洋民俗文化旅游企业可搜集民俗旅游热门项目或热门网络游戏的信息数据，分析这些项目的主要吸引因素和消费者的偏好，并将其与舟山海洋民俗文化旅游资源结合，开发设计体验项目；同时，对海洋民俗文化体验项目的各种限制因素进行分析，从而在不同时间段开发出最具经济效益和体验乐趣的项目。在旧的体验项目改造上，通过搜集不同类型海洋民俗文化体验项目中被淘汰项目的相关数据信息，分析这些项目失去吸引力的原因，不仅可对现存的同质体验项目提前进行改造，还可避免开发同质的体验项目。

（作者：朱旭光，张　鹏）

保税区背景下舟山文化产业新业态研究

一、舟山市文化产业现状概况

2011 年 6 月，国务院批复成立浙江舟山群岛新区，这是国内第一个以海洋经济为主题的国家级新区。2012 年 9 月，国务院又批复设立舟山港综合保税区，创建自由贸易港。国家级海洋新区和综合保税区的相继成立，为舟山市文化产业创造了良好的发展条件。自 2012 年起，舟山市文化产业进入快速发展阶段，文化产品制造业生产规模不断扩大，文化产品品质得到进一步提升，以舟山船模、贝雕为代表的文化精品正走向全世界；同时文化服务业业态日渐充沛，新闻出版及版权服务越来越规范、电影票房稳步增长，影视剧制作、文艺演出精品不断，《金玉观世音》《新巡按斩父》等艺术精品在国内取得重大影响；工业设计和船舶设计是舟山文化产业的重要支柱；文化旅游业则是舟山传统强势产业，近年来体育休闲业正在迅速崛起，“神行定海山”毅行活动在国际上已有一定影响，新建社区南洞艺谷被列为全省首批 8 个文化创意小镇之一，2015 年 5 月 25 日习总书记专门考察南洞艺谷，给予高度评价。到 2013 年底，舟山市文化产业增加值达到 38.85 亿元，占 GDP 的 3.8%。舟山市委、市政府在 2013 年 10 月推出《舟山市文化产业三年推进计划(2014—2016 年)》，指出 2014—2016 年文化产业发展目标是年均增长 25%以上(现价)，到 2016 年文化产业增加值占全市 GDP 总量 6%以上，文化产业成为舟山经济发展的支柱性产业。如今各项经济指标正在朝着既定的目标稳步前进。

二、保税区的政策优势与舟山文化产业战略思维

国家级海洋新区和综合保税区给舟山经济腾飞带来无限生机，毫无疑问，舟山正在成为长三角经济发展一个崭新的增长极和环太平洋经济圈的桥头堡，经济总量和

经济质量都将迎来质的飞跃和转变。对于舟山文化产业发展来说，优越的地理位置兼具海关特殊监管功能和政策，这种得天独厚的综合优势将产生强大的产业聚集效应，吸引大量来自全国各地的文化产业、艺术品行业、金融业的业内人士，舟山文化产业的发展不管是产业质量提升还是业态延展深化都具备了无与伦比的外部条件。在这样的历史性机遇面前，舟山文化产业后续发展思路应该被深入思考和分析，结合舟山本地实情、背靠浙江省和长三角的深厚腹地、面向环亚太及全球市场，在现有的产业业态基础上，努力探索新的方向，走一条高质量内涵、高经济凝聚性、高产业端点的路子。眼下，跨境电子商务、国际文化贸易和“文化保税”是舟山需要积极把握的三个战略方向，从而占据文化产业发展的高地，辐射、推动舟山经济社会全面提升发展。

三、发展跨境电子商务，促进与文化产业融合

境外旅游购物和国外代购是近十几年来国内居民的消费热点，到了 2014 年，由于国家政策的推动和国民经济发展的现实需求，跨境电子商务成了国内学界和业界一个热门的话题。浙江省内的杭州和宁波都是国家首批跨境电子商务试点城市，这两个城市跨境电子商务的快速发展为舟山提供了鲜活的学习模板。

（一）杭州

杭州是全省跨境电商先发优势地区，电子商务交易额居全国城市首位。目前，杭州已建成三大跨境电子商务产业园：第一，中国（杭州）跨境电子商务产业园（下城区），2013 年 7 月成立，是目前国内唯一的同时具有出口和进口（进口主要是直邮）两个功能的跨境电子商务产业园，也是一个融多项功能于一体的跨境电商产业综合体。第二，杭州跨境贸易产业园（下沙园区），成立于 2014 年 5 月。下沙园区同时具有进口直邮和保税进口两种跨境电子商务贸易模式，为阿里巴巴集团天猫国际在中国的主阵地，目前为全国试点保税进口跨境电子商务业务最多的园区。截至 2015 年 5 月园区成立一周年之际，杭州海关累计监管跨境保税进口商品达 173 万单，货值突破 4 亿元人民币，最新的数据显示日均业务量已达 2 万单以上。[①] 第三，中国（杭州）跨境电子商务空港园区（萧山），2015 年 2 月试单开园，3 月份开始正式实单运营，同时开展保税和直邮两种模式的跨境电子商务贸易。自 2014 年 5 月至 2015 年 4 月底，下

① 数据来源：中华人民共和国海关总署网站。

城、下沙两个园区共监管进口邮包 311.6 万个，成交金额 6.1 亿元。其中，直邮进口邮包 80 万个，成交金额 1.2 亿元，保税进口邮包 231.6 万个，成交金额 4.9 亿元。[①] 正是有了这样坚实的产业基础，2015 年 3 月 12 日，国务院正式批复设立中国（杭州）跨境电子商务综合试验区。

（二）宁波

和杭州一样，宁波也是国家首批跨境电子商务试点城市之一。2015 年一季度，海关审核通过跨境贸易电子商务进口申报单 135 万票，同比增长 102 倍；货值 3.65 亿元，增长 82 倍，超过去年全年交易额；消费人数 71.5 万人，增长 158 倍。至 2015 年 5 月 26 日上午 11 点，宁波跨境电子商务销售额最终达到 10.03 亿元，成为全国首个进口交易额破 10 亿的跨境电子商务试点城市。[②]

在宁波，保税区和海曙区分别开展跨境贸易电子商务的进口和出口业务。其中，宁波保税区是电子商务进口商品分销基地，推进进口食品、消费品跨境的贸易。至 2014 年底，宁波保税区跨境电商仓库内，海关审核通过备案商品种类已达 5873 种，实际上架销售商品近 4000 种。共有来自全国各地的 63.3 万名消费者通过宁波保税区跨境进口电商服务平台消费，宁波保税区模式成为全国跨境电商试点样本。[③]

海曙区是宁波跨境贸易电子商务出口基地，在已经建成的中国（宁波）跨境电子商务产业园区，跨境贸易电子商务产业园区将提供一站式国际邮包通关出口服务，是国家政策性试点跨境贸易电子商务产业集聚区，为宁波超过 2 万家的传统外贸企业开创了一个全新的发展时代。

（三）舟山的发展思路

如何充分发挥舟山地缘优势和综合保税区政策优势，大力发展跨境电子商务，并促进其与文化产业的融合发展，不仅是舟山文化产业发展转型与升级的契机，更是推动新区建设的一个重大战略举措。舟山应该抓住国家鼓励发展跨境电子商务及贸易电子化的良机，促进舟山文化产业及地方经济的转型发展。

第一，尽快筹建跨境电子商务园区。对于 2014 年刚起步的中国跨境电商来说，目前尚未形成一家独大的局面，阿里巴巴、亚马逊中国、京东、苏宁、1 号店等电商巨

① 数据来源：浙江省出入境检验检疫局网站。

② 数据来源：宁波市出入境检验检疫局网站。

③ 数据来源：中华人民共和国商务部网站。

头都在加大对跨境电子商务业务的投入。舟山港综合保税区的地缘优势和政策优势，对跨境电商来说，不论是平台模式建设还是物流体系建设，都具备充足的吸引力。因此，舟山应该尽快规划建设跨境电子商务园，积极引入电商巨头，搭建服务平台，规范监管体制，全力打造跨境进出口贸易电子商务基地。

跨境电子商务未来的发展与竞争已经不再停留在商品在线交易的范畴，而是全面涉及线上和线下、支付与物流、技术与文化的全方位竞争。因此，舟山港综合保税区发展跨境电子商务，在具体操作层面上，必须加强与海关、检验检疫、税务、金融和物流等多部门联合，打造多功能、一站式的公共贸易服务平台，合力为电商企业解决通关、国际支付、退税、融资等方面的问题。同时要加紧跨境物流的智能化建设，建立与亚马逊、阿里巴巴等在云计算领域领先的电商巨头的合作，运用它们的技术优势指导建立高效的物流体系，推动资金流、物流和信息流精确化、智能化的融合。

第二，促进跨境电子商务与文化产业融合。发展跨境电子商务的第一要素是建设丰富完备的服务平台，这个服务平台同样是文化产业的极好载体，因此，跨境电子商务与文化产业的融合能够促进文化产业转型升级。文化企业能够通过电商平台的信息化服务，实现国内及国际文化商机供需资源的整合，实现线上线下的综合资源整合。因此，当文化产业宏观化、整体性地进入和依托电子商务体系时，就加速了实体经济与网络经济的融合、线上消费和线下消费的融合，从而彻底改变文化产品的消费模式。毫无疑问，"文化＋电商"的综合模式，将颠覆文化产业现有经营模式，创造更多的市场机会，促进文化产业转型升级。跨境电子商务能够为文化企业在商务信息、物流仓储等方面有效节约成本，从而为消费者带来实惠，大大利于文化产品的市场拓展。

第三，打造跨境电子商务文化产业贸易平台。促进跨境电子商务与文化产业融合发展，舟山政府要建构好网络贸易平台，重点要强调两个方面的服务功能：以文化公共资源信息服务为中心，建设文化产业资源信息集散地和信息服务窗口；以推动文化企业产品交易为宗旨，构建完整的跨境电子商务交易服务体系。

四、打造国际文化贸易基地

在全球化、信息化和网络化的时代，如果一个城市具备了面向国际文化市场的自觉性和执行力，它就可能成为辐射国际的文化贸易中心。① 在浙江省，义乌市是最好的例子。义乌位于浙江省中部，在国际贸易中并无地理优越性可言，但义乌已成为中国文化产品外贸的重要基地，义乌小商品市场和“中国义乌文化产品交易博览会”誉冠全球。国家海洋新区建设和综合保税区的设立，使舟山成为国际文化贸易窗口和基地的可能性大大提高。舟山市应该抓住这个机会，大力发展国际文化贸易，将舟山打造成为文化产品进出口基地，这将给舟山带来巨大的经济效益和社会效益。据上海社科院花建的调查研究，上海国家对外文化贸易基地仅 2012 年一年，税收贡献就达 1 亿多元。②

(一)国际文化贸易促进文化产业升级发展

文化贸易主要是指与知识产权有关的文化产品和文化服务的贸易活动，贸易既可以是音像录影制品、出版物等有形商品，也可以是版权、关税等无形商品。文化贸易是文化经济链上的环节，关注的是文化产品的流通、交易与销售领域③，因此文化贸易是文化产品生产的衍生，是文化产业发展基础上的自然扩张。由于文化贸易和其他商品贸易一样是比较优势的交换，因此文化贸易必将为文化产业提供更大的市场空间和发展前景，推动文化产业的结构升级。而在世界文化经济的舞台上，因为贸易和交流的加强，将会促使我国文化企业参与国际文化分工，融入国际文化生产体系。

舟山要是能够利用综合保税区的便利，创建国际文化贸易基地，发展国际文化贸易，将大大带动舟山、浙江乃至全国的文化经济融入世界文化生产链、价值链、供应链和消费链。对舟山来说，不仅可能成为软件、影视剧、图书、艺术品等文化产品国际贸易集散地，舟山的娱乐、演艺、文化旅游、工艺美术等传统文化产业也有了更多对比、提升和改造的空间。

(二)把握国际文化贸易新型业态

大数据、智能制造和无线网络革命的科技潮流与通信技术、计算机技术、视听技术的快速发展，催生了数字内容、数字出版、网络互动视听、超高清晰影视、智能移动服务终端等一系列新的文化产品和服务形态④。这个趋势使得文化产品和服务贸易不断打破边界，国际文化贸易的业态日渐改变，过去依靠物流运输的文化货品，渐渐

---

①②④ 花建:《中国对外文化贸易体系构建研究》,《学习与探索》2013 年第 7 期,第 90—95 页。

③ 李怀亮:《国际文化贸易导论》,中国传媒大学出版社 2008 年版。

被网络化的服务贸易所替代，比如数字音乐、数字出版物的市场规模快速扩大。

舟山市要打造国际文化贸易基地，就必须把握国际文化贸易新型业态，依托数字科技的快速发展，培育新媒体、文化新业态、新兴产业的龙头企业和产业集群，提升舟山文化产业的质量和内涵。加快发展动漫、游戏、网络文化、数字文化服务等新兴文化产业，实现结构合理，门类齐全，科技含量高、竞争力强的现代文化产业体系，推进文化产业跨越式发展。此外，借助国际文化贸易，让文化企业能够频繁走出去引进来，把握最新技术信息动向和国际消费需求信息，从而适时调整产业方向，使生产的文化产品和文化服务能引领、主导国内需求，参与国际竞争，最终促进文化产业主体以及文化产业的不断壮大和可持续发展。

(三)培育国际文化贸易平台

文化产业发展的一个非常重要的规律是“平台经济”现象。平台本身不是产业，并不生产商品，而是通过提供一种交易空间或场所及服务体系，促成双方或多方客户间的交易，收取恰当的费用而获得收益。文化博览会是文化贸易的平台之一，是文化企业进行文化产品展示和交易的一个窗口，是文化企业对外展示、宣传和营销自己文化品牌和产品的重要平台之一。文化精品和文化交流带动文化贸易的发展，义乌能够成为中国文化产品外贸的重要基地，“中国义乌文化产品交易博览会”是其所依托的重要平台，既为全球商家来义乌交易提供便利，更为中国文化产品走向世界提供动力。舟山尽管有国际沙雕节等在国内外有重大影响的节事节庆，文化贸易的平台建设目前尚处于空白状态。今后舟山的文化产业将更多地面向国际化发展的视野，国际文化贸易平台的建设应该尽早迈出步伐。

五、文化保税：培育艺术品市场及其业态组合

2014 年 8 月 25 日，天竺文化保税园在北京天竺综合保税区开园，这是国内第一个文化保税园。园内最受瞩目的是艺术品贸易中心，该艺术品贸易中心提供全方位的艺术品展示、仓储、鉴定、修复、确权等专业服务，并建立全球艺术品专业数据库，提供艺术品市场征信标准。目前，国内涉及艺术品保税和仓储服务的还有厦门保税区、上海外高桥保税区两个保税区。舟山港综合保税区创设艺术品市场实施“文化保税”，探索综合、规范的艺术品市场机制与成熟的市场运作理念，成了一个迫待解决的课题，这对于增加地方税收、培育相关的优质产业形态、扩大舟山国际影响都意义

非凡。

(一)文化保税

在我们国内艺术品交易税负比例非常高,但是高税收会抑制艺术品投资需求的增长;相反,税收越少,艺术品交易就越活跃。艺术品,尤其是高端艺术品因为价值不菲,因此交易总是更倾向于在销售条件最有利的地方完成。税收的激励、贸易限制以及艺术转售税等因素会影响艺术投资的成本以及艺术品与其他资产的吸引力。①

在意大利等欧洲很多国家,由于对艺术品交易,尤其是出口贸易有着严格的限制,致使艺术品进出口渠道不顺畅,市场流动性降低,成交不活跃,所以艺术品升值的空间比较狭窄。美国由于对艺术品进出口免税,实行宽松的艺术品经营税率和其他政策,逐渐成为世界艺术品交易的中心。在亚洲,香港是艺术品拍卖中心,究其原因正是香港实行宽松的艺术品经营税收制度。

在国内,保税区成为进出口艺术品交易降低税费、合理避税的一个选项。保税区实行"境内关外"特殊税收政策,艺术品进入境内只是出于展览展示交流的目的,只要不发生交易,就不需要缴纳任何进出口关税。艺术品只要不出区就免去关税和增值税,只有在买家形成交易后提取艺术品出区时,企业才需再行申报交税。进口艺术品只需申报备案,就可以在区内外自由流通。保税区一方面可以省去中国艺术品回流和国外艺术品进入中国所需缴纳的高昂的关税、增值税;另一方面,通过在保税区内办展览和拍卖,也可以让国人近距离观赏平时难得一见的国外艺术品。而在保税区外,企业需要申报、备案并缴纳与税收等额的保证金后境外艺术品才可以流通。这种方式对于企业而言,不用前期占用资金,退运的流程也相对灵活。

所以保税区真正的优势体现在国际艺术品市场上,因为保税区的主要功能是关税保税,对境外艺术品交易完成返回境外市场免关税和增值税,也可以让境外艺术品在保税状态下进行鉴定、修复,免征进口增值税、消费税,同时帮境外卖方省去了如批文、进口、税收等很多程序。

一旦舟山港综合保税区创设艺术品交易市场,在现有的进出口规定下,探索一条具有中国特色、符合中国艺术品市场的国际化道路,大量的境外艺术品就会进入保税区展示、拍卖、交易,舟山的税收、文化产业产值马上会迅速增长。艺术品在经济和文化艺术上双重的高价值,会使舟山成为国际商贾云集、艺术家汇集之地。

---

① [英]詹姆斯·古德温:《国际艺术品市场》,敬中一等译,中国铁道出版社 2010 年版。

(二)艺术品拍卖市场

艺术品,尤其是高端艺术品拍卖是常见的交易方式,因为拍卖采用"公开、公正、公平"的原则,透明度高、流通性好。艺术品拍卖往往价值较大,容易产生社会轰动效应,从而带动艺术品市场的蓬勃发展。如今艺术品投资观念盛行,艺术品市场由收藏性市场迅速地向投资性市场转型。在这样的背景下,艺术品拍卖市场的建设应该是值得舟山港综合保税区深入思考的问题。

对于舟山港综合保税区来说,一个成熟的艺术品拍卖市场,它能在长三角乃至全国形成一个强大的辐射效应:形成强势的中国艺术品市场,促进社会各界对中国文物及艺术品的投资,引发人们对艺术品投资、保值、增值的热潮,从而拉动内需,启动和刺激消费。同时它还能够吸引人才、带动艺术品评估与金融服务等相关产业发展,最终促进本地经济质量的提升与文化产业的转型升级。

(三)艺术品金融化服务业态

围绕着艺术品市场,舟山的金融市场也必将发生结构性变化。艺术收藏与投资的金融化是艺术品市场建设与规范的一个重要环节,但目前国内艺术产业的金融体制还不够发达并缺乏创新,影响了艺术产业的发展。

随着艺术品市场的规模化以及行情的高涨,人们的投资愿望被不断激发,吸引了更多的投资基金,并使得艺术市场越来越接近于其他投资市场,形成了与其他投资市场越来越明显的正相关性。[①] 拍卖市场规模的扩大以及艺术品市场的国际流通性,使得艺术品金融化具备了良好的生态环境,艺术品市场已经开始向金融市场设定的理想状态靠近。拍卖等交易机制的规范和成熟、市场效率的提高,为艺术品的金融化提供了良好的基础条件。艺术品投资基金、艺术品证券化、艺术品信托、艺术品保险等艺术品金融服务业态正不断促进艺术品市场的繁荣。

假使艺术品市场在舟山港综合保税区落地生根,势必会衍生出对文化金融服务的强大需求,巨大的金融服务市场会彻底改变舟山的金融格局。届时,各类艺术品金融服务业态会层出不穷,为艺术品投资提供正规的金融服务,提高投资者及机构资金营运的能力和需求;很多民间资本也会投向艺术金融机构,这将大大拓宽艺术品投资和流通渠道,积极发展艺术品保险事业,以增强艺术品的流动性和变现能力。

---

① 赵力:《中国艺术品市场研究报告》,湖南美术出版社 2009 年版。

(四)保税区艺术品交易机制创新

艺术品市场是个充满复杂性和不确定性的市场,交易双方信息的不对称贯穿于市场的各个环节。要规范艺术品市场健康秩序和保持艺术品市场可持续发展,完善艺术品交易机制,促进市场的公正透明,就必须构建艺术品交易的制度体系。艺术品市场所存在的各类问题的解决,有赖于国家文化战略以及有效的制度和配套政策。

在保税区发展艺术品市场,需要设计公平有效的制度体系,出台相应的法律法规和政策,培育市场主体和成立相关监管机构。健全有序的市场体制,才是壮大和发展艺术品市场的有效路径。这是舟山创建保税区文化艺术品市场必须考虑的前瞻性问题。

六、总结与展望

在保税区的背景下探索舟山文化产业的发展思路,在立足舟山本地资源优势的前提下,一定是国际化与全球化的视野。舟山未来文化产业的发展一定是背靠长三角、全中国,面向环亚太、面向全世界的,并且引领最前沿的业态组合。跨境电子商务、国际文化贸易与艺术品保税交易是新时代外向型文化产业的焦点,也是舟山文化产业发展的战略聚点。这样前沿的战略布局,需要舟山文化市场开放政策的进一步突破,需要文化业态与最新科技的融合、与更新潮金融服务的对接。

(作者:史　征,厉春雷)

国内外戏剧产业先进案例与“中国南洞·戏剧谷”建设构思

一、背景

2015 年 5 月总书记习近平到访舟山期间，专程考察调研“南洞艺谷”新农村建设。其间中央宣传部部长刘奇葆提出在“南洞艺谷”建设“中国南洞·戏剧谷”的建议，这给浙江省文化创意特色小镇“南洞艺谷”的深化发展提供了一个全新的思维。

现代戏剧，是指以再现和表现社会现代生活为基础，融合艺术、科技与创意的舞台艺术形式，它包括现代音乐剧、都市话剧、现代歌舞剧和时尚戏曲等。现代戏剧与现代商业相伴而生，是现代商业社会的文化服务方式之一，也是大众文化消费的产业艺术形态之一。在世界范围内，伴随着中心城市都市化和国际化的发展，现代戏剧越来越显现出文化艺术消费的独特魅力，越来越成为都市软性地标、辐射能力等显示综合软实力的重要载体。

时至当代，现代戏剧产业不仅是现代商业文化的重要组成部分，还是现代化都市商务环境、商业气氛、商务内涵和商务服务形态不可或缺的组成部分。正因为如此，纽约、伦敦、巴黎、东京等现代化国际大都市都以现代戏剧作为发展文化产业、营造城市环境、带动经济发展、展现城市底蕴的基本要素和核心动力。

舟山要在“十三五”及未来实现跨越式发展，必然要增强城区整体竞争力，从战略上提升文化软实力是海岛新区建设的必要基础和发展关键。如何在建设海洋文化强市的目标下，经济和文化并重发展，形成具有综合集成服务功能的区域，是舟山面临发展的新课题。在这样的背景下，舟山依托丰富的人文底蕴、国家级海洋新区和综合保税区的综合优势，系统梳理和整合舟山的资源要素，在“南洞艺谷”已有的浙江省文化创意小镇建设基础上，打造一个现代戏剧产业的“中国南洞·戏剧谷”是非常具有前瞻性的战略思维。

二、建设“中国南洞·戏剧谷”的意义

如今，舟山经济社会发展水平、商业环境、城市文化生活和消费方式，正逐步与国内大都市接轨。舟山建设海洋文化强市的发展战略，立足打造舟山文化产业新业态和现代戏剧产业新园区，依托特有的比较优势，发展现代戏剧产业的历史机遇已经来临。在国际国内文化创意产业迅猛发展的背景下，建设“中国南洞·戏剧谷”有非常重大的意义：

有利于以科学发展观为指导，深入贯彻落实国家、省、市关于加快转变经济发展方式，加快调整产业结构的战略部署，以重大文化项目推动文化建设，从而促进城市经济和文化协调、跨越式发展。

有利于在高端文化服务业发展层面，探索市场化配置国内国外两种文化资源、开拓国际国内两种文化市场的机制，探索以特定主体和产业聚集区形式发挥作用，服务长三角、浙江省以及全国文化发展的关键路径。

有利于塑造舟山城市文化商业运营标志性区域，以新颖、聚集、繁荣的文化产品和服务，改善舟山城市文化消费机构，丰富城市精神文化生活，扩大特色文化在国内国际的吸引力、辐射力和影响力。

三、国内外案例借鉴

在文化创意经济时代，推崇创新、强调文化艺术对经济的支持与推动的新兴理念、思潮和经济实践正在全球化消费社会的背景中如火如荼地发展起来。许多政治家和经济学家都敏锐地发现，在文化创意产业中，戏剧业将是成长最快的行业之一。戏剧业，即从事戏剧相关业务（创作、训练、表演）、音乐剧及歌剧相关业务（乐曲创作、演奏训练、表演）、音乐现场表演及作词作曲、表演服装设计与制作、表演造型设计、表演舞台灯光设计、表演场地（大型剧院、小型剧院、音乐厅、露天舞台等）、表演设施（剧院、音乐厅、露天广场等）经营管理、表演艺术经纪代理、表演艺术硬件相关服务（道具制作与管理、舞台搭设、灯光设备、音响工程等）、艺术节经营等行业。加快戏剧市场的发展已成为文化创意产业的主要目标之一。在全球范围内，很多国家和地区都在寄希望于通过主办一系列的戏剧节事活动提升地区影响力和竞争力，通过带动演出收入和旅游相关收入，间接性地推动经济发展。这种方式在全球范围内已有很多成功的案例。

(一)爱丁堡戏剧节

1. 苏格兰首府爱丁堡

爱丁堡是英国苏格兰首府，位于苏格兰东海岸福斯湾南岸，人口约 50 万，面积约为 264 平方千米。1995 年爱丁堡被联合国教科文组织列为世界文化遗产，2004 年 10 月，又被联合国教科文组织授予“世界文学城市(City of Literature)”。爱丁堡是苏格兰最重要的旅游城市，每年吸引约 1300 万名游客。

爱丁堡市是英国乃至整个欧洲文化氛围最浓的古城之一。几百年来，它始终在用文化营造一个优雅的城市。来到爱丁堡市的人都会在悠长的苏格兰风笛声中感受到这座城市所蕴含的深厚文化内涵。由于“二战”期间免于战火的摧残和破坏，这个城市到处都是古意盎然的建筑。这些建筑无门卫、无门票地存在于爱丁堡的每个角落，任由人们自由地穿行，并且真实地让人们生活、工作于其中。这些古老的建筑，催生了《哈利·波特》这样充满魔幻色彩并风靡全球的新时代文学作品。但更令人震撼的是，各种最新潮和最鲜活的多元化戏剧作品在许多这样古老的建筑中上演。

2. 爱丁堡戏剧节

爱丁堡戏剧节诞生于第二次世界大战结束之后的 1947 年。当“二战”的硝烟刚刚散去，为了早日摆脱战争忧郁的阴霾，英国人在爱丁堡创立了旨在为大众欢娱的戏剧节。在后来的岁月里，创新、多样、大众的特质被保留下来，参演剧目不拘一格，运作方式有政府支持与市场推广相结合，以低票价让新作品接近观众，帮助新剧团寻找发展的空间。如今，爱丁堡戏剧节每两年举行一次，经过半个多世纪的打造，已成为世界上规模最大、影响最广、水平最高的国际性戏剧节之一。吸引着来自各国顶级的戏剧演出、经纪机构前来观摩交流，各国优秀的戏剧人汇聚一堂，把爱丁堡戏剧节当作自己的节日。

爱丁堡古老建筑的保留和妥善利用，使得爱丁堡戏剧节期间戏剧表演的剧场空间形式也多种多样。戏剧节期间，有许多在教堂和各种古建中搭台而成的剧院，灯光映照的舞台和观众席上方，就是高耸的教堂穹顶。甚至从教学楼到地下室，从教堂到酒吧，一切空间都可以改造成演出场所。人类文明与文化的血脉，就这样在同一建筑空间中延续与传递，更新与生长。戏剧节期间，分散在爱丁堡“皇家大道”周边的小剧场、超小剧场按照 30 分钟到 120 分钟等不同的时间规格租赁给来自世界各地的演出者，同时提供舞台技术、票房、制作等一揽子服务。

剧场与剧场之间的距离在步行两三分钟到半小时之间，数十家制作公司活跃在这个地理范围内，他们把咖啡馆、教堂、大学礼堂、学生活动中心、宾馆变成剧场。在爱丁堡，几乎任何地方都可以成为剧场。剧场有大有小，能容纳两三百人已算大剧场，大部分剧场的容量是几十个座位，舞台更是什么尺寸都有。

充分利用剧场最直接的好处就是场租和票价的低廉。爱丁堡戏剧节的主流票价在5镑到12镑之间，所有戏都有针对学生等的折扣价，很多戏在正式公演之前都有票价极低的预演，而且不分座位，只要你到得早，就可以坐在最好的位置上享受这些精彩的演出。

"我们给任何有故事，并且能找到剧场讲故事的人提供舞台。"这句话经常出现在爱丁堡戏剧节组织机构印发的各种免费手册、年度报告上。这不是美丽的口号而是实情。爱丁堡戏剧节不设艺委会，没有艺术总监，没有艺术上、政治上的偏好。

"零门槛"准入带来表演者和剧目的多元。剧作家、学生剧社、业余演员、国立院团都可以在爱丁堡戏剧节上一试身手。戏剧节上既有巨星亮相，也有无名小剧团、小演员的"处女秀"。在爱丁堡戏剧节期间，走在大街小巷，到处都是各种戏剧的宣传海报和单页，每个剧场的大厅里，都可以很方便地拿到各种演出的宣传资料。低廉的票价，基础水准都不错的演出，使得爱丁堡的每个剧场几乎都顾客盈门。一些主流剧场，每天上演的剧目更是多达10至12个，平均每个戏都在60分钟左右。

3. 艺术的溢出

半个多世纪的成功运作，令爱丁堡成为苏格兰、英国乃至全世界最重要的文化艺术名城之一，它对于戏剧等艺术形态的集中展示又自然地衍生出了相应的旅游、服务、商业等各种业态。虽然爱丁堡穿城而过只需要步行30分钟，一天就可以逛遍全城，但每年的8月，这里都充满了节日气氛。

由于戏剧节费用只有很小一部分来自当地居民的税收，却大大推动了当地的旅游观光业、餐饮业、百货业等，所以能在当地得到不少的赞助和捐款。戏剧节支出的70%以上直接支付给艺术节表演团体和个人，由此调动了演出者的积极性，保证了戏剧节持续的较高水准。如今，爱丁堡成了世界著名的艺术之都。而爱丁堡戏剧节为当地赢得了巨大的经济效益，现在这座只有50万人口的城市，在金融和旅游方面的经济收入已居英国第二位，仅次于伦敦。

(二)阿维尼翁戏剧节

1. 维拉尔与大众戏剧

阿维尼翁是法国南方一座美丽而宁静的小城，是一个拥有 5000 年历史的古城，长 5 公里、建于 14 世纪的城墙依然完好，城垛、塔楼和城门忠实地恪守着职责，令前来这里的游客遐想无限。这座人口不到 10 万的小城，是联合国教科文组织列出的世界文化遗产，是法国屈指可数的文化中心之一，更是法国乃至整个欧洲的戏剧艺术创作中心。

1947 年，当时法国戏剧导演、戏剧活动家让・维拉尔受邀带着剧目到阿维尼翁教皇宫为一个现代绘画和雕塑展助兴。这个邀请让维拉尔感到为难，因为教皇宫不同于传统的演出场所，这里没有镜框式的舞台，但他最终还是答应了下来。演出在教皇宫围院里临时搭起的露天剧场进行，演员们第一次告别了传统的封闭舞台，在道具少得不能再少的舞台上尽情施展演技。在几乎一无所有的空旷舞台上，演员尽最大可能发挥自己的表演技能，把台词的深邃内涵展现在公众面前，而没有过多修饰的舞台也能帮助观众排除戏剧外的干扰，得以全神贯注于剧情。

维拉尔的尝试好像打开了一扇天窗，让清新之风吹拂日渐衰微的法兰西戏剧。维拉尔把戏剧艺术从阔佬的沙龙里带了出来，使之离开沉闷的巴黎走到人间，走到开阔的田野。“二战”后的欧洲急需精神复兴，各类艺术节如雨后春笋般涌现，维拉尔倡导的以“为大众创作精英戏剧”为口号的戏剧运动引起了公众的注意，并得到了社会的认可和肯定。维拉尔把戏剧看作是“人类生活的一部分”，视之为与酒、面包、盐一样不可或缺的精神食粮，是“生活中最为必需的要求”。而对国家而言，它是一项如同水电煤一样重要的“公共事业”。

在中世纪教皇宫殿内的偌大露天庭院里演戏，不仅能够将历史、现实与未来联结在一起，而且上演古典名剧又能将普通大众与传统文化之间的鸿沟填平，更能恢复民间戏剧的那种和谐欢快精神。因此，在维拉尔创立的大众戏剧事业过程中，阿维尼翁起到了积极重要的作用。正如他自己强调的那样，“阿维尼翁帮助了民族的、大众的戏剧的诞生”。

2. 阿维尼翁戏剧节

阿维尼翁戏剧节创始于维拉尔第一次在教皇宫演出的 1947 年。从此，每年的 7 月，美丽的法国小城阿维尼翁都会迎来戏剧界的各路英豪前来参加最负盛名的国际戏剧节。阿维尼翁成了每年度优秀剧目会演的大舞台，成了戏剧家实践新的艺术理论的阵地。2015 年戏剧节期间，阿维尼翁在街头巷尾 100 多个大大小小的舞台上接受来自世界各地近 1500 个戏剧团体的演出洗礼——阿维尼翁戏剧节的盛况可见一斑。

阿维尼翁城中心的北面是教皇宫广场，广场上耸立着 14 世纪初意大利罗马教皇修建的大皇宫，教皇宫的大庭院便是阿维尼翁最大的露天剧场，每年的戏剧节开幕式都在这壮观神圣的皇宫大院举行。在戏剧节期间，整个阿维尼翁小城凡是能够演出的场所都变成了剧场。不管是旧教堂、修道院，还是学校的操场、健身房，抑或是废弃的仓库，也不管是公共的还是私有的，几乎能演戏的地方都被充分地利用。最大的教皇宫庭剧场可容数千观众，而一个小“剧场”，可能是十几平方米的“地窑”，用木条反搭出二排“观众席”。7 月的阿维尼翁从东到西、从南到北整个都变成了剧场，戏剧节使这个小城变成了艺术的海洋。

戏剧节期间，数十万戏剧爱好者如潮水般涌向阿维尼翁，到处可见手捧节目册找剧场的“戏友”“老外”，这座平日沉寂宁静的小城变成了人流如织的繁华闹市和戏剧演出遍地开花的艺术之都！在教皇宫的周围，阿维尼翁的大街上，穿燕尾服的绅士，不修边幅的浮夸青年，天鹅绒裙曳地的姑娘，丑态百出的酒色之徒，或走、或扭、或唱、或耍，招摇过市，借以吸引路人的注意。所有这一切都让人感到心情舒畅。铺天盖地的宣传海报、一票难求的演出戏票，处处让人感受着文化熏染的魅力！在这个时候，花上不到 100 欧元，就可以在专卖店里买到著名的服装设计师设计的前卫时装。

戏剧节演出分为 IN 和 OFF 两个单元，IN 单元是法国及欧洲知名戏剧艺术家的演出，OFF 单元则是民间剧团的表演，最大特点是独立和自由，无须经过组委会，只要有热情和才华便可来阿城一展身手。戏剧节没有设置任何奖项，但参加阿维尼翁戏剧节对所有的戏剧工作者来说，既是莫大的荣耀，也是施展才华的大好机会。在这里，他们也许会由无名小辈变成超级明星，他们的作品也许会一炮打响。然后会有不止一个国家邀请剧组去演出，会有人和导演签订演出合同，还会有人聘请演员出演与其知名度相符的剧目！

演出之外，戏剧节和有关团体还组织了戏剧研讨活动，专业人员和爱好者可自由参加国际戏剧发展的各类专题讨论，以及戏剧节主办的剧目主创人员和观众的每日座谈。目前，“阿维尼翁戏剧节”早就是法国文化部赞助的最有活力的私人文化团体之一，小小的阿维尼翁城因一年一度的夏季戏剧节而大名鼎鼎，传扬世界。

(三)乌镇戏剧节

乌镇戏剧节由文化乌镇股份有限公司总裁陈向宏及华语戏剧界极具影响力的黄磊、赖声川、孟京辉共同发起,由文化乌镇股份有限公司主办。这是一个民间办的戏剧节,一个企业办的戏剧节。第一届乌镇戏剧节于2013年5月9日在乌镇举行。乌镇戏剧节刚诞生的时候,常被拿来与法国的阿维尼翁戏剧节做比较,那时候乌镇戏剧节的一个头衔似乎也是"中国的阿维尼翁戏剧节"。二者同为源于小镇却闻名世界的戏剧节,小镇成了戏剧的天然舞台,也因戏剧而焕发新生。

创办三年以来,乌镇戏剧节每一年都在上一个台阶,它在大众心中打造的影响力,是很多文艺节庆活动所不及的。乌镇戏剧节邀演剧目的节目规模和质量一年胜过一年,2015年叱咤欧陆剧坛的汉堡塔利亚剧院和苏黎世国家剧院领衔的来自意大利、立陶宛、俄罗斯、波兰等国的国家剧院或"准国家剧院"齐齐在这个江南水乡亮相。乌镇戏剧节到底胜在何处?

1.坚持"艺术家办节",回归戏剧的本质

乌镇戏剧节拥有强大的经济支撑,因此可以保证剧目的质量和档次,也能够保证推广的力度和声势以及各种配套服务的完善,但乌镇戏剧节的本真是"艺术家办节"。虽然真的要做到"艺术家办节"在世界范围内都不是件容易的事情,但没有了资金困扰和行政干预,乌镇戏剧节最大限度地保证了艺术的纯粹性和自由度。乌镇戏剧节依托艺术家个人影响力来招揽剧目,彻底颠覆了人们以往对于国内艺术节的印象。乌镇戏剧节,虽然地方很小,可是狂欢的氛围很好。对艺术的尊重,也体现在乌镇戏剧节的各个细节上。哪怕是没有钱买票,走在街上都可以看到很多的表演,回归了戏剧的本质。

从四面八方汇聚而来的戏剧与戏剧人挤满了已然游人如织的石板巷、枕水阁,每座剧场的灯光都亮起,甚至街角处、码头岸都上演着各自相异的故事。这绝对是不曾有过的。乌镇的剧场是在水上的,是露天的,是飞檐木梁的,是楼上楼下手巾板横飞的,是梨园旧景式的,是观众与演员可以只有半米距离的,在这里看戏的美妙观感和体验绝不仅仅来自于戏剧本身。明清风格的小镇本身就是一个舞台,有着白昼黑夜、春雨秋霜怎么也看不尽的风景。所以戏剧不光在剧场里上演,每走几步就有一场"古镇嘉年华"在进行。街头表演本是中国艺人的传统生存方式,却已匿迹多年,但在乌镇旧的又变成新的了,这不光对于演员是全新的尝试,对于观众也是十分新鲜的。一走进乌镇,就有了一种戏剧的仪式感。

2. 演出场所的多元性与专业性

乌镇投巨资兴建了由著名建筑师姚仁喜先生主持设计的乌镇大剧院，并在西栅历史街区内百年历史遗存古建筑中，由大会主席陈向宏及艺术总监赖声川主持改建的5座古典小剧场，共同组成乌镇剧场群，全方位地展现古镇魅力与艺术结合的无限想象力。宏伟的乌镇大剧院已成为乌镇最具特色的文化地标，也已被广泛称为全国最美大剧院，各具特色的小剧场每一个都有着个性和历史语言。

从壮观的乌镇大剧院、国乐剧院到舞台与观众没有距离的蚌湾剧场，再到露天的诗田广场、水剧场和令人眼花缭乱的嘉年华。在戏剧节期间，乌镇几乎每一个角落每一刻都在上演着戏剧。乌镇戏剧节一大特色就在于各个演出场所的多元性，以及专业性。在走路可到的范围内，有7个大小不一、功能不同，却同样美丽精彩的室内剧场，1个大型户外剧场，以及许多可供演出之户外广场，琳琅满目，形成全国乃至世界戏剧节中罕见的表演空间群体。

3. 最好玩的戏剧节

乌镇戏剧节把自己定位成"最好玩的戏剧节"，是乌镇有别于大多数国内文化节庆的优势所在。所以对于艺术家们来说，乌镇的美丽景致并不是唯一条件，成熟系统的乌镇旅游管理模式才是。

作为一个旅游公司，主办方文化乌镇股份有限公司是做服务业起家的，善于从客户需求角度考虑问题。几乎每一个来乌镇的人，都挺喜欢这个地方。景区里管理的有序、环境的优美、志愿者的热情、嘉年华的惊喜、满大街戏剧海报的氛围、格瓦拉购票的便利、和明星近距离的接触等细节元素，构成了一种综合的体验。对于大部分人而言，乌镇戏剧节不只是剧场看戏的那一部分，而是所有细节堆砌起来的美好感受，乌镇成了他们精神上的彼岸。

每天的夜半时分，满大街都是看完戏后需要互相倾诉的人，把酒聊戏，也是戏剧节的重要组成部分。乌镇戏剧节越来越凸显一个特点，戏剧节不是一个简单的文艺节庆，戏剧节跟小镇结合，成了一种生活方式。

当然，乌镇戏剧节依然有很多问题。交通住宿和景区门票以及高昂的戏剧节门票是一道门槛，过分前卫的作品构成，和大众戏剧审美的提升都仍是有待解决的课题。但乌镇戏剧节正朝着一个真正的、国际化的戏剧节发展。作为一个由旅游景区公司一手操办的戏剧节，实在是超出预期。与爱丁堡、阿维尼翁等历史悠久、体量庞大的戏剧节相比，乌镇还不是最好的。但乌镇的独特在于它体现出了传统与当代的冲突感，东方与西方的文化对撞，这里也许是国内最国际化的戏剧智囊团，有最能与当地气质契合的、形态各异的剧场……所有这一切，都让乌镇有了成为最好的可能。

（四）宋城演艺

宋城景区是我国目前为止规模最大的宋文化主题公园，也是国内人气最旺的主题公园。宋城于1996年5月18日开园，1997年3月29日《宋城千古情》公演，如今已是国家AAAA级景区，是国内“主题公园＋旅游文化演艺”文化产业模式最成功的实践者，称得上是中国旅游文化演艺第一品牌、中国休闲产业领军者、首批国家文化产业示范基地。

到过杭州宋城和看过《宋城千古情》演出的游客，都感觉非常激动和震撼。演出既精致又有创意，带给观众无与伦比的享受，将艺术的魅力淋漓尽致地展现出来。宋城景区的历史文化氛围和《宋城千古情》对艺术性和商业性的高度统一，将旅游演艺节目的高附加值依托于主题公园，实现“旅游＋演艺”的复式经营。宋城的模式既有延续性又有发展性，它已经作为一个模板复制到很多地方。文化先行的理念赋予了“宋城股份”足够的含金量。基于在旅游文化方面的创新及平稳高速的成长性，2010年12月，宋城股份首次公开发行A股并在创业板上市，成为“中国旅游演艺第一股”。在上市当年宋城集团纳税达3亿元，直接带动就业人口近万人。

1. 主题公园

宋城主题公园位于杭州钱塘江边、西湖风景区西南角。主题公园的建设依据宋代张择端的名画《清明上河图》，运用现实主义、浪漫主义、功能主义相结合的造园手法，共分为《清明上河图》再现区、九龙广场区、宋城广场区、仙山琼阁区以及南宋皇宫区、南宋风情苑区等部分，再现了北宋都城汴京（今河南开封）的繁华景象。景区建筑采用仿宋建筑，在景观上采用了中国传统园林艺术手法，创造了一个有层次、有韵味、有节奏、有历史深沉感的游历空间，有极强的包容性和冲击力。斗拱飞檐，车水马龙，整个景区透露出一股浓郁的古典精致的宋朝风情。在仿宋实景园区内，古街道上有比邻的特色店铺、来往的马车行人、民俗表演的艺人、叫卖的商贩摊贩等，构成景区中的活动布景，让游客穿越置身于中国宋代的市井风情和都市繁华。景区内有游客参与性、体验性极强的文化娱乐节目，如抛绣球、新春庙会、火把节、泼水节等，让游客们亲身体验浓郁的古宋风情。

2. 主题公园＋文化演艺

宋城在主题公园的基础上开发了一台全景式大型歌舞剧《宋城千古情》，该剧以

“你给我一天，我还你千年”为主旨成为主题公园的核心产品。《宋城千古情》以杭州的人文故事、神话传说、戏曲为基点，融合世界歌舞、杂技、戏曲艺术于一体，应用 LED 大屏旋转幕布、魔幻灯阵、烟雾制造、喷雾及多媒体投影等高科技手段营造如梦似幻的意境，给人以强烈的视觉震撼。让游客有身临其境的感觉，仿佛回到了千年前的宋朝。《宋城千古情》剧组坚持“每天一小改，每年一大改”，引入各种先进的展现技术，推动剧情不断优化升级。《宋城千古情》承载了人文、历史元素的铺垫，主题公园成为该歌舞剧演出最大的预演厅，游客可以进入这个氛围中，与演员进行互动，最后进入千古情剧院体会文化大餐，“主题公园＋文化演艺”完美至臻的融合模式是宋城经久不衰的核心原因。

3. 演艺谷

宋城投资 35 亿元打造“中国演艺谷”，演艺谷紧邻宋城景区，占地约 40 亩，拥有涵盖各种形态的剧院 13 个剧场，包括宋城千古情剧院、宋城大剧院、宋城艺术剧院、宋城文化剧院、宋城实验剧院等综合性剧院。其中有可容纳 4500 人的大剧场，也有七八百座的中剧场、一两百座的小剧场和影院，还包括一个千人左右的 Live House，总座位数达上万个。大到演唱会，小到实验话剧，都能在演艺谷找到合适的场地。

演艺谷以“千古情”系列演出为王牌，以话剧、音乐剧、戏曲、杂技和各类表演形式为支撑，以影视创作和电影院线为补充，增加流行音乐会、街头表演艺术秀、舞蹈舞剧演出、国际文化交流等时尚元素，每天上演经典剧目，演出季期间同时上演数十台剧目。演艺谷还将打造中国最具规模、最有影响力的戏剧节。

除了剧场群，中国演艺谷周边还有艺术工作室、个性商业、特色餐饮和 1500 间客房的千古情主题酒店配套设施——一个功能配套合理、样式五花八门的“东方百老汇”已经赫然眼前。演艺谷定期组织专业及跨界跨领域的大型活动，聚集国内外优秀演出、艺术家、演艺上下游企业，建立配套完整的产业链条，为演艺企业发展提供人才、信息、基础设施等必备要素。此外，演艺谷还将通过各种的演出、会展、节庆活动等手段搭建交流平台，成为中国文化演艺领域的高地。

四、“中国南洞·戏剧谷”的建设构思

已经在新农村建设和浙江省创意小镇建设取得显著成效的“南洞艺谷”，该如何迈向“中国南洞·戏剧谷”的升华呢？舟山本来就不是一个规模大、人口多的大城市，在一个海岛地级市的山谷小村建设“中国南洞·戏剧谷”该如何破题？爱丁堡戏剧

节、阿维尼翁戏剧节、乌镇戏剧节及宋城主题公园都取得了巨大的成功，产生了极好的社会效益和经济效益，它们对舟山建设海洋文化强市背景下打造“中国南洞·戏剧谷”有极强的提示和借鉴意义。

(一)小城市山谷小村是否是限制条件

舟山打造“中国南洞·戏剧谷”首先面临的问题是在小城市推动戏剧产业发展是否具有可行性。从上文介绍的四个案例看，爱丁堡虽然是苏格兰首府，但城市规模不大、人口不密，作为爱丁堡戏剧节的核心区更是一个面积很小的区域；同样阿维尼翁是法国南方一座人口不足 10 万的小城；乌镇是浙江嘉兴的一个旅游小镇，戏剧节在核心景区西栅举行；宋城在建设之初是个杭州主城区和西湖景区遥远，地理位置相当偏僻的不毛之地。

事实是，在小城市推动戏剧等形式的艺术产业发展，的确能够产生令人意想不到的效果。2011 年 4 月，爱丁堡艺术节总监乔纳森·米尔斯就曾向中国文化部官员建议：“慎重考虑一下小城市在艺术节中扮演的角色，它能够给小城市一种荣誉感，给艺术家新鲜感，推动政府在制定政策时多关注中小地方。”在爱丁堡戏剧节上，节日的魅力很大程度上也正是“小”成全的。不仅是城市之小，还有剧场之小、舞台之小、剧目之小、演出团体之小。

阿维尼翁戏剧节创始人维拉尔主张戏剧必须走“大众化”的道路，他之所以选择外省小城而非首都巴黎的一个重要原因便是，巴黎长期以来都是资产阶级文化的重镇，欲在那里建立大众戏剧简直是缘木求鱼。相反，阿维尼翁作为外省的代表，虽是一座历史文化名城，但那里的广大民众尤其是周边的乡村农民世代与艺术隔绝，在此创办戏剧节无疑是雪中送炭。阿维尼翁戏剧节最初只是一个七天之内上演三台戏的小型文化活动，如今已成为每年都要推出几十台各类表演节目、在将近一个月的时间内吸引来自全球几十万观众的大规模戏剧节，古城阿维尼翁已经是全球戏剧的圣地。同样，乌镇和宋城在戏剧和演艺上各自的影响力在中国国内完全称得上首屈一指。

舟山虽然是一个小城市，“南洞艺谷”也只是一个面积不大、腹地不深的山谷小村，但这并不成为打造“中国南洞·戏剧谷”的限制条件。在创意经济的时代，“南洞艺谷”完全可能借着现代戏剧的载体走向全国，走向全球。对于“南洞艺谷”来说，爱丁堡和阿维尼翁的今天是可望而不可即的，但它们宽容、多元和扎实的文化艺术基础却是任何期待在这一领域有所斩获的城市必须学习和培养的品质。在这条路上，“南洞艺谷”还有很长的路要走，很多的功课要做。

(二)要素优势：旅游目的地与游客资源

爱丁堡、阿维尼翁、乌镇和宋城都是重要的旅游目的地，这极大有助于戏剧产业的成功。爱丁堡、阿维尼翁和乌镇戏剧节在表演场景、人文资源和管理效率上都占尽优势，汇聚了多元文化要素，实现艺术、人文、旅游资源的优势互补，为戏剧节的成功注入了重要的要素优势。在戏剧节期间，这三个地方，哪里都是剧场，哪里都是舞台，哪里都在演出，在曲径通幽处、在水上游船中、在回廊缓步间、在林间空地上，戏剧是随时随地在发生，人、景、戏的天然融合成了戏剧节的一大特色。因为身处旅游景区，哪里都很美，哪里都可以利用，哪里都有人文气息，这为戏剧和演艺表演提供了天然的剧场。在宋城的主题公园内同样如此：人就是景，人就是戏，人景戏融合。

数目巨大的游客资源为这三个戏剧节和一个主题公园的成功提供了厚实的保障。在戏剧节期间，除了戏剧产业从业者和戏剧爱好者蜂拥而至外，大量的游客为戏剧节带来了人气、消费和传播；而在杭州宋城，除了直接冲着宋城而来的游客外，每年来杭州的6000多万游客为宋城提供了无限的旅游市场。

“南洞艺谷”现在已经是舟山一个比较重要的旅游目的地，改建的民居和徽派建筑群、火车广场、壁画村、农家乐、群岛美术馆、南洞水库、五雷山、健身绿道、溪坑及旧有的部队营房等构成丰富的景观资源，可以为打造“中国南洞·戏剧谷”提供基本的场景元素。舟山一年超过3000万人次的中外游客，可以为“中国南洞·戏剧谷”的文化消费和品牌传播创造市场。“南洞艺谷”需要做的是要真正挖掘市场潜力，打造全新的充满创意的戏剧市场。而艺术强大的溢出功能，对“南洞艺谷”和舟山都会产生更大的社会和经济效益，就像爱丁堡、阿维尼翁、乌镇和宋城一样，在旅游、艺术和社会经济之间迸发着强大的联动效应。

(三)“中国南洞·戏剧谷”的运营模式

“中国南洞·戏剧谷”的运营要立足舟山海洋文化强市建设，以“落地在舟山、效益在浙江、辐射在全国、影响在全球”为理念，按照“政府引导、市场运作、社会参与”的运营模式，统筹规划、整合力量、因地制宜、稳步推进。以都市话剧、现代音乐剧、现代歌舞剧、时尚戏曲、广场景观戏剧等为重点产品形态；以现代戏剧演出功能，引进国内外主力演艺机构和专业经纪机构为重点；以来到舟山的中外游客、舟山市民及长三角戏剧爱好者、都市时尚消费群体为主要服务对象；以“中国南洞 · 戏剧谷”为重要平台，着眼长远，稳步推进，精心建构“中国南洞 · 戏剧谷”，构建现代戏剧产业的聚集区，并逐步体现出其功能的辐射和联动效应，努力打造舟山文化产业新业态、文化新品牌。

1. 政府引导

成立由舟山市政府领导的“中国南洞 · 戏剧谷”管理委员会。管委会是“中国南洞 · 戏剧谷”建设项目的领导机构，负责把握项目建设的方向和规划，审定项目扶持的经费和政策，提供项目运行的引导和扶持。

2. 市场运作

主要培育两类企业主体。一是组建“中国南洞 · 戏剧谷”平台服务公司。该公司作为戏剧平台的服务商、戏剧资源的集成商和戏剧环境的营造商，在戏剧谷管委会的领导下，具体负责“中国南洞 · 戏剧谷”的项目策划、推广、宣传、运作等工作。二是组建“中国南洞 · 戏剧谷”投资管理公司，该公司主要对具有商业价值和市场潜力的作品版权、剧目、剧社、艺人进行投资，推动“中国南洞 · 戏剧谷”项目的产业化发展。

3. 社会参与

“中国南洞 · 戏剧谷”要积极凝聚社会力量，集中各方智慧，争取社会各种组织、各个群体的理解、支持和参与。同时，也要与城区、社区互动，带动当地就业，促进产业升级，优化城区环境；要与国家文化战略相衔接，提升中华文化对世界的影响力。

(四)“中国南洞 · 戏剧谷”建设要点

1. 整体规划“中国南洞 · 戏剧谷”的结构和布局

新建剧院、戏台、舞台、场景的建设和布局；改造一批社区空房、民房和旧有部队营房，建设多个特色休闲剧场，实现草根性、生态性、艺术性、趣味性和亲切感的融合；突出海岛海洋文化，规划建设海洋、海盗主题特色剧场，实现文化是灵魂，景点是载体，产业是归宿，文景业相互支撑协调发展。

利用和改造现有设施，基础设施建设和景观改造过程中植入戏剧等文化元素。加强改建项目配套力度，做好周边环境整治、配套业态布局和文化氛围营造，形成服务、消费、娱乐等功能区域。构建现代戏剧产业的集聚区，并逐步体现出其功能的辐射和联动效应，打造舟山文化产业新业态、舟山文化新品牌。

打造中国现代戏剧文化产业集聚区、中国现代戏剧产业最大的互动平台、开放式的产业园区和项目集结地，致力于打造中国戏剧演出平台、戏剧教育平台、戏剧资讯平台、戏剧创意平台和戏剧创业平台，在边建设，边开发，边梳理的过程中，赋予“中国南洞・戏剧谷”更多的产业功能和文化价值。

2. 利用中央宣传部、文化部政策优势和资源优势，集聚现代戏剧创意资源

努力引进孟京辉、赖声川、田沁鑫等一大批在国内具有重大影响力的戏剧工作室落户南洞，为“中国南洞・戏剧谷”提供源源不断的创意资源。

3. 联手国外机构

与美国百老汇，英国爱丁堡戏剧节、阿维尼翁戏剧节等国外知名戏剧组织机构建立全面战略合作伙伴关系，利用其丰富的娱乐产业管理经验，为“中国南洞・戏剧谷”的总体规划和运营发展提供咨询。在剧场设计、剧院运营管理、产业合作培训、剧目创演改变、评奖等方面开展合作。

4. 品牌推广

打造和推广“中国南洞・戏剧谷”自主品牌。设计制作“中国南洞・戏剧谷”CIS系统，开通“中国南洞・戏剧谷”官方网站、微博、微信，制作“中国南洞・戏剧谷”形象宣传片。定期举办新闻发布会、通气会，积极利用平面媒体、电视广播媒体、网络媒体、户外媒体和其他各类新媒体推广“中国南洞・戏剧谷”的品牌影响力。建立囊括海内外与现代戏剧有关的人才、产品、机构、剧场、技术等方面数据库。

5. 推出“中国南洞・戏剧谷”戏剧节

遵循国际惯例、艺术规律和市场规则，邀请国内外知名戏剧明星、剧团剧社前来演出，吸引来自国内国外的戏剧爱好者、都市时尚消费群体和旅游客人参加戏剧节观赏和狂欢活动。

6. 举办现代戏剧论坛

每年或每两年举办“现代戏剧发展国际论坛”，形成“中国南洞・戏剧谷”与政界、商界、学术界、艺术界的良好互动，扩大在国内国际的影响。

7. 打造大学生戏剧创造试验场

在寒暑假期间，组织全国大学生剧社进驻南洞并提供便利条件，进行戏剧创作、排练、演出。把“中国南洞・戏剧谷”打造成大学生戏剧创作、排练演出、“非遗”展示、艺术交流、艺术培训、互动体验、休闲度假的中国戏剧文化特色生态谷。

8. 举行戏剧颁奖盛典

主办戏剧颁奖盛典，评选年度各种优秀作品、杰出演员、最佳创作团队，把颁奖盛典打造成中国戏剧节年度热点和焦点事件。

（作者：厉春雷，史 征）

舟山市文化产业公共服务平台建设研究

文化产业是知识密集与智慧主导的战略型新兴产业，是国际社会公认的朝阳产业。国务院《关于推进文化创意和设计服务与相关产业融合发展若干意见》等相关政策的出台，强烈地传递文化产业作为支撑和引领经济结构调整、产业优化升级的重要推手的信号，为文化产业创造了良好的发展环境。舟山在创建海洋文化名城建设和文化产业大繁荣大发展的背景下，把文化产业发展提升到了一个新的高度，是加快转变经济发展方式和产业转型升级，提升综合竞争力，促进经济社会可持续发展的不二选择。到 2014 年，舟山市实现文化产业增加值突破 40 亿元，共有各类文化创意企业 1000 余家，其中规上文化创意企业共有 31 家，对外文化贸易稳步增长，2014 年文化外贸值 175 万元。文化产业显示出强劲的发展势头。但舟山市文化企业规模偏小，竞争力不强，文化产业集聚程度偏弱，产业融合与联动效应不强等方面还存在较大的问题。国内外文化产业的发展实践证明文化产业公共服务平台是加快文化产业发展的重要引擎和加速器。比如，英国于 1998 年出台的《英国创意产业路径文件》，明确提出“创意产业”的概念，并构建起完善的公共服务平台，经过十几年的发展，英国的创意产业已超过金融产业成为其新的经济增长点。2010 年伦敦政府发表的《文化大都市：市长的文化战略—2012 及其后》(*Cultural Metropolis: The Mayors Cultural Strategy 2012 and Beyond*)，就把“用数字技术打造新的文化创意平台，扩大服务的范围”作为五大举措之一。因此，搭建怎样的文化产业公共服务平台及如何运作，对促进舟山市文化产业发展具有重要作用。

一、关于文化产业公共服务平台的基本含义

目前，“平台”一词在产业界被广泛使用，但尚无统一的说法和明确的定义。一般

我们可以将构建“平台”理解为：构建一个开放性的、标准化的基础构件，而各种类型产品零部件或者服务组件，只要符合开放性连接标准，都可以装配于这一基础平台之上，为平台的用户提供他们所需的功能。产业领域中的“平台经济（Platform Economy）”，本义指借助有效的服务系统和交易空间，促使经济活动的双方和多方之间形成广泛的交易和合作增值效应，它具有双边/多边市场性、网络外部性、投资增值性、快速成长性等特征。[①] 产业公共服务平台的本质是利用产业孵化器的区域网络或全国网络来进一步发展和提高服务水平和层次的平台战略。其目的是要为进驻该产业的企业提供更多的商业机会，建设更优良的商铺环境。产业公共服务平台具有一些共同的基本要素：一是刚性环境，包括科研场所、科研设施、信息网络等；二是柔性环境，包括政策、章程、管理办法、运行机制、投入机制等；三是人力资本，以人为载体的知识、技术、管理等。

文化产业公共服务平台作为公共服务平台的一种，也开始得到国内学者们的关注。其中，程正中认为[②]，文化产业公共服务平台就是以资源共享和产业服务为核心，集聚和整合政府、企业、科研院所及高校的文化资源，运用信息、网络等现代技术，形成物质与信息服务平台，通过建立共享机制和运营管理组织，为文化产业发展提供公共便利，创造公共条件的开放、共享的服务网络、体系或设施。卢山山、杨玲提出构建产业平台可以整合社会资源，发挥产业集聚效应，有利于发挥文化创意企业市场机制作用，有利于保障文化创意企业经济效益，有利于降低文化创意企业之间的交易成本。[③] 厉无畏和王慧敏认为，通过搭建中介平台，将文化创作、文化资源、文化积累产品化，可以促进创意产业大发展、大繁荣。[④] 成思危指出要建立多层次投融资服务平台，帮助中小企业实现从创意到文化产品的转化。刘勇利对创意产业园区公共服务平台的内涵及其必要性、园区公共服务平台的构建思路、园区公共服务平台的发展现状及存在的问题，以及加快园区公共服务平台发展的对策等方面的内容在其《创意产

① 花建：《发展我国文化产业的服务平台体系：要求·重点·业态》，《同济大学学报（社会科学版）》2015 年第 6 期，第 25—32 页。

② 程正中：《北京文化创意产业公共服务平台建设问题研究》，《北方工业大学学报》2009 年第 12 期，第 5—8 页。

③ 卢山山、杨玲：《文化创意产业公共服务平台研究》，《渤海大学学报》2014 年第 4 期，第 136—139 页。

④ 厉无畏、王慧敏：《创意产业促进经济增长方式转变——机理·模式·路径》，《中国工业经济》2006 年第 11 期，第 5—13 页。

业园区公共服务平台建设方法研究》一文中进行了阐述。[①] 文化产业公共服务平台除了具有一般产业创新载体的属性以外，突出体现在集聚创新资源和提供公共服务上，同时，应具有以下几个特征：一是集聚性。集聚性要求文化产业平台建设以开放思路、市场方式，集聚和配置产业要素，使平台在该领域该区域的文化资源配置最优，创新创意能力最强，服务水平最高。二是公共性。公共性要求文化产业平台建设以市场为导向，建立文化资源、市场资源共享机制，为区域内文化企业发展及文化消费需求创造良好条件。三是开放性。开放性要求文化产业平台建设实行滚动发展机制和优胜劣汰机制，同时，要充分发挥平台拥有的基础设施、信息资源、人才优势等资源效益，允许相关企业合理有偿使用平台资源，形成自主创新合力。四是服务性。服务性要求文化产业平台建设按照“政府扶持平台，平台服务企业，企业自主创新”的原则，为企业提供技术指导与创新服务，为各级政府提供决策咨询。

二、舟山市文化产业公共服务平台建设必要性分析

(一)规避市场失灵

文化产业的自然垄断和信息不完全、不对称、外部性、公共物品性呈现常态化特征，因此，文化产业的市场失灵存在必然性与常态性。有效规避市场失灵则需要坚持政府引导和企业主导相结合，形成文化产业发展的联动机制。政府引导和企业主导是文化产业发展的两个“轮子”，只有“双轮”驱动，才能实现产业发展提速。公共服务平台为处于文化产业链两端的政府和企业提供连接的桥梁，成为产业健康快速发展不可或缺的要素。公共服务平台建设，可以提供全方位的产业服务，促进产业联动，实现舟山文化产业资源有效配置与产业的协同发展。

(二)加速产业集聚

产业集聚程度不高是我国文化产业园区的通病。公共服务平台的运作能有效盘活产业园区资源，促进产业集聚，所以要充分利用公共服务平台提供资源、技术、信息与服务，吸引大批的中小文化企业进入园区。总之，公共服务平台越完善，越能吸引更多的文化企业入驻，园区的产业聚集效应越显著，企业越能快速发展壮大，龙头企

① 刘勇利:《创意产业园区公共服务平台建设方法研究》,《现代工业经济和信息化》,2015 年第 18 期,第 74—79 页。

业便会逐步形成，龙头企业反过来支持公共服务平台建设与运行，进而承接公共服务平台的维护与运行职责，促进公共服务平台的可持续发展与自主运行。

(三)促进产业融合

产业融合是文化产业的本质特征。文化产业的内涵是文化与创意，外在形态是产业。实施“文化＋”战略，促进文化产业内部及与其他产业的融合与联动发展，推动文化产业跨行业、跨部门渗透融合，形成融合型的新业态和产业链，培育产业新的增长点，拓展特色文化产业发展空间，实现文化产业升级发展。以开放、对等、协作、共享为特征的“平台模式”将成为融合产业中最具竞争力的发展模式，企业之间各部门、各业务单元之间无缝对接，成员企业的组织边界逐渐模糊与消解，嵌入式合作成为平台成员企业之间的合作形态，企业之间的互动方式与互动频率促进产业的进一步融合发展。

(四)实现资源共享

文化产业公共服务平台是集聚和整合政府、企业、科研院所及高校的文化资源，为多元化主体提供多样化服务。“互联网＋”的出现，将互联网技术及互联网带来的模式创新与传统行业相结合，对传统的文化产业进行升级改造。“互联网＋”背景下的“平台模式”有效针对整个文创行业目前存在的痛点和问题，打通产业壁垒、整合资源，通过构建动态虚拟化的组织去推动跨地域协同创作。公共服务平台可以让大型企业释放风险，也可以为小微企业、小微工作室和自由创业者的发展创造契机。

(五)挖掘市场需求

产业的发展均以创造顾客价值、满足市场需求为中心。公共服务平台的作用在于能够敏锐地发现有关客户群的需求信息，并把这些需求信息及时、准确地反馈给平台成员企业，同时负责设计、优化平台的运行方式和组织流程，协调平台成员企业之间的行为，使平台价值网中的每个参与者都能够贴近其客户，为顾客提供快速、准确、高质量的价值需求和服务。平台成员可以借助公共服务平台来挖掘和培育核心能力，通过知识创新实现价值创新。

三、舟山市文化产业公共服务平台建设现状及存在问题分析

舟山文化产业公共服务平台建设既包括利用网络资源而创建的产业信息交流和传播等功能的线上平台，也包括线下文化产业聚集区平台功能建设。笔者在对舟山文化产业公共服务平台系统全面调研的基础上，充分结合当前舟山文化产业发展切实需要，梳理了动漫产业公共服务平台等九大在建设平台及文化产品展示平台等两大拟建平台。在九大在建设平台中，有的平台尚处于起步阶段，缺乏相应的系统规划。总体来看，由于公共文化服务平台的建设投入较大，并且具有较强的行业色彩，平台建设中的政策、配套设置建设、共享程度和配套设施建设等方面的力度不够，导致平台在总体数量、平台规模、发展方向和持续发展能力上存在一些问题。

表 1　舟山市文化产业公共平台建设现状

产业领域	平台名称	功能定位	状态
动漫业	动漫产业公共服务平台	致力于海洋原创动漫推广、动漫衍生品打造、本土动漫文创人才培养、动漫相关业务咨询等	在建
影视业	“海莱坞”影视产业服务平台	建设集影视剧本创作、影视设备租赁、影视外景拍摄、影视后期制作、拍摄接待服务、影视产品推广等为一体的海洋影视全产业链服务平台	在建
信息服务业	跨境电商文化贸易平台	为各类文化企业提供进出口代理、渠道拓展、产品展示、设备租赁、商贸咨询、版权交易等专业服务	在建
艺术品业	保税区艺术品交易平台	开展以佛教文化、海洋文化为特色的艺术品展示、拍卖、交易、保税仓储等活动，逐步建立国际艺术品交流、交易的资产化艺术品金融服务平台	在建
设计服务业	船舶工业设计平台	围绕船舶中小企业实施技术创新，实现有形和虚拟的船舶设计创新服务平台相互协调、相互支持的新体系，发挥舟山在“海上丝绸之路”建设中的战略支点作用，切实服务于舟山江海联运服务中心建设	在建
综合型	伍玖文化创意中心	搭建由入驻企业基础服务、大学生创业基地、科技项目孵化及成果转化、产业协作服务平台、创意设计服务中心、投融资平台、培训中心、创意沙龙、海洋文化创意基地等九个项目组成的创意产业公共服务平台	在建

续 表

产业领域	平台名称	功能定位	状态
综合型	科学城文化产业协同创新平台	聚焦海洋经济，培育海洋电子信息产业等战略性新兴产业，促进海洋科技研发资源集聚、海洋科技成果转化、“产城融合”，紧密构成园区产学研协同创新网络	在建
综合型	文化产品展示平台	搭建文创产品交流展示平台与舟山文化产品对外宣传窗口，促进海洋文化产品与佛教文化产品的展示与交易	拟建
综合型	文化产业孵化平台	以产业园区及创客空间等为有形载体，搭建文化产业孵化平台，为文化产业领域创业者提供政策扶持与产业引领、聚集发展与辐射带动、创业孵化与人才培训、宣传推广与交流合作、保姆式服务与数据性支撑等一站式公共服务	拟建

(一)平台建设的政策支持力度有待进一步加强

为贯彻落实《舟山市关于加快发展文化产业的实施意见》和《舟山市文化产业三年推进计划(2014—2016年)》精神，舟山市先后出台了一系列支持文化产业发展的文件和政策，但这些文件和政策多是宏观指导性的，至今没有出台具体详细的产业发展规划和公共服务平台建设规划，支持产业发展和公共服务平台建设的政策缺乏具有针对性和操作性的配套落实措施。缺少不同运营模式和类型的平台建设分类指导方案，导致平台建设总体处于初级阶段，制约了平台功能的实现。文化产业公共服务平台具有社会公益性和公共产品的性质，建设初期投入大、周期长、见效慢、收益低，政府是其建设的主要资助者与引导者。建设资金投入相对不足、配套资金投入相对分散和资金到位周期太长等问题，致使总体上平台发展规模不够充分。

(二)平台建设缺乏系统的规划与管理方案

从目前舟山市在建和拟建的九大产业平台来看，建成并启动的动漫产业公共服务平台、船舶工业设计平台、伍玖文化创意中心、科学城文化产业协同创新平台在系统规划与管理方案设计方面有待进一步深化。动漫产业公共服务平台的功能定位需要进一步精准，船舶工业设计平台的服务辐射范围需要进一步拓展至舟山全域，伍玖文化创意中心的产业孵化与产业承接需进一步提升，科学城文化产业协同创新平台在“产学研”模式需创新发展；“海莱坞”影视产业服务平台、保税区艺术品交易平台、跨境电商文化贸易平台等尚处于摸索阶段；文化产品展示平台、文化产业孵化平台也仅处于拟建阶段。文化产业公共服务平台在全市层面的总体和长期规划不够，各平台建设以及平台之间缺乏系统的规划，缺乏运作保障机制，政府指导机构的权威性不强。各类平台缺乏统一规范管理，尚未形成与平台建设相适应的专业化人才队伍和研究服务机构，平台管理能力欠缺。

（三）平台共享与利用程度有待提升

平台建设的目的就是实现文化产业资源拥有者、经营者和使用者之间的资源共享，通过平台搭建来破除连接障碍，实现资源共享，降低企业的经营成本。目前舟山市一些文化产业公共服务平台自建较多，平台资源分属于不同的利益主体，缺乏对资源共享的约束和激励机制，导致平台建设方对平台资源的垄断，资源共享程度不高。比如，以浙江彩田社动漫有限公司为核心的动漫产业公共服务平台、以浙江海缘影视有限公司为核心的"海莱坞"影视产业服务平台等，在企业自身业务与公益性服务平台建设界定模糊，缺乏与舟山市动漫、影视领域相关企业联合开发、优势互补、利益共享、风险共担的合作机制，平台功能受到制约。另一方面，在平台建成后，由于一些企业缺乏主动利用的意识，共享宣传、示范和推广力度不足，利用效率低下。行业协会为企业发展提供咨询服务的功能偏弱，行业协会在平台建设中发挥的积极作用有待进一步加强。

（四）平台建设的投入方式相对单一

舟山市各大文化产业平台投入方式相对单一，船舶工业设计平台、科学城文化产业协同创新平台等多数平台依赖政府的投入，并形成初步的平台效应。如以浙江海缘影视有限公司为核心的"海莱坞"影视产业服务平台等政府投入相对不足的平台，平台建设更多尚处于"概念阶段"，少有实质性的进展与突破。这种过度依赖政府投入的平台建设模式将不利于产业平台的长效运行。对于产业发展平台建设和运行经费的投入，加大政府的投入力度有其必要性，更要强调调整优化投入结构，多渠道、多层次筹措产业发展平台建设和运行经费，通过政府的投入，来引导、带动社会机构的多方投入。参照国外经验，与产业发展平台比较类似的许多公共研发机构，大都形成了多元化的投入体系。

（五）有效的激励和评估体系缺失

一是缺乏行之有效的监督激励机制。舟山市已有的公共平台多为某个行业建立，跨行业的综合性平台较少，且较为散乱缺乏整体性，这样在监督上存在较大的难度。政府扶持公共平台可以较好运行，企业和协会自建的平台，由于其公益性和共享性的特点，需要持续投入较高的成本，很难建设有效的激励机制，各运营单位也没有形成有效的经营管理机制，缺乏市场意识、竞争机制，从而影响了平台对外开放共享的积极性和主动性，很多平台难以持续运行。二是缺乏科学合理的评估标准。公共平台科学客观的评估与评价，不仅关系到平台的运行效率，而且能找出平台运行的不足与问题，及时推进平台建设的完善，但由于目前各界对公共服务平台的运营重视程度不够及缺乏客观定量评估，造成评估方法单一，评估标准科学性有待加强。

四、推进舟山市文化产业公共服务平台建设对策

(一)完善平台支持政策

1. 出台平台建设规划

在已出台的一系列支持文化产业发展的文件和政策基础上，研究出台具体详细的产业发展规划和公共服务平台建设规划，为整个产业的发展指明方向；研究制定富有针对性和可操作性的支持文化产业发展的政策措施，充分调动各方面力量的积极性来发展壮大文化产业。

2. 完善政策体系

研究制定有利于促进平台发展的税收优惠政策，比照享受国家扶持文化企业孵化器政策；在用地指标上，对公共服务平台建设优先考虑；努力营造良好的人才环境，加强文化创意人才、经营管理人才的培育，用完善合理的激励机制，吸引各类人才从事文化产业平台服务工作。发挥多层次资本市场的枢纽作用，引导和支持平台企业在股权众筹平台、“新三板”、上海股权交易中心的“E 板”和“N 板”等资本市场上市挂牌，为创新型企业提供综合金融服务。建立多种金融产品构成的融资体系，支持平台企业使用股权质押贷款、知识产权质押贷款、信用保险及贸易融资等创新金融产品。

3. 设立专项资金

建议在文化产业发展专项资金之外，单列文化产业发展引导资金，增强文化产业主管部门对产业发展的引导和扶持职能，支持具有示范带动作用的重大文化产业项目建设，加大对公共技术、投资融资、人才培养、展示交易、信息咨询等公共服务平台建设的支持力度。同时，进一步扩大现有文化产业发展专项资金规模，健全项目评审机制和标准，规范资金使用，加强绩效考核。采用政府购买服务、项目补贴、以奖代补等方式，鼓励和引导社会力量提供公共文化产品和服务，促进文化产业发展。

(二)理顺平台管理机制

1. 组建平台建设领导小组和工作机构

为统一协调平台建设与资源优化配置,理顺平台管理机制,建议组建由市、区(县)两级党委宣传、文化广电新闻出版、科技、教育、财政、税务、工商等相关部门的相关领导参与的产业公共服务管理平台建设联席会议,并成立平台建设工作小组。借鉴跨部门和跨企业的运作模式,定期召开会议,负责组织、协调、规划、推动舟山文化产业平台建设。工作小组隶属联席会议办公室,接受联席会议领导和管理,在联席会议的统一规划和指导下,动员市相关部门、机构和社会各方力量参与平台建设,协调平台建设工作,负责公共管理平台建设和管理的其他相关事宜。在产业平台管理决策方面,对于文化产业平台发展规划和重大文化产业项目建设,要建立民主科学的决策机制,引入专家咨询委员会制度,确保文化产业平台的定位、运营、管理等决策的科学性。

2. 构建良性高效运行的平台组织结构

文化产业公共服务平台究其本质是一个组织运行体系。根据组织学理论,组织运行主要是通过组织结构来实现的,而组织结构是使组织实现组织目标的工具。平台的组织结构一般都是由公共平台管理部门、公共平台执行部门和公共平台保障部门三方有机组成的。平台建设领导小组是公共服务平台的管理部门,属于公共服务平台的领导机构,主要负责相关文化产业政策、法规和发展规划的制定,以及协调产业内的各级组织间的矛盾等指导性工作。平台建设工作小组是公共平台执行部门,主要负责执行上级部门制定的创意产业法规和政策,具体实施文化产业的相关规划,属于公共服务平台的执行机构。公共平台保障部门主要由创意产业有关的其他部门组成,包括司法部门、政府科技部门以及各类非公共组织,为公共平台管理部门、公共平台执行部门的运行提供机制保障。这种直线结构组织形式,结构简单,保障有力。

(三)建设平台运营机制

1. 依托园区的平台运营模式

平台建设的初期由园区牵头比较容易集中各种资源,争取到更多的财政资金与政策支持,有利于平台的快速建设。平台建设成熟、运行基本稳定后,还是应该交由龙头企业去运行和维护,由园区向龙头企业转移,实现起来比较容易。依托园区建设公共服务平台,能够使平台为更多的有需要的企业服务,才能充分发挥出公共服务平台的效能。文化产业园区立足自身资源，尽可能利用好园区已有的企业技术中心、工程技术研究中心、重点实验室等资源；调动区域资源主要是指调动区域内的高校、科研院所、行业协会等资源，如科研中介平台、设备共享平台等；争取上位资源，就是要将园区公共服务平台纳入所市级层面，从而作为辐射更广范围的公共服务平台，争取上级政府的资金和政策支持。

2. 虚实结合的平台运营模式

从目前平台组织运营形式来看，大致可以分为两种基本模式："虚拟组织"运营模式和"实体组织"运营模式。平台的虚拟组织模式，主要是指平台在保留各创建单位的核心专长和相应功能的前提下，以产业项目与产业服务为纽带，通过资源整合和共享，形成动态联盟网络。它是一种超越空间限制的、开放的、动态的组织结构，能在更大范围内整合资源，但平台各共建单位之间的协调比较困难。采取"虚拟联合，实体运行"策略扬长避短，即强调各共建单位在按照契约联合的基础上，借鉴实体组织运行的基本特点和运行管理方式，建立起负责平台建设发展的决策机构和负责日常运营的组织实施机构。"实体组织"模式则完全是建立在产权关系基础上的，具有明晰的产权结构，高度市场化的组织运行模式。实体组织模式能实现较高的资源配置效率，具有较强自我发展能力，但相对不够灵活，难以最大限度整合区域内优质产业资源。制定"实体联合，虚拟运行"策略扬长避短，即不断加大平台的开放性，以虚拟的方式来组织、整合相关的产业资源。

(四)推进平台多元化运作

1. 平台构建参与主体多元化

文化产业公共服务平台体系的构建参与主体应该多元化。政府在其中发挥的作用或扮演的角色要灵活，这样才能提高平台构建和运行的效率。而且不同的平台应该依托特定的主体来建设，从而充分发挥这些主体资源和能力的优势，同时也能够减轻政府的财政压力。这些主体主要有高校和创意机构、园区管理机构、政府相关部门、创意龙头企业、行业协会组织和国外相关机构等。针对每一种类型平台，在政府引导和上述有关主体的参与下，恰当地引入有经验的运营机构实现市场化运作，整个平台的建设就能够发挥出各方的优势。产业平台吸引力决定了平台参与主体的多元化程度。产业平台的吸引力越大，产业平台化程度越高，相关用户与补足者越多，平台参与主体就越多元。提升产业平台吸引力，应该在产业平台建设的基石、架构与接口三个层面发力。[①] 基石是平台的支点，是文化产业中的核心资源、技术、设计与能力等，在平台中处于不可或缺的地位。依托基石搭建好平台基本架构，不仅可以成为诸多补足品对接的基础，而且能够高效解决特定的产业痛点，明确为特定的参与者创造出特定的价值。精心设计接口，力求接口标准化，让可能的参与者便利地对接平台。产业平台的吸引力表明该平台有可能发展，而产业平台发展的潜力取决于平台群体的参与深度与广度。相关群体参与平台的深度是指产业群体利用平台的数量、频度与强度，平台群体的参与深度决定了产业平台的规模经济效应。相关群体参与广度是指平台补足者类型多寡，平台相关群体参与的广度决定了产业平台的范围经济效应。从平台需求方来说，规模经济与范围经济效应构成网络经济效应。

2. 平台构建组织实施方式多元化

文化产业公共服务平台的构建一般通过项目立项组织实施，主要采取定向组织、申报评审和公开招标等方式。定向组织主要根据产业发展需求，对不具备竞争条件的平台项目，组织相关单位制订具体实施方案，经考察及专家论证立项建设。申报评审是申报单位通过提交项目申请书，由政府部门和相关专家进行评审和可行性论证，经相关部门审批通过后，签订项目合同，准予项目建设。公开招标一般需要组织专家咨询，确定具备招标条件的平台项目，按照招投标程序向全社会公布，并确定中标对象，经现场考察及同行专家论证可行性研究方案后，立项建设。文化产品展示平台、文化产业孵化平台等公共性兼营利性的公共服务平台，一般是通过政府资金引导，吸引社会资本参与建设。从鼓励社会资本参与的角度看，申报评审这一组织实施模式给予了主要参建方更大的自由度，从而提高其积极性。对于舟山船舶工业设计平台、动漫产业公共服务平台等投资大、风险高、专业性强的公共服务平台主要依托于龙头企业或几个大型企业构建。由于这一平台项目不具备竞争条件，所以采用定向组织会提高建设效率。对于科学城文化产业协同创新平台等政府或非营利组织投资公益性强的公共服务平台，应采用招投标的方式，公平地选择合适的参建主体，同时提高资金的使用效率和效果。

3. 平台建设模式多样化

公共服务平台建设模式可以不拘一格。从实践来看，主要存在四种模式，分别为政府自建模式、园区自建模式、企业自建模式和共建共享模式。政府机构利用财政拨

---

① 钱平凡、温琳：《产业平台是产业共同发展与竞争的新利器》，《中国经济时报》2014 年 4 月 4 日第 5 版。

款直接参与公共服务平台的构建，称政府自建模式。该模式能够很好地保障平台的公益性，同时也有利于保障平台的顺利运营。平台建设完成后，可由政府下属相关机构自主运营，抑或委托专业化的运营公司进行管理。舟山文化产业展示平台、文化产业孵化平台等可以尝试此模式。文化产业园区开发公司负责筹资和建设公共服务平台是为园区自建模式。该模式一般适用于产业集聚度较高的园区，且由于大量同类企业的积聚产生诸多共性的服务需求，比如伍玖文化创意中心、"海莱坞"影视产业服务平台等。企业自行投资和建设公共服务平台，以及将公共服务平台委托给第三方企业建设和运营，统称为企业自建模式。采取企业自建模式构建公共服务平台，在公益性上有所缺失，但是在客观上确实能部分发挥公共服务的作用，如跨境电商文化贸易平台、保税区艺术品交易平台等。共建共享模式对于一些投资数额大、技术要求强的公共服务平台，需要加强政府与社会资本合作(PPP)，需要政府、园区、企业、研究机构等多方参与建设，再共同运营。它一方面可以多方筹措资金，另一方面也可以实现多方合作，便于整合优质资源，实现平台建设的高效率、低成本、快服务。

(五)健全评估监督体系

1. 构建平台绩效评价体系

文化产业公共服务平台评价体系不仅要用以测度平台内部的管理绩效，更要全方位评价平台的建设及运行状况。选择合适的评价指标体系，科学、客观地评价文化产业公共服务平台的绩效，是监测和促进平台有效运行的关键。平台运行环境决定平台可调用资源，而资源供给能力直接决定着平台服务的总体水平。依据这种逻辑关系，可以从平台运行环境、平台资源投入、产业中介服务和相关利益主体满意度等四方面系统设计评价体系。因文化产业公共服务平台绩效评价涉及不同层面的多个主体，在构建文化产业公共服务平台绩效评价模块后，可根据不同主体及实际考核等的需要，对其中的某个子模块进行单独的绩效评价，也可重新组合各子模块，构建兼顾宏观(国家、政府等)、中观(地区、行业)、微观(企业、个人)三个不同层面的文化产业公共服务平台绩效评价体系，并运用经济效益和社会效益双重指标对平台运营机构进行考核。①

2. 完善平台激励监督体系

一方面要完善平台企业内部激励机制，鼓励经营者大胆进行技术创新、管理创新，

---

① 吴成颂、吕娟、范恒冬：《研发公共服务平台绩效评价体系》，《技术经济》2012 年第 3 期，第 38—42 页。

形成良好的氛围；另一方面政府要设置平台专项创新资金，为平台参与企业在技术研发等方面提供资金支持。同时还要建立信息反馈机制，完善技术创新交流机制，促进企业、院校、研发中心的联动，最大限度地实现对平台资源的占有、利用及对产出的转化。

(六)重视平台可持续发展

1. 从产业链视角规划后续平台建设

根据现在的产业平台基础及文化产业发展总体规划的定位需要，舟山文化产业平台建设初期在重点建设九大平台的同时，需要对文化产业的价值链进行系统思考，并积极规划创意开发平台、信息服务平台、知识产权保护平台、投融资服务平台等贯穿产业链的公共服务平台。文化企业融资时遇到的可供抵押的实物少、无形资产评估难、抵押变现难、抵押担保信用程度低等问题长期制约中小文化企业的发展。因此，要加快文化产业发展，促进文化产业与金融的对接，建立文化产业与金融战略合作机制并搭建投融资公共服务平台，为舟山市文化企业特别是中小文化企业提供便捷高效的金融服务和政策支持；依托"淘文化网"、普陀数字文化馆、海洋数字图书馆等线上平台，创新"互联网＋文化产品"的新模式，拓展社会资本参与公共文化服务的路径和渠道，规划建设舟山文化产业信息服务平台。

2. 从横向和纵向两个维度推进平台发展

平台的健康、可持续发展需要从横向和纵向两个维度来推进。横向维度是指平台创建、平台管理和平台运行等三个平台构建主要环节。

纵向维度是从时间和进度上讲平台构建的不同阶段，主要包括规划启动阶段、全面推进阶段和巩固提升阶段。在不同阶段上平台要完成的任务是不同的，后一个阶段都是在前一个阶段的基础之上不断推进和完善平台的构建工作。[①]

表 2　推进平台建设的纵向难度

	创建	管理	运行
规划启动阶段	制定和完善平台建设总体规划，出台平台构建的管理办法，平台基础设施与核心资源基本形成	试点平台外部管理和内部组织结构搭建，岗位职责确定，人才到位，管理制度制定，管理机制形成等	服务机构的加盟，各种服务的协同，利益协调机制的确立，绩效评价机制的建立，运行机制初步形成等

① 赵继新、楚江江：《北京文化创意产业公共服务平台构建研究》，《北方工业大学学报》，2011 年第 6 期，第 2—7 页。

续 表

	创建	管理	运行
全面推进阶段	初步建成创意产业链全支持模式的公共服务平台体系，较完善的网上和网下服务系统，知识产权保护等法律法规不断完备等	提升和完善上一阶段管理环节中各项内容，不断完善平台的产权制度，引入优胜劣汰的平台考评机制，建立动态的人员流动和合作机制等	完善上一阶段运行环节中的内容，实行多样化的业务运作方式，建立明确的成果收益分享机制、经费投入机制和服务创新机制等
巩固提升阶段	根据社会经济环境、产业生命周期、企业需求的变化，建立平台体系的动态调整机制，形成完善的政府引导社会参与的构建模式等	注重平台组织变革提升管理效率，加大平台服务人才的激励措施，形成平台独特的服务文化，构建平台可持续发展的能力等	深度挖掘服务内容和质量，服务流程再造提高服务效率，人性化管理会员，不断运用信息化的最新成果提升服务运行的效果等

（作者：邹立清，史　征）

舟山文化产业发展的金融支持策略研究

进入21世纪以来,文化、经济的一体化可持续发展已经成为现代社会的发展趋势。文化产业资源消耗低、环境污染少、科技含量高的特点,成为我国经济社会发展的一个极具潜力、备受瞩目的新兴产业。在舟山,近几年来政府陆续出台多项扶持文化产业发展的政策,文化产业获得了前所未有的蓬勃发展。随着文化产业的产值不断增加、业态日渐丰满,融资问题日益成为舟山文化产业进一步发展壮大的制约因素。如何加大文化产业与金融业的对接与融合,推进舟山经济文化的转型升级,成了当前需要重点研究的问题。

一、舟山文化产业发展现状

(一)发展基础良好,资源和政策综合优势明显

舟山文化产业发展虽然基础比较薄弱,但是在市委、市政府及各级部门重视支持下,在业界人士的共同努力下,如今已经有了良好的发展面貌。舟山人文底蕴深厚,山海资源丰富,环境生态优势全国领先,丰富的人文资源和优越的海岛生态为舟山文化产业发展提供了载体和空间。国家级新区建设为文化产业发展带来了春风,在政策的大力支持下,文化资源得到了产业化的有效激活,新业态文化企业开始起步。舟山文化产业的各个领域不断夯实产业基础,呈现出远大的发展前景。舟山市政府每年斥资1000万元作为文化产业发展专项资金,大大推动了舟山中小文化企业的生长发展。资源和政策的综合优势,为舟山文化产业发展打下了厚实的基础,也利于舟山文化产业的质量提升和业态延伸。

(二)特色产业突出,总量稳步增长

在过去的几年里,舟山文化产业一直保持平稳增长,文化产业总量不断扩大,占GDP比重逐步提升,2014年占比突破4%。到2014年,全市实现文化产业增加值突破40亿元,共有各类文化企业1000余家,其中规上文化企业共有31家。佛教文化产业和海洋文化产业是舟山文化产业的两大优势产业,在这两个优势产业辐射带动下,舟山文化产业增加值未来几年将会得到持续提升,预计在"十三五"期间文化产业增加值占GDP的比重将超过5%,成为舟山国民经济支柱产业。

(三)融资能力缺乏,后续发展面临资金缺口

文化企业的资源配置、产业化结构升级等必须依靠大量的资本投入及不断的科学技术创新,从研发到投入,每一个环节都离不开大量资金的支持。但是囿于文化企业整体的固有特性,舟山的文化企业普遍缺乏融资能力。更为严峻的是,舟山的文化企业普遍规模偏小,产品科技含量低,创新设计能力弱,因而吸引金融机构及民间资金的投融资能力不强。很多有市场潜力的非物质文化遗产项目的产业化都因为缺少资金和现代化辅助加工技术,只能停留在小规模、作坊化生产的阶段。比如岑氏木船、舟山贝雕等各类传统非物质文化遗产项目的产业化亟须大量的资金支持。另一方面,文化企业资金的周转时间比较长,因而文化企业资金需求量越来越多。

不仅企业发展需要解决资金问题,而且舟山政府主导的一批重点项目无不需要大量的资金投入,如观音文化园、南洞艺谷、伍玖文化产业园二期工程、海洋科学城文化创意产业园区、舟山传媒创意中心、舟山城市文化会客厅、影视产业服务基地、岱山东沙古镇、嵊泗东海渔村等重大项目,既是体现舟山文化产业特色的主体,又引领舟山未来文化产业的发展方向,这些项目的建设迫切需要解决融资问题。

二、舟山文化产业发展的融资困境解析

从舟山金融市场的实际情况来看,单就金融行业对文化产业的信贷扶持,"认识不到位、行业不熟悉、服务手段滞后、投入数额偏小"等问题制约着金融对文化产业的支持。对文化产业的贷款扶持力度偏小,有些银行基本没有,即便有少量放贷行为,采取的也大多是通用的放贷标准体系,没有体现出文化产业自身所具有独特的不同于别的行业与产业的特点。因此,在采用同一套放贷标准模式的情况下,文化企业所

获得信用评价偏低，得到的信贷额度与次数均很小，基本可以忽略不计。

(一)文化企业资金需求的特性

文化产业的企业普遍具有高风险性、投资周期长、未来收益不确定性等特点，使得银行等金融机构不大愿意给文化产业的企业提供资金支持。这个问题在舟山文化产业发展格局中越来越凸显出来。文化企业有不同于传统企业的属性特点，它们对资金的需求也有自己的特性。

文化产业发展对资金的需求一般发生在文化产业发展的初期和中期。在发展初期阶段，文化企业开展文化项目建设所需筹备的设备、场地、人力等要素对资金需求量较大，从技术创新、研发、开发、市场投入、运营等一系列内容都需要资金的支持。而且文化项目的预算很难把握，经常会产生追加资金的需求。文化项目评估的不确定性和高风险性，会抑制金融机构对文化产业资金支持的意愿。

在文化产业发展的中期阶段，在文化企业研制的相关产品和服务开发成功或阶段性成功后，需要借助市场媒介的力量对产品和服务进行有效宣传和推广，这时往往资金需求量也较大。文化企业在发展中期扩大规模、培育特色产品、创新技术、再生产等同样需要大量的资金。

当文化产品和服务得到市场的广泛认可和接受时，那时就会产生强大的品牌效应，文化产业高回报的经济属性就会展现无遗，产品链条会不断延伸，业态不断创新，所以金融业对文化产业发展初期的培育和中期的支持非常重要。对于舟山的文化产业来说，很多文化企业发展和文化项目建设恰恰处于上述所说的发展初中期，资金正是最需解决的制约性资源。

(二)舟山文化产业融资困难的多重因素

金融作为舟山经济体系的血液，对文化产业的资金扶持力度不够，造成了文化产业的贫血。但是造成这一现状的原因不能用金融机构简单的一个“惜贷”概之，舟山文化产业的融资困境需要具体情况具体分析：

第一，文化企业规模小、实力弱。多数舟山文化企业的资产规模较小，难以满足银行对贷款发放的抵押要求，同时不管是银行还是社会中介机构，对知识产权等无形资产的评估质押仍很欠缺。虽然文化产业极具潜力，但因为文化产业的资产更多集聚在人才、无形资产等方面，所以在获得信贷时，常常没有合适的抵押物，难以获得贷款或只能获得小额贷款。尽管多数文化产业进行信贷一般是通过质押类贷款，但是对质押类贷款无形资产评价确实是一个新课题和难题，随之而来的是对文化类企业信用等级的评价以及如何做动态调整。

第二，文化企业经营管理水平不够。舟山文化企业多数为民营中小型企业，比较缺乏规范的公司治理结构，财务制度也时常不健全，经营管理信息透明度不高，信用程度较低，很多文化企业的生存能力常常不被外界看好。

第三，文化产品和服务估值困难。个性化色彩很浓的文化产品或服务可能取得多少的市场份额是难以精确计算的，只能做到一定范围的估算，而这种特质是因为文化体验的偶然因素很多。文化企业的折旧迥异于传统产业，在传统的财务报表中，有形资产中的固定资产往往需要折旧处理，但文化产品资产往往呈现出逐年增值趋势，这点在艺术品、版权等方面尤其凸显。

第四，文化企业的固定特性。文化产业领域的项目投资周期较长，风险较难预测和控制，收益具有不确定性。虽然很多别的行业都有这个特性，但文化企业这方面表现得更突出一些，文化企业这些信贷风险薄弱点使得商业银行不太愿意对该类企业开展信贷，给予资金支持。

三、金融支持舟山文化产业发展的意义

2010 年 4 月 8 日，中宣部、中国人民银行、财政部、文化部、广电总局、新闻出版总署、银监会、证监会和保监会联合发布了《关于金融支持文化产业振兴和发展繁荣的指导意见》(以下简称《意见》)，这是我国金融支持文化产业发展的第一个重大政策。《意见》中明确指出金融机构要结合文化企业的特点，创新金融产品和服务。十八大以后，国家接连颁布了一系列支持地方文化产业发展的政策措施，文化产业的发展已经提升到国家发展的战略高度。“金融+文化产业”的发展模式已经开始在全国广泛探索与试行。但是总体来说，我国金融业的金融服务并不健全和完善，文化产业的改革与发展各地参差不齐，所以我国金融业与地方文化产业发展的融合不够，支持力度不足。

具体在舟山市内，由于文化产业的总体规模不大、企业规模偏小，文化产业与金融业的衔接、融合非常薄弱。在这样的现实基础上，提出金融对舟山文化产业的支持策略研究兼具现实性和战略性意义。当我们强调促进舟山文化产业发展的时候，加强文化产业发展的金融支持，不管是对于促进金融市场的健康健全还是对于文化市场的繁荣昌盛来说都是势在必行的。

(一)金融支持对舟山文化产业发展的重要性

保证资金的充裕是文化产业发展的活力源泉,因此拓宽文化企业的融资渠道是保持企业健康发展的必然要求。文化产业虽然能够实现高效益,但是在发展的中前期却是面临高风险、难收益、缺乏金融机构认可的抵押担保品等特点,导致文化企业的前期培育发展比传统企业难度要大。现代金融服务业目的是促进资金的融通和发展,期待金融业在文化产业的资源优化配置,解决文化产业发展的融资难问题,就要依靠"文化+金融"的发展模式,实现金融支持文化产业发展的最大价值。

文化产业高投入、高产出的属性,决定了解决文化产业发展的投融资问题,是做大做强舟山文化产业以及促进舟山经济转型发展的关键。促进多种渠道的资金融通,为文化产业发展提供有效的资金保障,也是舟山建设海洋文化强市的战略性举措。

目前,舟山文化产业的规模不大,产值占 GDP 的比重还不到 5%,企业个体规模较小、融资能力弱。企业目前主要的融资方式是依靠地方政府的政策性补贴,在资本市场上市直接融资,通过银行或非银行类金融机构进行信贷融资,通过外资或民间融资机构的融资形式几乎都没有出现。

因此,在舟山"十三五"及以后的发展道路上,金融与文化要相互结合,抓住舟山经济快速发展的有利时机,改善金融服务,拓宽融资渠道等措施,加大舟山文化产业发展的金融支持力度。舟山文化产业的发展迫切需要构建一套符合实际情况的文化产业发展金融支持体系,以解决文化产业中融资难的问题。

(二)舟山文化产业发展能够推动本地金融市场的创新

从舟山金融机构的角度看,银行系统没有对文化产业发展提出完善的支持规划体系,也没有大范围为文化产业创新金融产品。正是由于文化产业自身的行业特点以及金融服务体系在文化产业支持方面的不健全,影响了文化企业发展规模和经济效益。因此,找到适合舟山文化产业的融资模式是文化产业发展中亟须解决的问题,文化产业如果发展良好、利润丰厚,可以引导金融市场的资金流向文化产业,从而创造更大的回报。而文化产业越是发展就越需要更多的融资渠道、金融支持机构及投资主体,这就会迫使金融市场不断创新、改革,发挥作用,创造更多的适合文化产业发展的金融工具和金融制度。文化产业中的产出规模决定了金融市场的投入规模。反过来,金融市场的发展也会制约文化产业发展程度,如果金融发展比较落后,会阻碍文化产业融资，从而抑制其发展。文化产业的落后又将反作用于金融市场，影响金融市场的经济效益。在舟山，文化产业的资源是极其丰富的，相对来说资金却是稀缺要素，舟山文化产业对资金的大量需求就要依托舟山的金融市场来实现。只要舟山金融市场发展良好，金融支持完善，那就能为舟山文化产业的快速发展保驾护航，最终实现良好的综合效益。

(三)舟山港综合保税区艺术品交易需要舟山金融制度创新

舟山港综合保税区已经开始艺术品的展示、拍卖等多种形式的市场运作，舟山探索综合、规范的艺术市场机制与成熟的市场运作理念，将会带动艺术品评估与金融服务等相关产业发展，最终促进本地经济质量的提升与文化产业的转型升级。如今舟山港综合保税区艺术品交易市场已经在各方面的酝酿之中。围绕艺术品市场，舟山的金融市场也必将发生结构性变化。艺术品投资基金、艺术品证券化、艺术品信托、艺术品保险等艺术品金融服务业态会彻底改变舟山的金融格局。届时各类艺术品金融服务业态会层出不穷，为艺术品投资提供正规的金融服务，提高投资者及机构资金营运的能力和需求。很多民间资本也会投向艺术金融机构，这将大大拓宽艺术品投资和流通渠道，以增强艺术品的流动性和变现能力。保税区“文化保税”是舟山未来文化产业发展的一大亮点，围绕着“文化保税”舟山金融市场的制度创新有大量的课题需要研究。

四、舟山文化产业发展的金融支持策略

舟山文化产业的发展，融资问题必须要得到解决，需要创新构建集金融政策支撑体系、金融组织支撑模式为一体的适应性金融服务体系，督促和引导商业银行等金融机构对中小文化企业的金融支持，鼓励商业银行等金融机构开发适应文化产业的金融产品。同时要充分把握文化产业发展前景和风险状况，改进金融服务，建立多元化的融资渠道，创新金融工具，建立文化产业政府、市场、民间投资相互关联、促进的格局。

(一)开发新型金融产品，开展知识产权质押贷款

商业银行建立完善的无形资产评估体系，评估文化企业的知识产权，为文化企业利用知识产权进行质押创造条件，为文化产业提供新的融资服务。由知识产权评估

部门评审申请知识产权质押贷款的文化企业的信用状况、知识产权的价值和风险等，并出具评估报告。商业银行依据评估报告进行核实和审批，决定是否放款及放款的额度。由商业银行对申请贷款的文化企业及担保企业开展风险状况、盈利能力、信用状况等评估，决定利率及期限等贷款的相应条件。

(二)创新文化企业信贷评级制度，创新银行支持文化产业的融资方式

商业银行设计文化企业的评价指标和模型，确定评级要素，开发授信风险评估工具，根据文化企业特点，科学评估文化企业的资产结构、经营模式和盈利能力等信息，评价企业经营的风险程度和市场价值。同时商业银行构建文化企业的贷款审核、批准模式，进行贷款项目的跟踪服务与监督，记录和报告文化企业资金的运用、项目的开展进度等信息，严格监控项目贷款资金。创新商业银行的贷款方式，对于资金需求量大的或具有一定信贷风险的文化企业，可以采取商业银行合作放款的方式，有效降低单个金融机构的信贷风险。

(三)建立无形资产价值评估体系，缓解文化企业的贷款难度

目前舟山市区内的商业银行普遍实行以抵押和质押贷款为基本的信贷方式，但是文化产品和文化服务的评估体系很难建立，文化产品和文化服务主要是无形资产几乎没法成为抵押物和质押物。因此，迫切需要建立文化产品、文化服务和知识产权等无形资产的价值评估体系，构建文化产业版权、专利权等无形资产的评估、质押、流转体系，为文化企业进行无形资产的抵押和质押创造条件，最终使文化企业的无形资产能够作为抵押物和质押物，缓解文化企业的贷款难度。

(四)完善文化产业融资中介服务，开展文化资产融资担保

加快建设文化企业的融资中介机构，引导鼓励企业或专业协会类民间组织集资联合建立商业性担保公司、互助担保基金，依法开展各类互助性融资担保。贯彻落实对文化企业担保机构的各项鼓励政策，符合条件的信用担保机构适当考虑免征营业税，对文化企业信用担保采取奖励补偿机制；发展不动产和动产抵押质押，探索开办商标专用权、专利权、著作权等知识产权多种形式的抵押质押及保证担保；通过政府采购、税收优惠、财政贴息、发展基金、风险补偿等手段，降低金融机构的交易成本和风险控制，加快建设信用担保、产权交易等中介服务体系。

(五)设立文化产业投资基金,构建多元化融资格局

文化产业投资基金主要的服务对象为初创期的中小文化产业企业,通过多种渠道募集资金,并构建完善的资金管理制度,为文化产业提供融资服务,降低融资风险。文化产业投资基金投资文化企业的项目经营,同时还监督企业的经营管理,对企业的经营能力、财务状况、发展战略等全面跟踪考察,保证基金的妥善、合理、科学使用,保证良好的投资效果。加快建立政府主导、社会主体的文化产业投融资机制,拓宽投融资渠道,鼓励社会资本投资文化产业。鼓励具有发债资质的文化企业利用债券、票据等金融工具进行融资。对发展速度快、前景好的文化企业提供上市优惠政策,争取3—5年内有1—2家龙头企业在“新三板”上市,为舟山文化企业的发展树立标杆。支持文化企业通过上市公司收购、兼并、托管、资产或股权置换等资本运作方式进行融资。

(六)推进保险业服务文化产业,开发新型保险产品

根据文化产业特点和需求,针对不同的文化产业领域,开发专门的保险产品,提供创新的保险服务。设立知识产权保险、文化项目完工保险等新型险种,化解文化产业项目运作风险。发挥保险的资金融通功能,提供保险与信贷、基金、信托等金融工具相结合的组合金融服务,鼓励保险业对文化产业债券、基金进行投资,开发信用保险的新产品、新形式。

(作者:史　征,厉春雷)

舟山以文化创意为支点，撬动文化旅游产业发展

产业融合作为一种经济现象，是指为了适应产业增长而发生的产业边界的收缩或消失。近年来，随着文化与旅游融合步伐的加快，文化旅游呈现出前所未有的生机与活力。促进文化旅游产业融合发展是转变经济社会发展方式、加快科学发展的重要途径。海洋旅游业是海洋产业群重要组成部分之一，在世界范围内得到普遍重视和迅速发展，已经成为国际旅游的主流，舟山抓住了海洋产业发展的大好机遇，以特色海洋文化为基础，着力于文化创意产业与旅游业的发展。

一、文化创意产业与旅游业发展的关系

文化是旅游的核心价值，旅游是文化的外在表现，只有两者紧密结合，互通互补才能赢得更广的市场，才能创造更大的价值。从一定意义上说，缺乏文化内涵的旅游是没有灵魂的旅游，缺乏文化品位的旅游产品是很难有吸引力和生命力的。从另一个方面来说，旅游是实现文化教化功能与娱乐功能的载体，是挖掘文化、优化文化、丰富文化和保护文化的途径，文化通过旅游载体实现文化软实力的价值。

文化创意产业是一种以思想、理念、知识、信息、文化等为核心的价值链高端产业，新经济时代下的人们不再担心物质匮乏，而更关心精神“空虚”，或者说他们更需要精神上的满足和新奇的娱乐享受。这无疑使文化创意产品对旅游者产生了无限的吸引力。文化创意产业与旅游业紧密相连。文化创意产业是在以人的创造力对既有文化进行创新和突破的基础上，依托差异文化对经济发展进行支持与推动的理念、思潮和经济活动，具有高知识性、高附加值、强融合性等特征。它与旅游业有着非常紧密的联系，如艺术与古玩艺术品、工艺、表演等本身就是旅游吸引物，可以说，文化创意产业的发展是文化传承的重要手段和方式，各地的传统文化如民俗仪式、食品、服

饰等通过文化创意产业的发展进入延续，并进入旅游市场，成为旅游市场的重要要素。同时，文化创意的理念渗透到了旅游产品的开发、旅游景区的设计等方面，开拓了旅游业发展的新思路，一批优秀的旅游产品和旅游景区通过文化创意产业的推进也被广大旅客接受、喜欢和向往，如横店影视基地就是将影视与旅游有机融合，创造性地提出了“影视＋旅游”的发展模式，大获成功。因此，旅游业与文化创意产业融合发展是必由之路已被社会高度认同。近几年，文化创意产业在飞速发展的同时，也为旅游业的发展开拓了新的空间。作为世界支柱产业之一的现代旅游业发展到一个新的阶段，传统旅游方式已不能满足旅游者的需求，旅游者更加注重的是文化、精神和心理等方面的需求。为人们提供具备知识性、艺术性和趣味性的体验消费，成为现代旅游业发展的方向。旅游产业只有适应这种市场大势，走文化创意融合发展之路，深度挖掘文化内涵，创新特色文化产品，增强文化竞争力，才能求得生存和可持续发展。

二、舟山旅游业发展的基本情况

21 世纪是海洋经济时代，据世界旅游组织统计：2008 年滨海旅游业收入占全球旅游业总收入的 1/2，比 10 年前增加了 3 倍；全世界 40 大旅游目的地中有 37 个是沿海国家或地区，这些国家的旅游总收入占全球旅游总收入的 80%。以美国为例，大约每年有 3000 万人到海滨游泳，1100 万人参与娱乐性海钓，4400 万人参加航海或驾驶游艇的运动，海洋旅游收入达 250 亿—300 亿美元，占全国旅游收入的 48%—50%；日本有 2.8 万公顷海上娱乐场所，每年约 4000 万人次参与娱乐性海钓；在西班牙海滨地区，以“空气、阳光、海水”为资源的旅游业解决了 70%的人口就业问题。海洋旅游经济已成为世界范围内最富生机与活力的经济领域。[3]

舟山群岛新区是继上海浦东新区、天津滨海新区和重庆两江新区后的又一个国家级新区，也是中国首个以海洋经济为主题的国家战略层面功能区。设立舟山群岛新区，是国家从战略高度做出的一项重大决策，有利于提升舟山整体海洋经济发展水平和国际竞争力、影响力，从而为舟山旅游提供一个重大发展平台和机遇。先行先试和体制机制创新，科学、全面、有序地推进海洋海岛旅游资源的综合开发管理，使舟山成为我国科学管理、开发、保护海岛和海洋，促进海岛地区旅游科学发展的示范区。

近年来，舟山全面整合海洋旅游资源，立足改革创新，在深化旅游管理体制机制改革，开发海洋旅游新业态新产品，创建海洋旅游服务标准化体系，创新旅游品牌营销模式，促进海洋生态文明旅游，实施更加开放的产业政策等方面先行先试，重点突破，有序推进，努力把舟山群岛打造成为我国海洋旅游的示范基地、浙江旅游经济发展的重要引擎、浙江海洋经济发展战略的重要支撑，建设成为国际著名的佛教旅游胜地、全国知名的群岛型海洋型休闲旅游目的地。

表 1　舟山八大旅游精品品牌项目

品牌项目	建设内容
大众海钓游项目	建设了一批海钓基地，泗礁岛、白沙岛、朱家尖岛、桃花岛、秀山岛等一期钓场建设已经成功举办了国际海钓精英赛
海鲜美食游项目	推进"中国海鲜之都"品牌建设，举办了海鲜美食文化节、海鲜大餐争霸赛、海鲜美食论坛等活动，沈家门海鲜夜排档获得了"中华美食名街"称号
度假会展游项目	建设嵊泗南长涂和基湖沙滩、朱家尖东沙、秀山等度假区，基本建成朱家尖大青山国家公园、大平岗体育公园，策划和实施了"渔""船""佛"三大专业博览会
海洋文化游项目	推出了《印象·普陀》《东海谣》《东海水·渔家人》和岱山祭海、渔港秀等文化旅游项目，建设了一批文化主题岛屿
群岛海上游项目	推出了对台邮轮直航旅游产品，开发了"短""精""特"的群岛环游线路；推进朱家尖蓝堡国际游艇俱乐部、凤凰岛游艇基地建设，带动了游艇制造业发展
岛村渔家游项目	积极开发具有"石墙青瓦"等典型海岛特征及浓郁渔村特色的民宅群或村落，建设渔家精舍，规范渔家乐经营
禅修体验游项目	依托普陀山佛教文化，精心打造禅修体验旅游品牌，改造提升福泉禅林、双泉庵等讲经场所，建设完成普陀山宝陀讲寺，开展了坐禅、讲经、抄经等活动，扩大了"千人禅""千人斋"品牌影响力
佛教文化游项目	强化普陀山佛教文化的辐射力，举办了首届世界佛教论坛，实施了"南海观音慈航宝岛"活动，打响了普陀山南海观音文化节和佛教用品博览会品牌，开发了舟山群岛朝佛之旅等旅游线路，加强了与国内外佛教文化的合作与交流；提升佛教文化设施

按照新区建设三年行动计划的要求，落实责任，扎扎实实地把各项工作做好，争当全市海洋经济发展的排头兵。2012 年，全市实现旅游收入 266.76 亿元，同比增长 13.3%，其总量相当于全市 GDP 的 31.3%。

三、舟山旅游业与文化创意产业相融合的实践

(一)保持鲜明海洋文化特色,将文化创意产业融入旅游业发展之中

舟山全市文化创意产业总量不大,但特色明显。依托海洋文化特色和民间民俗文化底蕴,发展节庆会展业,推出了舟山群岛·中国海洋文化节、舟山国际沙雕节、中国普陀山南海观音文化节等节庆活动,形成了较好的品牌效应和规模效益。以海洋、佛教为特征的工艺美术品制造、销售业显示出强劲的发展势头,特别是仿古木船制造已在市内外乃至国外拥有一定的知名度。演艺业与海洋文化旅游深度融合,《印象·普陀》实景演出为代表的旅游演出项目成为带动文化旅游业发展的新亮点。

(二)将海洋文化旅游作为舟山文化创意产业发展的最重要组成部分予以重点支持,成效显著

在文化服务业中,海洋文化旅游业作为舟山文化产业的一个重要品牌,得到了快速的发展,带动了文化休闲娱乐服务业的发展。2012 年,全年接待国内外游客共 2771.02 万人次,比上年增长 12.6%,全年实现旅游总收入 266.76 亿元,比上年增长 13.3%。在我市已初步形成的文化产业发展格局中,海洋文化旅游业的主导地位不断凸显。

表 2　2011—2012 年海洋文化产业增加值及占比情况

单位:亿元

	2011 年	2012 年
海洋文化产业增加值	26.39	32.38
文化产品制造业	0.80	0.99
文化产品批零业	0.31	0.47
文化服务业	25.27	30.91
全市 GDP	772.75	853.16
全市第三产业增加值	347.55	387.16
海洋文化产业增加值占 GDP 比重	3.4%	3.8%
海洋文化第三产业占全市三产比重	7.36%	8.11%

(数据来源:《舟山文化产业发展情况分析报告》)

（三）加强文化基础设施建设，以项目促进文化和旅游、科技的融合发展

旅游是文化项目可持续发展的重要载体，而文化是旅游项目具有生命力的灵魂。进一步扩大观音文化的外延，挖掘佛教的文化功能，培育新兴文化旅游业态，开发禅修体验游等文化休闲养生产品与服务；大力促进古城、古镇、古迹文化游，围绕沈家门渔港文化和定海古城、东沙古镇等，发展人文文化游；要提炼渔俗文化内涵，在渔家乐等项目中充分体现渔村农俗文化，建设 4—5 家具有浓厚文化氛围的渔村农俗文化示范项目；要积极建设和扶持特色博物馆、陈列馆、美术馆，运用现代科技对传统海洋文化、佛教文化的展陈、演艺、教育、体验等进行策划创新，增强其感染力和参与性。推进文化与科技、互联网新业态的融合，发展以文化创意为内容的信息服务、电子商务、信息平台等数字产业。

（四）扶持一批特色文化品牌，提高文化旅游产品的竞争力

对具有浓郁舟山海洋特色的文化产品进行产业化扶持。重点对佛教用品、古帆船（船模）、渔民画、贝雕、沙雕画的产业化研发、制作、销售等进行重点引导和扶持，形成以重点骨干文化企业为龙头，联合各制作企业、工作室及创作户参与的产业联盟，使舟山的佛教用品、古帆船（船模）、渔民画、贝雕、沙雕画等产品具有一定的生产规模和品牌影响力。大力扶持佛教观音文化戏和海洋渔俗文化戏，做强中国海洋文化节、舟山国际沙雕节、普陀山南海观音文化节等节庆品牌，提高“海风”美术、“海韵”摄影等艺术作品市场化、产业化水平。

（五）扶持和储备重点文化企业及项目

一是重点项目建设快速推进。以舟山海洋文化为特色的文化创意产业园区建设进度喜人，舟山传媒创意中心、定海伍玖文化产业创意中二期、普陀鲁家峙文化创意园等项目建设按预期计划快速推进。二是项目扶持形式多样。以不同形式对现有的重点项目和企业给予扶持。如对《印象·普陀》，以调整股权、增加国资控股份额的形式予以扶持，并在宣传营销上给予大力支持，使其逐步走出困境。在朱家尖为中华古帆船制作研究基地优先安排了 12 亩土地，工程已经开工建设，2014 年 6 月竣工。在定海双桥为海缘影视优先安排了 65 亩土地，现已完成征地工作，即将开工建设具有舟山特色的海洋影视基地。

四、舟山进一步加快文化与旅游融合发展的建议

加快现有重大文化产业项目建设进度。加快推进舟山传媒创意中心、鲁家峙文化创意园区、中国古帆船研究中心、定海伍玖文化创意产业园区二期、慈航广场佛教用品专业市场等重点项目建设，发挥重点项目带动辐射引领作用。积极谋划重点项目，加大招引力度。

(一)发挥佛教的文化功能

扩大佛教文化的外延，整合已建的佛学院、印象普陀、慈航广场佛教用品专业市场、国际佛教论坛，建设观音文化园，推进朱家尖佛教文化功能区的形成和发展。

(二)突出海洋文化主题

根据舟山特色，引进大型海洋文化主题公园，如大型海洋水族馆、大型网游乐园、海洋文化博览等。发挥海、岛、山"三位一体"的自然资源、生态环境优势和海洋文化优势，整合桃花岛、东沙古镇等现有影视拍摄基地的资源，综合统筹全市影视拍摄基地建设，建设具有创作、拍摄、制作等多项功能的海洋类影视基地。

(三)提炼渔俗文化内涵

挖掘舟山历史文化资源，开发建设定海历史名城文化园、鸦片战争遗址主题公园等人文旅游项目；弘扬舟船文化，打造传承中华古帆船的研究制作示范区，建设集古帆船及木质游艇修造、船模制作和展示、古码头展示于一体的中华古帆船研究中心项目；提升渔家乐的文化含量，注入具有舟山特色的文化内容，赋予渔家乐新的文化内涵，建设成具有浓厚海岛风情、海洋特色的渔村农俗文化项目，全市推出4—5家示范点，作为展示舟山民间民俗文化的一个窗口。

(四)培育旅游、科技、创意和产业集聚

推进文化与旅游、科技的融合，培育以文化创意为内容的网络技术、电子商务、信息平台等数字产业，推进舟山市创意软件产业园、舟山市工业设计基地建设，建设定海文化创意产业园区、鲁家峙文化创意产业园。融合智慧产业、数字产业、信息产业、高端知识服务业等新兴业态，以海洋知识体系为支撑，利用国际先进的信息技术，建

设舟山海洋智联网，为舟山旅游业的腾飞插上创意和科技的翅膀。

(五)研发重点文化旅游产品

培育海洋特色鲜明、具有一定规模和知名度的舟山文化产品，力争在特色文化产品的产业化研发、生产、销售等方面有重大突破。重点研发生产四大重点产品：(1)古帆船及船模；(2)加大对舟山贝雕、舟山渔民画、沙雕画等传统民间技艺的市场开发力度，研究民俗文化产品向文化旅游商品的转化；(3)致力研发佛教用品及文化衍生产品开发，推动海洋文化旅游产品名牌项目形成；(4)推动出口玩具转型升级，开发新产品，开拓新市场。

（作者：史　征）

舟山渔民画及其产业化发展的知识产权保护

一、著作权(版权)保护

(一)舟山渔民画著作权的取得

我国《著作权法实施条例》(2013)第六条:“著作权自作品创作完成之日起产生。”自完成渔民画之日起,创作者便享有著作权,但为了在遇到著作权纠纷时便于举证,我国著作权行政管理部门鼓励对作品进行著作权登记,包括舟山在内的浙江省内的作品(软件除外)著作权登记工作由浙江省版权局负责,详细登记流程、所需资料等参见“浙江省版权保护与服务网”(http://www.zjbanquan.org/Home/SubIndex/Item2/9.html)。

(二)舟山渔民画的著作权内容

根据我国《著作权法》(2010)第十条的规定,著作权主要包括四项人身权和十余项财产权,渔民画的创作者完整享有发表权、署名权、修改权、保护作品完整权这四项人身权,渔民画属于我国《著作权法》所保护的美术作品,美术作品的著作财产权主要包括复制权、发行权、展览权、放映权、广播权、信息网络传播权、摄制权、改编权、汇编权等,从舟山渔民画的特点和产业化情况分析,与舟山渔民画关联较为紧密的著作财产权主要有复制权、发行权、展览权、信息网络传播权、改编权、汇编权这几项,特别是复制权、发行权、改编权是渔民画著作权人最常行使的著作财产权。嵊泗花鸟岛渔嫂卢秀绒的一幅获奖作品《乌贼夫妻》(图 1),“被人批量仿制出售,被频繁用于旅游推广,但这似乎与她这个原创者无关"[①],仿制出售就是对卢秀绒渔民画作品署名权、复制权、发行权等著作权的侵犯。

图 1 《乌贼夫妻》,卢秀绒,1987 年[②]

(三)舟山渔民画的著作权主体

根据我国《著作权法》,著作权人包括创作作品的作者,也包括通过著作权转让、继承等方式获得渔民画著作权的其他自然人、法人或者其他组织。因此,渔民画的创作者享有著作人身权和财产权,通过著作权转让、继承等方式获得著作权的权利主体可以享有著作财产权,通过著作权许可使用方式获得著作权使用权的主体可以按照合同约定,在一定地域范围内和一定期间范围内行使约定类型的著作财产权。

(四)舟山渔民画的著作权保护

1. 舟山渔民画物权转让中的著作权保护

我国《著作权法》(2010)第十八条规定:"美术等作品原件所有权的转移,不视为作品著作权的转移,但美术作品原件的展览权由原件所有人享有。"当舟山渔民画的创作人仅仅转让其渔民画原作物权所有权而未明确转让其著作权时,原作受让人取得渔民画物权,并可以对该渔民画的原件行使展览权,但无权行使其他著作权。

① 林上军:《舟山渔民画产业小荷正露尖尖角》,《美术报》2014 年 11 月 1 日第 3 版。

② 本文所用图片,除有特别说明的外,其余均来源于网络。

2. 舟山渔民画著作权使用中的著作权保护

舟山渔民画的权利人在通过授权他人行使著作权或转让著作财产权方式使用著作权时，要通过签订著作权许可使用合同或著作权转让合同明确约定当事人的权利、义务。对于著作权许可使用合同，要在合同中明确约定好许可使用的权利种类、许可使用的方式（专有使用权或者非专有使用权）、许可使用的地域范围、许可使用的期限、付酬标准和办法、违约责任等内容；对于著作权转让合同，要在合同中明确作品的名称、转让的权利种类、地域范围、转让价金、交付转让价金的日期和方式以及违约责任等内容。

3. 舟山渔民画衍生品开发中的著作权保护

渔民画衍生品的开发如仅仅涉及对渔民画的复制发行，要注意在加工、制作合同中明确约定生产数量、制作要求等。渔民画已逐渐形成了一个富有海洋特色的文化产业，发展渔民画产业不能仅仅局限于对渔民画的复制，在我国大力促进文化创意产业发展的背景下，要进一步做大做强舟山渔民画产业，还要加大创新，加强对渔民画衍生品的开发。而渔民画衍生品的开发不仅是对衍生品的进一步设计，甚至还会在行使渔民画改编权基础上产生新作品，图 2 所列的渔民画衍生品中，杯垫、鼠标垫、丝巾等产品是将渔民画复制在相应载体之上，行使的是渔民画的复制权，杯垫、鼠标垫、丝巾等产品对外销售则是渔民画的发行权的行使。而黑陶盘、时钟、小挂件与杯垫、鼠标垫、丝巾等产品的制作有所差别，就是黑陶盘、时钟、小挂件会有造型、装饰等方面的新设计，不仅仅是将渔民画复制在相应载体之上。造型、装饰等方面的新设计如具有了一定高度的独创性，则黑陶盘、时钟、小挂件就成了衍生作品，如无特别约定，新设计的设计者对其独创部分享有著作权。此时的渔民画衍生品可能会涉及职务作品、合作作品、委托作品等作品类型，渔民画衍生品有别于原本的渔民画，渔民画衍生品的著作权与原本的渔民画的著作权可能有不同的归属。特别是我国《著作权法》(2010)第十七条规定：“受委托创作的作品，著作权的归属由委托人和受托人通过合同约定。合同未作明确约定或者没有订立合同的，著作权属于受托人。”在委托他人设计渔民画衍生品时如无事先合同约定或约定不明，衍生品的著作权将归属受托人，渔民画衍生品的开发有受阻的可能性，因此，应通过合同约定的方式，事先约定好渔民画衍生品的著作权归属。

图 2　渔民画衍生品——杯垫、黑陶盘、时钟、鼠标垫、丝巾、小挂件等[①]

4. 舟山渔民画著作权侵权中的著作权保护

我国的知识产权实行行政、司法双重保护机制。遭遇侵权的知识产权权利人可以寻求行政和司法保护。我国《著作权法》(2010)第五十五条第一款规定:“著作权纠纷可以调解,也可以根据当事人达成的书面仲裁协议或者著作权合同中的仲裁条款,向仲裁机构申请仲裁。”同时,第五十五条第二款规定:“当事人没有书面仲裁协议,也没有在著作权合同中订立仲裁条款的,可以直接向人民法院起诉。”根据我国《著作权法》(2010)第四十八条和《著作权法实施条例》(2013)第三十六条和第三十七条,著作权行政管理部门有权对侵犯他人权利同时损害社会公共利益的著作权侵权进行查处。可以调解方式解决著作权纠纷,渔民画权利人发现侵权问题后,可以根据当事人达成的书面仲裁协议或者著作权合同中的仲裁条款,向仲裁机构申请仲裁;也可以向当地人民政府著作权行政管理部门投诉,寻求行政救济,还可以寻求司法救济。自2002年10月15日起施行的《最高人民法院关于审理著作权民事纠纷案件适用法律若干问题的解释》(法释〔2002〕31号)第二条规定:“著作权民事纠纷案件,由中级以上人民法院管辖”,“各高级人民法院根据本辖区的实际情况,可以确定若干基层人民法院管辖第一审著作权民事纠纷案件”。该条体现的是人民法院的级别管辖,除了基层人民法院管辖第一审著作权民事纠纷案件以外,一般情况下,著作权民事纠纷案件的第一审在中级人民法院,第二审在高级人民法院。同时,第四条也规定了著作权民事纠纷的地域管辖,即由“侵权行为的实施地、侵权复制品储藏地或者查封扣押地、被告住所地人民法院管辖”。一旦遭遇侵权,权利人可以通过向有管辖权的法院提起著

① 陈永怡等:《舟山渔民画及其衍生产品的设计策略》,《创意设计源》2013年第6期,第66—71页。

作权侵权诉讼的方式保护自己的著作权。

二、商标保护

(一)商标权的取得

1. 取得途径

我国的商标制度实行注册主义,即申请人必须向国家工商总局商标局提起商标注册申请,经核准注册后才取得商标权。申请商标有两种途径:第一,申请人自行申请,直接到国家工商总局商标局办理;第二,委托国家认可的商标代理机构代理申请。

2. 相关网站信息

相关流程、材料等可参见国家工商总局网站:申请指南(http://sbj.saic.gov.cn/sbsq/sqzn/)、注册流程图(http://sbj.saic.gov.cn/sbsq/zclct/)、收费标准(http://sbj.saic.gov.cn/sbsq/sfbz/)、申请书式(http://sbj.saic.gov.cn/sbsq/xshqshsh/)等。

(二)商标要素建议

1. 注册商标要素建议

(1)文字。

①文字商标选择。此次舟山渔民画的知识产权保护建议主要是,从政府宏观管理角度研究以知识产权保护舟山渔民画这种富有海洋特色的非物质文化遗产,并进一步促进舟山渔民画产业的发展,舟山渔民画是舟山渔区特有的民间绘画,具有浓郁的地方特色和特有的艺术风格,舟山渔民画产业甚至可以发展为产业集群,从政府角度保护一个地域的文化与产业,可选择将"舟山渔民画"这种舟山地区的文化遗产名称申请注册为商标。为了全面保护"舟山渔民画"商标,建议与此商标相对应的拼音和英文 即"Zhoushan Yuminhua"和"Zhoushan Fisherman Painting"也一并申请注册。

②文字商标可注册性分析。

A."舟山渔民画"的可注册性。

a."舟山渔民画"在渔民画相关商品/服务类别可注册性较低。"舟山"是一个岛屿地级市名称,我国《商标法》(2013)第十条规定:"县级以上行政区划的地名或者公众知晓的外国地名，不得作为商标。”同时，虽然经过三十多年的发展，舟山渔民画的发展引人瞩目，取得了辉煌的成绩，但“渔民画”并非舟山所特有。在浙江省内，温州洞头、台州玉环等地也有渔民画，玉环坎门甚至有中国“渔民画发源地”之称；在浙江省外，上海金山嘴渔村等地也有渔民画，舟山地区的渔民画还可细分为岱山渔民画、嵊泗渔民画、定海渔民画、普陀渔民画，可见“渔民画”是一种海洋文化的通称。如以“渔民画”在相关商品/服务类别，如第 16 类“图片，图画”等商品类别上申请商标，根据我国《商标法》(2013)第十一条的规定，“渔民画”是商品的通用名称，缺乏显著性，不得作为商标注册。因此，“渔民画”在相关商品/服务类别的可注册性较小。2006 年，舟山市普陀渔民画协会曾在第 16 类申请注册“渔民画”集体商标但未成功，被商标局驳回申请的原因是“渔民画”是通用名称，缺乏显著性(如图 3)。

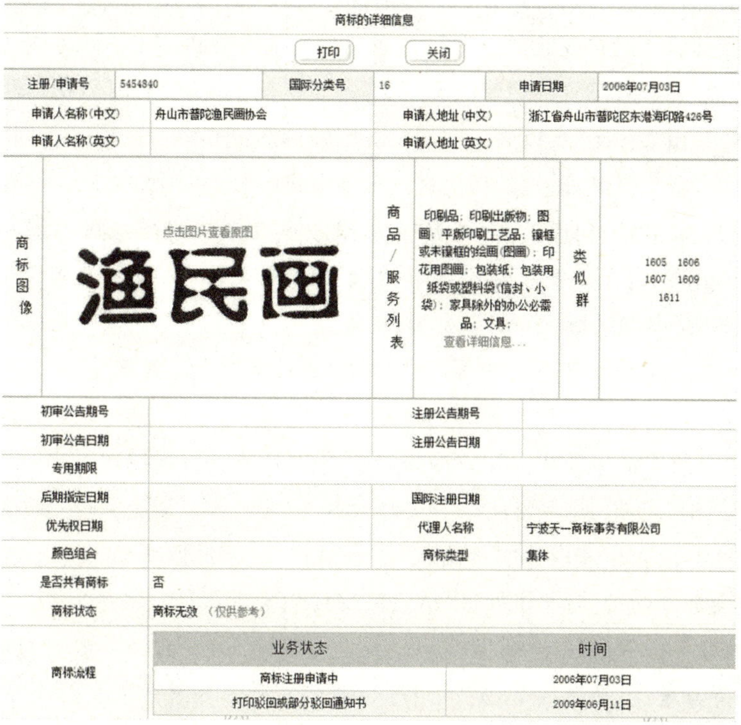
商标的详细信息

打印 关闭

注册/申请号	5454840	国际分类号	16	申请日期	2006年07月03日
申请人名称(中文)	舟山市普陀渔民画协会	申请人地址(中文)	浙江省舟山市普陀区东港海印路426号		
申请人名称(英文)		申请人地址(英文)			
商标图像	点击图片查看原图 渔民画	商品/服务列表	印刷品；印刷出版物；图画；平版印刷工艺品；镶框或未镶框的绘画(图画)；印花用图画；包装纸；包装用纸袋或塑料袋(信封、小袋)；家具除外的办公必需品；文具；查看详细信息…	类似群	1605 1606 1607 1609 1611
初审公告期号		注册公告期号			
初审公告日期		注册公告日期			
专用期限					
后期指定日期		国际注册日期			
优先权日期		代理人名称	宁波天一商标事务有限公司		
颜色组合		商标类型	集体		
是否共有商标	否				
商标状态	商标无效 (仅供参考)				

商标流程

业务状态	时间
商标注册申请中	2006年07月03日
打印驳回或部分驳回通知书	2009年06月11日

图 3 舟山市普陀渔民画协会在第 16 类被驳回申请的“渔民画”集体商标

b.“舟山渔民画”在与渔民画不相关商品/服务类别具有可注册性。“舟山渔民画”如在与渔民画不相关商品/服务类别进行注册时，由于“舟山渔民画”并非注册类别的商品/服务通称，具有一定的显著性，具有获得注册的可能性。

B. 提高“舟山渔民画”商标的可注册性的对策。

a. 把“舟山渔民画”申请为集体商标。我国《商标法》(2013)第十条也规定了县级以上行政区划的地名不得作为商标注册的例外，即“地名具有其他含义或者作为集体商标、证明商标组成部分的除外”，因此，将“舟山渔民画”作为集体商标提起商标注册申请可以突破地名限制。

b. 提升“舟山渔民画”的外在显著性。为增强申请注册的商标的显著性，可对“舟山渔民画”文字进行一定的字体、字形设计，以增强商标外在的显著性，提升获得注册的可能性。

c. 提升“舟山渔民画”的内在显著性。根据《集体商标、证明商标的注册和管理办法》(2003 年工商总局令第 6 号)第七条，以地理标志作为集体商标注册，应当在申请书件中说明“该地理标志所标示的商品的特定质量、信誉或者其他特征”“该商品的特定质量、信誉或者其他特征与该地理标志所标示的地区的自然因素和人文因素的关系”“该地理标志所标示的地区的范围”等内容，这些内容有助于提升“舟山渔民画”的内在显著性。建议在“舟山渔民画”集体商标申请材料中强调渔民画在舟山地区近四十年的发展历史、良好的产业化成绩、珍贵的历史文化价值、政府对渔民画的保护与重视等，以强调“渔民画”与舟山的特殊对应关系，说明“舟山渔民画”具有了一定程度的识别性，通过提升“舟山渔民画”的内在显著性提高注册“舟山渔民画”集体商标的可能性。

(2)图案：舟山渔民画 logo。

①舟山渔民画 logo 选择。舟山渔民画作品具有奇幻、神秘、抽象近乎怪诞的风格，造型夸张、随意，色彩艳丽、强烈，舟山渔民画富有其特有的整体性艺术魅力，在中国现代民间绘画艺术中独树一帜。应设计符合舟山渔民画浓厚地域特点和画风特色的 logo 申请图形商标，同时要注意解决好 logo 的著作权归属。我国《商标法》(2013)第九条规定的“他人在先取得的合法权利”包括姓名权、肖像权、著作权等，设计的“舟山渔民画”商标 logo 为美术作品，申请人最好使用拥有著作权的 logo 申请注册商标。

②舟山渔民画 logo 可注册性分析。舟山渔民画 logo 结合了浓厚地域特点和画风特色，具有显著性，在解决著作权前提下，获得注册的可能性较大。

2. 商标申请人建议

根据我国《商标法》(2013)的规定，自然人、法人或者其他组织均可作为注册商标申请主体。

(1)集体商标的商标申请人。

我国《商标法》(2013)第三十条规定，集体商标是“以团体、协会或者其他组织名义注册,供该组织成员在商事活动中使用,以表明使用者在该组织中的成员资格的标志”。行业协会是具有法人资格的社会团体,2014 年 4 月,舟山市渔民画产业协会成立,首批已有 70 余名会员加入协会。根据我国有关法律的,舟山市渔民画产业协会是适格的集体商标申请主体。按照我国有关法律法规,申请集体商标需要额外提交一些材料,如《集体商标、证明商标的注册和管理办法》(2003 年,工商总局令第 6 号)第四条:“申请集体商标注册的,应当附送主体资格证明文件并应当详细说明该集体组织成员的名称和地址。”

(2)商品商标、服务商标的商标申请人。

①自然人(画家、销售渔民画或其衍生品的自然人等)。目前我国对自然人申请注册商标有所限制,根据 2007 年 2 月 12 日起施行的国家工商总局商标局《自然人办理商标注册申请注意事项》,依法获准从事经营活动的自然人如个体工商户、农村承包经营户等才能作为注册商标申请主体。自然人可以通过注册登记为个体工商户等方式解决商标申请主体资格问题。近年来,舟山市为促进渔民画规模化经营,加强实体培育,鼓励渔民画作者建立渔民画个人工作室,个人工作室可以是个体工商户、个人独资企业等性质,自然人成立个人工作室后也能申请注册商标。

②法人(渔民画及其衍生品相关企业)。知识经济时代,作为市场经济最重要主体的企业等法人应尽量使用注册商标。舟山相关渔民画企业具有较好的商标意识,如舟山的两家渔民画产业行业龙头企业舟山红钳蟹海洋文化发展有限公司和舟山彼岸文化传播有限公司均申请了注册商标,其中舟山红钳蟹海洋文化发展有限公司的商标已经获得注册(表 1,图 4—图 6),舟山彼岸文化传播有限公司的还在注册之中(表 2,图 7—图 11)。一旦获得注册,企业就可在其商品之上使用其注册商标并使用注册商标(®)符号。

表 1　舟山红钳蟹海洋文化发展有限公司商标注册情况表

序号	申请号/注册号	类号	商标名称	申请人名称
1	13527668	16	红钳蟹	舟山红钳蟹海洋文化发展有限公司
2	13527577	20	红钳蟹	舟山红钳蟹海洋文化发展有限公司
3	18721425	24		舟山红钳蟹海洋文化发展有限公司
4	13527773	25	红钳蟹	舟山红钳蟹海洋文化发展有限公司
5	18721437	25		舟山红钳蟹海洋文化发展有限公司
6	13527816	28	红钳蟹	舟山红钳蟹海洋文化发展有限公司

注册/申请号	13527668	国际分类号	16	申请日期	2013年11月12日
申请人名称(中文)	舟山红钳蟹海洋文化发展有限公司	申请人地址(中文)	浙江省舟山市定海区干览镇新建社区里陈136号		
申请人名称(英文)		申请人地址(英文)			
商标图像	点击图片查看原图 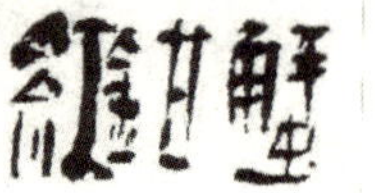	商品/服务列表	印刷品；彩色石印画片；剪纸；平版印刷工艺品；水彩画；图画；书画刻印作品；包装用纸袋或塑料袋(信封、小袋)；纸板盒或纸盒；砚(墨水池)；查看详细信息...	类似群	1605 1607 1609 1612
初审公告期号	1429	注册公告期号	1441		
初审公告日期	2014年10月27日	注册公告日期	2015年01月28日		
专用期限	2015年01月28日 2025年01月27日 10年				
后期指定日期		国际注册日期			
优先权日期		代理人名称	宁波市宁信商标代理有限公司		
颜色组合		商标类型	一般		
是否共有商标	否				

商标流程	业务状态	时间
	商标注册申请中	2013年11月12日
	商标注册申请注册公告排版完成	2015年01月29日
	商标注册申请完成	2015年03月17日

图 4　舟山红钳蟹海洋文化发展有限公司商标注册情况

注册/申请号	13527773	国际分类号	25	申请日期	2013年11月12日
申请人名称(中文)	舟山红钳蟹海洋文化发展有限公司	申请人地址(中文)	浙江省舟山市定海区干览镇新建社区里陈136号		
申请人名称(英文)		申请人地址(英文)			
商标图像	点击图片查看原图 	商品/服务列表	T恤衫；服装；裤子；服装；服装；服装；服装；戏装；鞋(脚上的穿着物)；帽 查看详细信息...	类似群	2501 2502 2503 2504 2505 2507 2508 2510 2511
初审公告期号	1432	注册公告期号	1444		
初审公告日期	2014年11月20日	注册公告日期	2015年02月21日		
专用期限	2015年02月21日 2025年02月20日 10年				
后期指定日期		国际注册日期			
优先权日期		代理人名称	宁波市宁信商标代理有限公司		
颜色组合		商标类型	一般		
是否共有商标	否				

商标流程	业务状态	时间
	商标注册申请中	2013年11月12日
	商标注册申请注册公告排版完成	2015年03月02日
	商标注册申请完成	2015年05月05日

图 5　舟山红钳蟹海洋文化发展有限公司商标注册情况 2

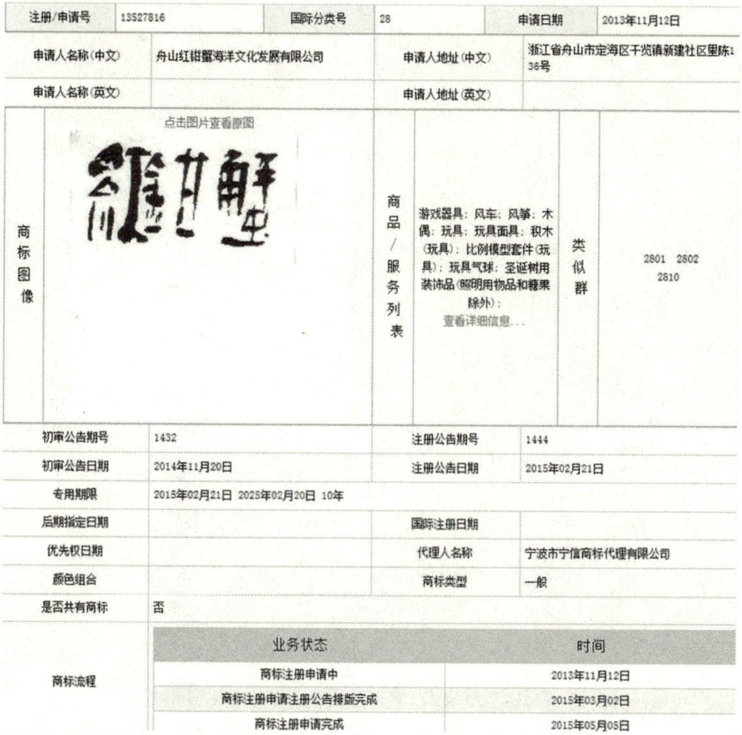

注册/申请号	13527816	国际分类号	28	申请日期	2013年11月12日
申请人名称(中文)	舟山红钳蟹海洋文化发展有限公司		申请人地址(中文)	浙江省舟山市定海区干览镇新建社区里陈136号	
申请人名称(英文)			申请人地址(英文)		
商标图像	点击图片查看原图	商品/服务列表	游戏器具；风车；风筝；木偶；玩具；玩具面具；积木(玩具)；比例模型套件(玩具)；玩具气球；圣诞树用装饰品(照明用物品和糖果除外)；查看详细信息…	类似群	2801 2802 2810
初审公告期号	1432		注册公告期号	1444	
初审公告日期	2014年11月20日		注册公告日期	2015年02月21日	
专用期限	2015年02月21日 2025年02月20日 10年				
后期指定日期			国际注册日期		
优先权日期			代理人名称	宁波市宁信商标代理有限公司	
颜色组合			商标类型	一般	
是否共有商标	否				

商标流程	业务状态	时间
	商标注册申请中	2013年11月12日
	商标注册申请注册公告排版完成	2015年03月02日
	商标注册申请完成	2015年05月05日

图 6　舟山红钳蟹海洋文化发展有限公司商标注册情况 3

表 2　舟山彼岸文化传播有限公司商标注册情况表

序号	申请号/注册号	类号	商标名称	申请人名称
1	16853537	14	彼岸传奇	舟山彼岸文化传播有限公司
2	16853795	14	舟伞	舟山彼岸文化传播有限公司
3	18008611	16	壮壮鱼童	舟山彼岸文化传播有限公司
4	17919320	25	东海渔裳	舟山彼岸文化传播有限公司
5	17919320	25	东海渔裳	舟山彼岸文化传播有限公司
6	17919447	25	东海渔裳	舟山彼岸文化传播有限公司
7	17919447	25	东海渔裳	舟山彼岸文化传播有限公司
8	18008695	25	东海渔裳	舟山彼岸文化传播有限公司

注册/申请号	16853537	国际分类号	14	申请日期	2015年04月30日
申请人名称(中文)	舟山彼岸文化传播有限公司	申请人地址(中文)	浙江省舟山市定海区文化广场28号201室		
申请人名称(英文)		申请人地址(英文)			
商标图像	点击图片查看原图 彼岸传奇	商品/服务列表	贵重金属合金；首饰盒；小饰物（首饰）；银制工艺品；玉雕首饰；贵重金属艺术品；角、骨、牙、介首饰及艺术品；景泰蓝工艺品；玉雕艺术品；表； 查看详细信息...	类似群	1401 1402 1403 1404
初审公告期号		注册公告期号			
初审公告日期		注册公告日期			
专用期限					
后期指定日期		国际注册日期			
优先权日期		代理人名称	北京标邦知识产权代理有限公司		
颜色组合		商标类型	一般		
是否共有商标					
商标流程	业务状态	时间			
	商标注册申请中	2015年04月30日			
	商标注册申请受理通知书发文	2015年08月13日			

图 7　舟山彼岸文化传播有限公司商标注册情况 1

注册/申请号	16853795	国际分类号	14	申请日期	2015年04月30日
申请人名称(中文)	舟山彼岸文化传播有限公司	申请人地址(中文)	浙江省舟山市定海区文化广场28号201室		
申请人名称(英文)		申请人地址(英文)			
商标图像	点击图片查看原图 舟伞	商品/服务列表	贵重金属合金；首饰盒；小饰物（首饰）；银制工艺品；玉雕首饰；贵重金属艺术品；角、骨、牙、介首饰及艺术品；景泰蓝工艺品；玉雕艺术品；表； 查看详细信息...	类似群	1401 1402 1403 1404
初审公告期号		注册公告期号			
初审公告日期		注册公告日期			
专用期限					
后期指定日期		国际注册日期			
优先权日期		代理人名称	北京标邦知识产权代理有限公司		
颜色组合		商标类型	一般		
是否共有商标					
商标流程	业务状态	时间			
	商标注册申请中	2015年04月30日			
	商标注册申请受理通知书发文	2015年08月13日			

图 8　舟山彼岸文化传播有限公司商标注册情况 2

注册/申请号	18008611	国际分类号	16	申请日期	2015年09月29日
申请人名称(中文)	舟山彼岸文化传播有限公司	申请人地址(中文)	浙江省舟山市定海区文化广场28号201室		
申请人名称(英文)		申请人地址(英文)			
商标图像	点击图片查看原图 壮壮鱼童	商品/服务列表	卫生纸；卡纸板；笔记本；连环漫画书；杂志（期刊）；图画；文具盒（全套）；自来水笔；文具或家用胶；颜料盒（学校用品）； 查看详细信息...	类似群	1603 1604 1605 1606 1607 1611 1614 1615 1617
初审公告期号		注册公告期号			
初审公告日期		注册公告日期			
专用期限					
后期指定日期		国际注册日期			
优先权日期		代理人名称	北京标邦知识产权代理有限公司		
颜色组合	否	商标类型	一般		
是否共有商标	否				
商标流程	业务状态	时间			
	商标注册申请中	2015年09月29日			
	商标注册申请受理通知书发文	2016年01月14日			

图 9　舟山彼岸文化传播有限公司商标注册情况 3

注册/申请号	17919320	国际分类号	25	申请日期	2015年09月17日
申请人名称(中文)	舟山彼岸文化传播有限公司	申请人地址(中文)	浙江省舟山市定海区文化广场28号201室		
申请人名称(英文)		申请人地址(英文)			
商标图像	点击图片查看原图 東海漁裳	商品/服务列表	服装；服装；婴儿全套衣；服装；游泳衣；服装；服装；鞋；帽；袜； 查看详细信息...	类似群	2501 2502 2503 2504 2505 2507 2508 2509 2510 2511 2512 2513
初审公告期号		注册公告期号			
初审公告日期		注册公告日期			
专用期限					
后期指定日期		国际注册日期			
优先权日期		代理人名称	北京标邦知识产权代理有限公司		
颜色组合	否	商标类型	一般		
是否共有商标	否				
商标流程	业务状态	时间			
	商标注册申请中	2015年09月17日			
	商标注册申请受理通知书发文	2015年12月25日			

图 10　舟山彼岸文化传播有限公司商标注册情况 4

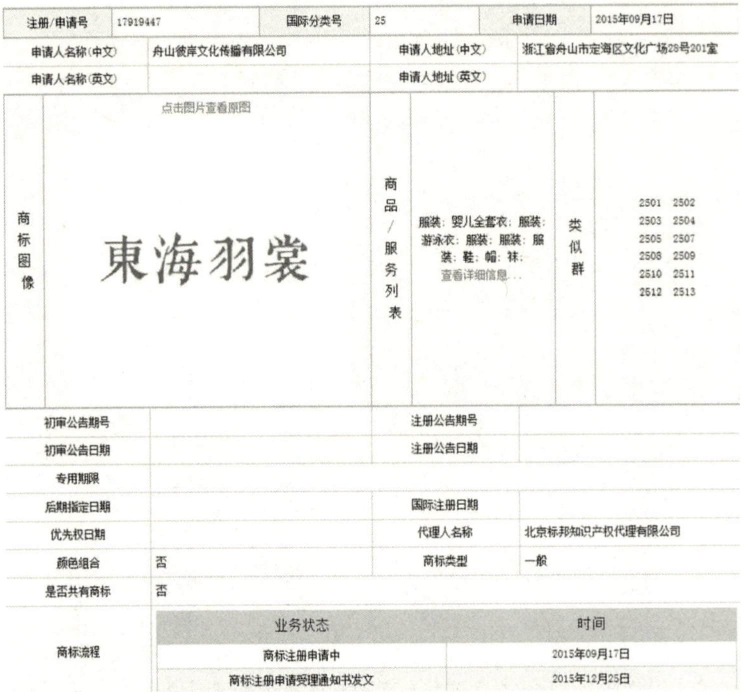

注册/申请号	17919447	国际分类号	25	申请日期	2015年09月17日
申请人名称(中文)	舟山彼岸文化传播有限公司		申请人地址(中文)	浙江省舟山市定海区文化广场28号201室	
申请人名称(英文)			申请人地址(英文)		
商标图像	点击图片查看原图 東海羽裳	商品/服务列表	服装；婴儿全套衣；服装；游泳衣；服装；服装；服装；鞋；帽；袜； 查看详细信息…	类似群	2501 2502 2503 2504 2505 2507 2508 2509 2510 2511 2512 2513
初审公告期号			注册公告期号		
初审公告日期			注册公告日期		
专用期限					
后期指定日期			国际注册日期		
优先权日期			代理人名称	北京标邦知识产权代理有限公司	
颜色组合	否		商标类型	一般	
是否共有商标	否				
商标流程	业务状态		时间		
	商标注册申请中		2015年09月17日		
	商标注册申请受理通知书发文		2015年12月25日		

图 11　舟山彼岸文化传播有限公司商标注册情况 5

3. 商标申请类型建议

(1)集体商标。

集体商标是“供该组织成员在商事活动中使用，以表明使用者在该组织中的成员资格的标志”，“舟山渔民画”集体商标注册成功后，经舟山市渔民画产业协会授权的会员可在相关产品/服务之上使用集体商标。

(2)商品商标、服务商标。

舟山渔民画作者等自然人或相关企业等法人注册各自商品商标、服务商标，注册成功后在相关产品/服务之上使用自己注册商标。“舟山渔民画”集体商标注册成功后，经舟山市渔民画产业协会授权的会员可在使用自己注册商标的同时在相关产品/服务之上使用集体商标。

4. 商标注册类别建议

(1)关于商标类别的说明。

商标注册实行按类别注册，商标注册用商品和服务国际分类共有 45 个类别，其中商品 34 个类别、服务 11 个类别。我国《商标法》(2013)第二十二条第一款规定："商标注册申请人应当按规定的商品分类表填报使用商标的商品类别和商品名称，提出注册申请。"普通商标只能在其获得注册的类别获得法律保护，若要在多个类别获得保护，必须实行跨类别注册(在多个类别申请注册商标)或全类别注册(在 45 个类别上全部申请注册商标)。

(2)舟山渔民画相关商标申请类别建议。

①基本类别注册。为更好保护企业商誉，减少知识产权纠纷，企业应使用注册商标，至少在经营者的基本经营服务内注册商标。如对于以渔民画创作和销售为主业的自然人以及以渔民画复制、加工和销售为主业的企业，商标分类表的第十六类(包含印刷出版物、照片、图片、图画等商品类别)就是这些主体应该选择的基本商标注册类别，渔民画产业发展的另一个增长点是渔民画的衍生品，不同的渔民画衍生品相关企业主要业务范围不同，如目前开发的衍生品包括餐具、服装、丝巾、靠垫、杯垫、包等商品。一些有名气的渔民画"壁画村"吸引了大量的艺术学院师生甚至是普通游客，渔民画也带动了旅游业，在引导渔民画文化产业发展过程中，有关部门和企业也有意识地深度挖掘渔民画文化资源，将渔民画文化与旅游相结合，推出渔农家乐、民宿等项目，带动了旅游、餐饮、宾馆等行业的发展，相关主体应根据企业自身的经营状况，选择与自己的商品/服务相一致的商标类别如第八类(包括餐具等商品)、第二十五类(包括服装鞋帽等商品)、第三十九类(包括旅行安排等服务)、第四十三类(包括提供食物和饮料、临时住宿等服务)等类别作为自己的基本注册类别。而以促进舟山渔民画保护与发展为宗旨的舟山市渔民画产业协会，除了要规范会员的舟山渔民画创作、交易行为，还要经常牵头举办舟山渔民画画展以及其他形式的渔民画文化交流，扩大渔民画的影响力，促进渔民画产业的发展。同时，为了培养舟山渔民画人才，提高渔民画创作水平，提升舟山渔民画相关区域群众对渔民画的兴趣，舟山市有关部门应采取多种形式推进渔民画技艺传承和人才培养工作，行业协会要经常牵头组织渔民画培训等活动，因此，商标分类表的第四十一类(包含教育、展览等服务内容)也应是舟山市渔民画产业协会的基本商标申请注册类别。舟山市渔民画产业协会还可根据渔民画产业发展情况，选择衍生商品或服务发展良好的类别注册集体商标。

图 12　渔民画冰箱贴

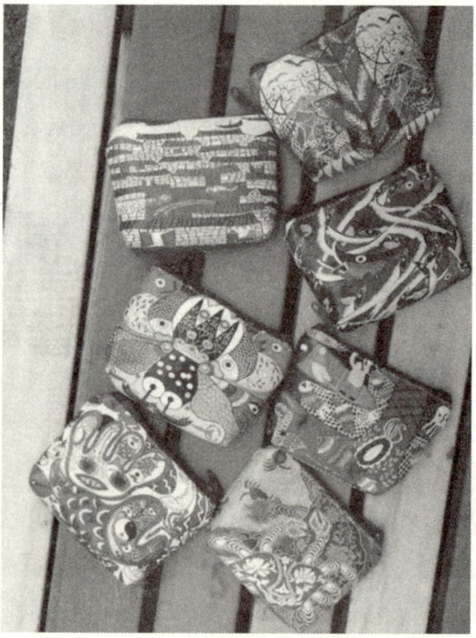

图 13　渔民画零钱包、收纳包

图 14 渔民画包

图 15 渔民画丝巾

图 16 渔民画时装

图 17　渔民画 T 恤

表 3　与渔民画相关的部分商标类别

序号	商标类型	商标类别	包含商品/服务内容	舟山市渔民画产业协会	自然人、法人
1	商品	第十六类	不属别类的纸、纸板及其制品，印刷品，装订用品，照片，文具用品，文具或家庭用黏合剂，美术用品，画笔，打字机和办公用品（家具除外），教育或教学用品（仪器除外），包装用塑料物品（不属别类的），印刷铅字，印版	注册	注册
2	服务	第四十一类	教育，提供培训，娱乐，文体活动	注册	根据情况选择注册
4	商品	第八类	手工用具和器械（手工操作的），刀、叉和勺餐具，佩刀，剃刀	可注册	根据情况选择注册
5	商品	第十四类	贵重金属及其合金，珠宝首饰，宝石，钟表和计时仪器	可注册	根据情况选择注册
6	商品	第十八类	皮革及人造皮革，不属别类的皮革及人造皮革制品，毛皮，箱子及旅行袋，雨伞、阳伞及手杖，鞭和马具	可注册	根据情况选择注册
7	商品	第二十四类	不属别类的布料及纺织品，床单和桌布	可注册	根据情况选择注册

续 表

序号	商标类型	商标类别	包含商品/服务内容	舟山市渔民画产业协会	自然人、法人
8	商品	第二十五类	服装，鞋，帽。	可注册	根据情况选择注册
9	商品	第二十七类	地毯，地席，席类，油毡及其他铺地板用品，非纺织品墙帷	可注册	根据情况选择注册
10	商品	第二十八类	娱乐品，玩具，不属别类的体育及运动用品，圣诞树用装饰品	可注册	根据情况选择注册
11	服务	第三十九类	运输，商品包装和贮藏，旅行安排	可注册	根据情况选择注册
	服务	第四十三类	提供食物和饮料供服务，临时住宿	可注册	根据情况选择注册

图 18 渔民画创作培训

②跨类别注册。跨类别注册是一种保护性注册，即在非申请人业务相关商品/服务的一些类别甚至在商标表全部四十五类进行全类别注册，建议具有良好发展潜力的经营者进行商标跨类甚至全类注册。国家工商总局商标局对自然人申请注册的商标类别原本有一定限制，2007 年 2 月 12 日起施行的《自然人办理商标注册申请注意事项》规定："自然人提出商标注册申请的商品和服务范围，应以其在营业执照或有关登记文件核准的经营范围为限，或者以其自营的农副产品为限。"但国家工商总局商标局已经于 2016 年 3 月 14 日发出通告宣布，自通告发布之日起，商标局对个体工商户办理商标注册申请时申报商品或服务范围是否在其核准经营范围内不再进行审

查。这意味着自然人也可进行跨类别或全类别商标注册。跨类别注册商标一方面可以防止他人在其他类别使用与自己相同或近似的商标,有效防止“搭便车”行为,另一方面随着业务的发展,经营者会选择多元化经营,开拓新的业务范围,需要在新的业务领域使用与自己原有经营范围内的商标一样的商标,进行跨类别商标注册也有储备商标以供将来使用的作用。

5. 商标注册地域建议

商标具有地域性,在我国获得注册的商标的商标权仅限于在我国境内得到保护,不能延伸到境外。近年来,舟山渔民画及其衍生产品已经有越来越多的机会走向国(境)外。自 2000 年以来,舟山渔民画先后到过日本、澳大利亚、美国、法国、德国、波兰等国家进行展示,还被作为对外交往馈赠礼品。由于舟山渔民画具有鲜明的地域特色,博得国外收藏爱好者的青睐。渔民画衍生品如渔民画手工布包等产品也曾通过文博会等途径销往海外。随着渔民画产业的进一步发展,渔民画的对外文化交流和渔民画及其衍生品的对外贸易也会得到进一步的发展。因此,除了在我国注册舟山渔民画相关商标外,在渔民画及其衍生品的展览、销售可能会涉及的地区(如香港、台湾等)和主要展览国、进口国也应及时注册相关商标。如注册国家较少,可选择单一国家注册,如注册国家较多,建议通过马德里国际商标注册途径,使用一种语言,提交一份申请,缴纳一组费用,即可在九十多个成员国中选择相应国家注册商标,比较便捷,费用也相对优惠。

(三)舟山渔民画的品牌战略

1. 实施“舟山渔民画”品牌战略的基础

(1)“舟山渔民画”具有实施商标品牌战略的良好的政策契机。

随着我国国家层面知识产权战略的实施,各级政府也发布了多项商标品牌建设方面的文件,如中央层面有《国家工商行政管理总局关于贯彻落实〈国家知识产权战略纲要〉大力推进商标战略实施的意见》(工商标字〔2009〕108 号),地方层面有《浙江省人民政府办公厅关于深入实施商标品牌战略的意见》(浙政办发〔2014〕14 号)以及中共舟山市委、舟山市人民政府的《舟山市文化产业三年推进计划(2014—2016 年)》等,这些文件为“舟山渔民画”商标品牌战略的实施提供了良好的政策契机。《舟山市文化产业三年推进计划(2014—2016 年)》的发展目标之一是显著提升品牌影响力,“依托海洋文化和佛教文化的资源优势和影响力,培育一批特色鲜明、在国内外有一定知名度和影响力的文化旅游服务品牌和文化工艺制品品牌”。近年来，舟山致力于打造“全国渔民画创作基地”，可以考虑将“舟山渔民画”纳入品牌建设计划，实施品牌战略，促进基地建设。

（2）“舟山渔民画”具有实施商标品牌战略的坚实基础。

舟山渔民画创作始于20世纪80年代初期，1988年3月，文化部命名舟山市的定海区、普陀区、岱山县、嵊泗县为“中国现代民间绘画画乡”。1987年11月，《舟山市现代民间绘画展》登上了中国美术最高殿堂——中国美术馆，近年来，共有300余幅渔民画作品在国外画廊及博物馆展出，德国柏林中国文化中心举办舟山渔民画专题展，作为中德文化年的预展，舟山渔民画频频在国内外参展、获奖，被收藏，并入编各类画册。2006年，舟山（定海区、普陀区、岱山县、嵊泗县）渔民画被列入第一批市级非物质文化遗产保护名录，2012年，普陀渔民画被列入第四批浙江省非物质文化遗产名录。随着近年创意文化产业在我国持续升温，舟山的渔民画产业及其衍生品产业也呈现良好发展势头，产值不断提升，这都为“舟山渔民画”商标品牌战略的实施打好坚实基础。

2. 实施“舟山渔民画”品牌战略的路径

（1）法律路径。

可以按照“舟山市著名商标（按照《舟山市著名商标认定条件的具体标准》）—浙江省著名商标（按照《浙江省著名商标认定和保护条例》和《浙江省著名商标认定基本条件》）—中国驰名商标［按照《驰名商标认定和保护规定》（2014年7月3日国家工商行政管理总局令第66号公布）］”的路径，在申请注册商标的基础上争取获得驰名商标认证。驰名商标是在中国为相关公众所熟知的商标，从法律角度看驰名商标可以获得法律的跨类扩大保护。严格而言，“著名商标”并非法律概念，但认证驰名商标需要提供一些认证材料如“证明相关公众对该商标知晓程度的材料”“证明该商标的任何宣传工作的持续时间、程度和地理范围的材料”“商标的主要商品在近三年的销售收入、市场占有率、净利润、纳税额、销售区域”等，“著名商标”可以作为“证明相关公众对该商标知晓程度的材料”，再结合舟山渔民画的多项获奖等荣誉、舟山渔民画及其衍生品的产值等多项资料，在舟山渔民画及其相关产业发展到一定程度时可以努力争取将“舟山渔民画”注册商标认证为中国驰名商标。

（2）营销路径。

2015年2月7日，耐克在天津发售全球首款以城市为主题的Nike Air Foamposite One球鞋，俗称“天津喷”。“天津喷”以天津杨柳青传统年画主要吉祥图案之一“莲年有余”

为基础图案，官方价格1749元/双，同款主题的帽子也同步发售。时尚与传统相结合的设计、限量发售的营销手段等元素引来全国千余“球鞋狂人”在寒风中彻夜排队，在短短十几个小时里，从收藏爱好者关注变成了大众话题在微信微博疯转，也引发多家媒体的报道，这对耐克和杨柳青都是一种品牌宣传，是一种有效的品牌营销活动。耐克公司推陈出新的产品设计方式和推销品牌，扩大品牌影响力的“天津喷”营销手段都值得舟山借鉴。

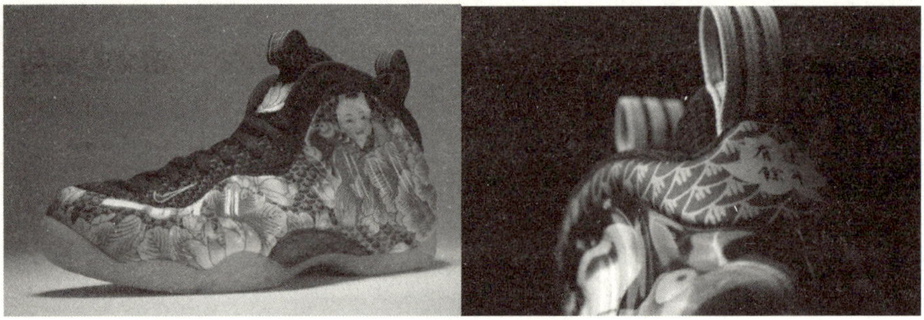

图19　耐克“天津喷”鞋

图20　耐克“天津喷”帽子

(四)舟山渔民画的商标权保护

1. 舟山渔民画商标使用中的商标权保护

我国的商标法律法规对商标的规范使用有严格要求,如"注册商标"和®标志以及商标图样、驰名商标的使用,商标的授权使用、转让等都有规范要求,商标权利人要按照法律规定规范商标使用行为。对于集体商标,《集体商标、证明商标的注册和管理办法》规定,商标申请主体要制定集体商标的使用管理规则,规范会员的使用行为。权利人不按照规范要求使用注册商标,不但有可能受到处罚,而且有可能导致商标权的丧失。

2. 舟山渔民画商标侵权中的商标权保护

我国的知识产权保护实行"双轨制",商标权也可以获得行政、司法双重救济。根据我国《商标法》(2013)第六十条,有商标民事纠纷的,"由当事人协商解决;不愿协商或者协商不成的,商标注册人或者利害关系人可以向人民法院起诉,也可以请求工商行政管理部门处理"。遇到商标民事纠纷,当事人可以通过协商解决纠纷,权利人也可通过工商管理部门寻求行政救济,还可通过提起商标民事诉讼寻求司法救济。自2002年10月16日起施行的《最高人民法院关于审理商标民事纠纷案件适用法律若干问题的解释》(法释〔2002〕32号)规定了侵犯商标权民事纠纷的地域管辖,根据其第六条,注册商标专用权侵权民事诉讼由"侵权行为的实施地、侵权商品的储藏地或者查封扣押地、被告住所地人民法院管辖"。根据自2014年5月1日起施行的《最高人民法院关于商标法修改决定施行后商标案件管辖和法律适用问题的解释》(法释〔2014〕4号),第一审商标民事案件由中级以上人民法院及最高人民法院指定的基层人民法院管辖。而涉及对驰名商标保护的民事、行政案件,则由省、自治区人民政府所在地市、计划单列市、直辖市辖区中级人民法院及最高人民法院指定的其他中级人民法院管辖。权利人应选择具有管辖权的法院提起商标侵权诉讼。

三、专利保护

(一)舟山渔民画专利的取得

1. 取得途径

我国的专利也需向主管机关——国家知识产权局专利局提起申请,经审核授权后才能够获得专利权。申请专利也有两种途径：申请人直接到国家知识产权局申请专利或者通过挂号邮寄申请文件方式申请专利；委托专利代理人代办专利申请。

相对商标申请文件，专利申请文件的撰写专业性更强，专利申请文件的质量关系到专利能否授权、专利权的范围大小以及专利权的稳定性等重要问题，建议初期的渔民画相关专利的申请通过经验丰富的专利代理机构委托专利代理人代办。另外，申请人在我国递交 PCT(Patent Cooperation Treaty)专利国际申请，也必须委托在我国依法设立的专利代理机构办理。

2. 相关网站信息

专利申请相关流程、材料等可参见国家知识产权局网站：专利申请指南(http://www.sipo.gov.cn/zlsqzn/)，专利检索与查询(http://www.sipo.gov.cn/zljsfl/)，表格下载(http://www.sipo.gov.cn/bgxz/)等。

(二)舟山渔民画专利申请建议

1. 是否申请专利的建议

单纯的渔民画本身并不能获得专利权的保护，渔民画必须和一定的产品相结合才能申请专利。和产品有关的技术方案或设计在满足一定条件的情况下可以申请专利。我国的专利有发明、实用新型、外观设计三种，根据我国《专利法》(2008)第三十一条，"一件发明或者实用新型专利申请应当限于一项发明或者实用新型""一件外观设计专利申请应当限于一项外观设计"，经营者的产品众多，全部创新成果都申请专利不现实，应综合考虑多种因素，为重要的创新成果或可以带来重大利益的创新成果申请专利。总的来说，在考虑是否为其技术方案或设计申请专利，以专利权的方式保护自己的创新成果时，主要考虑到以下问题：

(1)是否通过申请专利的方式。

除了通过申请专利保护创新成果，一些满足商业秘密要件的创新成果可以以商业秘密的形式保护起来，有些新设计也可以通过著作权保护获得保护，商业秘密、著作权保护比起专利保护有其优点，如通过商业秘密、著作权保护足以保护创新成果，可以不考虑申请专利。

(2)获得专利授权的可能性。

国家知识产权局专利局收到专利申请后要对申请材料进行审查，经审查符合条件的创新成果才能获得专利权，发明、实用新型和外观设计专利获得授权的条件有区别，其中发明专利的授权难度最大，申请人应该评估自己创新成果获得授权的可能性再决定是否申请专利。

(3)专利申请、维护成本与专利产出对比。

对申请、维持专利的成本和通过专利可能获得的利益进行权衡，申请专利需缴纳专利申请费（发明专利申请费为900元，其余两种申请费为500元），发明专利还要缴纳2500元的申请审查费等其他费用，而且专利权人应当自被授予专利权的当年开始缴纳年费才能够继续维持专利的效力，而年费的数额是随着保护时间的增长而递增的。如此，如专利不能为申请人带来收益或者申请专利具有专利布局等意义的情况下，从专利申请、维护成本与专利产出对比的角度看，也无须申请专利。

2. 专利申请时机建议

应根据某项技术创新成果或产品创新设计成果开发、设计完成的程度和产品通过销售等方式公开的时间考虑专利申请时机。过早申请专利会因为技术创新成果或产品设计尚未成熟，不具备授予专利权的条件而影响专利权的获得，也可能因为过早申请而申请文件准备不足影响专利申请。而等技术创新成果或产品设计已经成熟，产品推向市场才申请专利的话则为时已晚，破坏了技术创新成果的新颖性，使得创新技术成为现有技术，产品设计已经成为现有设计，不能获得专利权。因此，较好的专利申请时机是技术创新成果或产品设计已经成熟，在通过推向市场等方式公开新技术或新产品前提交专利申请，明确了专利申请日后，产品可推向市场，既不会因新颖性的丧失或技术成为现有技术、设计成为现有设计而影响专利申请，也不会给产品的及时推向市场造成太大影响，因为我国对新颖性、现有技术、现有设计的判断时间点是申请日。

3. 专利申请类型建议

根据我国《专利法》(2008)第二条，发明是“对产品、方法或者其改进所提出的新的技术方案”，实用新型是“对产品的形状、构造或者其结合所提出的适于实用的新的技术方案”，外观设计是“对产品的形状、图案或者其结合以及色彩与形状、图案的结合所作出的富有美感并适于工业应用的新设计”。创作渔民画所需的原材料或渔民画衍生品，如果具有一定程度的创新，就有获得专利保护的可能性。如图21所示的包装盒、抱枕、人字拖、文具、餐具、布艺等渔民画衍生品均是渔民画图案和具体产品结合在一起，可以申请专利。从具体可申请的专利类型分析，除了和渔民画有关的某种产品的生产方法只能申请发明专利外，渔民画相关产品要根据创新性等情况在发明、实用新型、外观设计专利之中选择其一。一般而言，发明专利“新颖性、创造性、实用性”的“三性”标准较高，渔民画相关产品的特点决定了这些产品申请发明专利难度较大。渔民画相关产品特别是渔民画衍生品，是侧重了渔民画图案、色彩所带来的美感而和具体产品结合在一起，这样的衍生品就是“产品的形状和渔民画图案、色彩”的结合，具备新意的，适合申请外观设计专利。渔民画相关产品的特点决定了这些产品更多应该申请外观设计专利，但如果渔民画相关产品是侧重了对产品本身实用功能方面的创新，创新达到一定高度的情况下可以申请实用新型专利，创新达到一定高度，产品设计达到“三性”标准的，则可以申请发明专利。

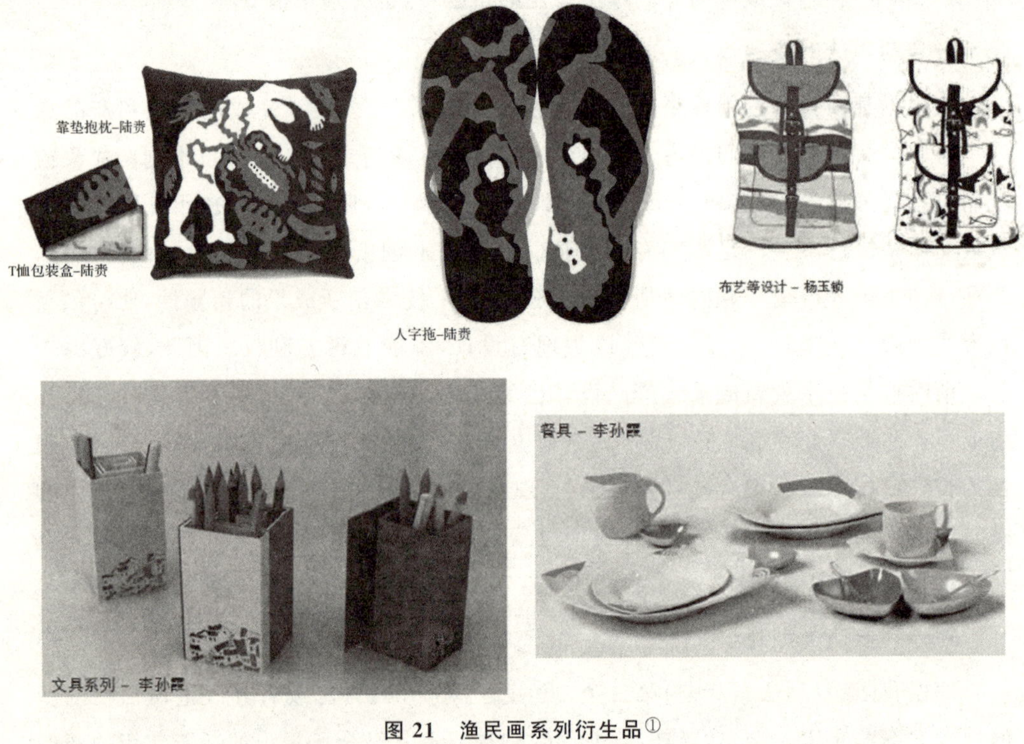

图 21　渔民画系列衍生品[①]

4. 专利申请主体建议

专利的发明人只能是自然人，但专利的申请人可以是自然人，也可以是法人。如上所分析，单纯的渔民画本身并不能获得专利权，渔民画必须和一定的产品相结合才能申请专利，因此，渔民画相关产品的专利申请主体以渔民画相关产品的经营主体，

① 陈永怡等：《舟山渔民画及其衍生产品的设计策略》，《创意设计源》2013 年第 6 期，第 66—71 页。

特别是产品的设计者和生产者为主。

5. 专利申请地域建议

专利也具有地域性，在我国获得授权的专利权的保护范围仅限于我国境内。舟山渔民画衍生品已经走向国(境)外，相关经营者可以考虑在申请国内专利基础上，在主要的产品销售地申请国(境)外专利。我国的专利有发明、实用新型、外观设计三种，但专利的种类在不同的国家(地区)有不同规定，如香港地区的专利法有标准专利(相当于内地的发明专利)、短期专利(相当于内地的实用新型专利)和外观设计专利三种，美国的专利则包括发明专利、外观设计专利和植物专利。如有必要，相关经营者可以在目标国(地区)选择适合的专利种类，提起专利申请。如申请国家或地区较少，可选择单一申请，如申请国家或地区较多，建议通过 PCT 途径递交国际专利申请，只需提交一份国际专利申请，就可以向多个国家(地区)申请专利。由于进行 PCT 申请可以获得 PCT 国际检索报告，初步评估专利申请的新颖性与创造性等原因，PCT 途径递申请专利更有效。并且，PCT 申请只需向受理局(即我国国家知识产权局专利局)而不是向所有要求获得专利保护国家(地区)的专利局缴纳专利申请费用，简化了缴费手续，再加上某些国家对国际专利申请的国家费用比普通申请要低等原因，使得 PCT 申请比单一申请专利更具有经济性。由于各国(地区)对申请专利的创新成果都有不同程度的创新要求，申请者应注意在申请国内专利拿到申请号后在自中国申请日起 12 个月内提交国际申请或 PCT 申请。

(三)舟山渔民画专利的内容

专利权的内容主要包括独占实施权(指专利权人对其专利产品或者专利方法依法享有的进行制造、销售或者使用的专有权利)、专利实施许可权(指专利权人通过实施许可合同的方式，许可他人实施其专利并收取专利使用费的权利)。专利获得授权以后，专利权人可以选择自己实施该专利，也可以通过专利许可或转让的方式让他人实施专利，自己获得许可使用费或专利转让费。专利权还包括一项重要的内容，即专利权人的禁止权，即禁止他人在未经许可的情况之下擅自使用自己的专利。

(四)舟山渔民画专利的保护

1. 舟山渔民画专利权使用中的专利权保护

舟山渔民画的权利人在通过授权他人行使专利权或转让专利权方式使用专利权

时，要通过签订专利实施许可合同和专利权转让合同明确约定当事人的权利、义务。如在专利实施许可合同中要明确专利许可的种类（是独占实施许可、排他实施许可还是普通实施许可），许可使用的地域范围、许可使用的期限等。在专利实施许可合同和专利权转让合同中，要特别注意约定好价格、支付、技术资料的交付、保证和索赔、税费、侵权、争议的解决以及合同生效等内容。另外，按照《专利法》的规定，在专利权的法定保护期限内，专利权人应每年按规定缴纳年费方可维持专利权有效。为避免合同纠纷的发生，当事人应在合同条款中对维持专利权有效和被宣告无效及缩小保护范围后该如何处理进行约定。

2. 舟山渔民画相关产品开发中的专利权保护

可以申请专利的渔民画相关产品的创新成果主要涉及职务发明创造、委托发明创造和合作发明创造这三种情况需要特别注意相关产品技术开发成果的归属。

(1)职务发明创造。

我国《专利法》(2008)第六条规定："执行本单位的任务或者主要是利用本单位的物质技术条件所完成的发明创造为职务发明创造。职务发明创造申请专利的权利属于该单位；申请被批准后，该单位为专利权人。"一般而言，单位的员工如企业的设计师在本职工作范围或主要是利用本单位的物质技术条件所完成的发明创造为职务发明创造，除了单位与发明人或者设计人就利用单位的物质技术条件所完成的发明创造申请专利的权利和专利权的归属订有合同做出约定的外，职务发明创造技术成果的专利申请权应归单位所有，授权后的专利权也归属单位。

(2)委托发明创造。

渔民画相关产品特别是渔民画的衍生品将渔民画和其他产品相结合，已经不是单纯的渔民画，如何更好地发挥渔民画的特色，将其与相适应的产品结合在一起做出新的设计，已经是超出很多渔民画画家创作能力范围的事，渔民画衍生品的开发企业除了聘用设计师设计职务发明创造外，还可以委托专业院校专业人士开发、设计产品。我国《合同法》(1999)第三百三十九条规定："委托开发完成的发明创造，除当事人另有约定的以外，申请专利的权利属于研究开发人。研究开发人取得专利权的，委托人可以免费实施该专利。"《合同法》(1999)第三百四十一条规定："委托开发或者合作开发完成的技术秘密成果的使用权、转让权以及利益的分配办法，由当事人约定。"如无特别约定，委托开发完成的发明创造，申请专利的权利和授权的专利权属于研究开发人即受托人，但委托人可以免费实施该专利。渔民画相关产品的经营者要委托他人开发、设计产品时，最好和受托者通过合同约定好委托发明创造的权利归属、权利行使、利益分配等事项，以减少纠纷，保护自己的利益。

(3)合作发明创造。

渔民画相关产品的经营者也会遇到和其他主体合作开发设计产品的情况，我国《合同法》(1999)第三百四十条规定："合作开发完成的发明创造，除当事人另有约定的以外，申请专利的权利属于合作开发的当事人共有。当事人一方转让其共有的专利申请权的，其他各方享有以同等条件优先受让的权利。"在合作开发设计产品的情况，为减少纠纷，明确各方权利义务，当事人应就合作开发完成的发明创造的专利申请权以及授权后的专利权归属做出约定，还可根据《合同法》(1999)第三百四十一条，当事人也可以就合作开发完成的技术秘密成果的使用权、转让权以及利益的分配办法进行约定。

3. 舟山渔民画专利权侵权中的专利权保护

我国《专利法》(2008)第六十条规定："未经专利权人许可，实施其专利，即侵犯其专利权，引起纠纷的，由当事人协商解决；不愿协商或者协商不成的，专利权人或者利害关系人可以向人民法院起诉，也可以请求管理专利工作的部门处理。"发生渔民画专利权被侵权的情况，专利权人可自行协商解决，也可以向专利管理行政工作部门如科技局寻求行政救济，也可通过提起民事诉讼寻求司法救济。自 2015 年 2 月 4 日起施行的《最高人民法院关于适用〈中华人民共和国民事诉讼法〉的解释》第二条第一款规定了专利纠纷案件的级别管辖，即"由知识产权法院、最高人民法院确定的中级人民法院和基层人民法院管辖"。自 2001 年 7 月 1 日起施行的《最高人民法院关于审理专利纠纷案件适用法律问题的若干规定》(法释〔2001〕21 号)第五条规定了专利民事纠纷的地域管辖，即"因侵犯专利权行为提起的诉讼，由侵权行为地或者被告住所地人民法院管辖"。根据自 2015 年 2 月 1 日起施行的《最高人民法院关于修改〈最高人民法院关于审理专利纠纷案件适用法律问题的若干规定〉的决定》(法释〔2015〕4 号)，侵权行为地包括了"被诉侵犯发明、实用新型专利权的产品的制造、使用、许诺销售、销售、进口等行为的实施地；专利方法使用行为的实施地，依照该专利方法直接获得的产品的使用、许诺销售、销售、进口等行为的实施地；外观设计专利产品的制造、许诺销售、销售、进口等行为的实施地；假冒他人专利的行为实施地。上述侵权行为的侵权结果发生地"。专利人可根据具体案情，选择有管辖权的法院提起专利侵权民事诉讼，维护自己的权益。

四、其他保护

(一)舟山渔民画的合同保护

渔民画相关主体可以通过签订著作权许可(或转让)合同、作品委托创作合同、技术开发(或转让)合同等合同明确约定知识产权有关事项，给予渔民画知识产权合同法和知识产权法律法规的双重保护，对于与知识产权无关的有关事项，也可通过签订买卖合同、承揽合同等合同方式明确当事人的权利义务，通过《合同法》更好保护渔民画有关主体的民事权益，促进渔民画及其衍生品相关产业的发展。

(二)舟山渔民画的反不正当竞争保护

我国的《反不正当竞争法》(1993)是规范经营者之间的竞争行为的法律，2013 年 8 月，天津和平区法院公开开庭审理了一场不正当竞争案件。案件原告为天津市西青区玉成号画社社长霍庆有，他的父亲霍玉棠系杨柳青木版彩绘年画玉成号创始人。霍庆有自幼就受其父亲传，现为杨柳青木版彩绘年画世家霍氏家族第六代传人，杨柳青年画的代表之一“霍庆有版绘”的拥有者。2011 年 7 月，原告发现古文化街一家店内有该画店生产、销售标有“霍庆有版绘”字样的杨柳青木板彩绘年画。原告认为该画店擅自使用并利用原告“霍庆有版绘”名称在市场上的竞争力，故意编造事实，向消费者进行虚假宣传和误导消费者，使消费者误认为，其与原告存在某种特殊关系，从中牟取非法利益，构成不正当竞争，从而提起了不正当竞争之诉。我国的《反不正当竞争法》列举了十一种不正当竞争行为，其中与知识产权有关的有四种。提起与知识产权有关的不正当竞争之诉的原告一般需要在企业字号或商品/服务或商标等方面积累一定程度的商誉，具备一定的知名度。在综合考虑经营者或其产品等的知名度、举证便利性、赔偿情况等多方面因素后，相关权利人也可以通过提起不正当竞争之诉来保护舟山渔民画以及其相关衍生品的知识产权。

(三)舟山渔民画的非物质文化遗产保护

2006 年，舟山渔民画被列入第一批市级非物质文化遗产保护名录。2012 年，普陀渔民画被列入第四批浙江省非物质文化遗产名录。《浙江省非物质文化遗产保护条例》已于 2007 年 6 月 1 日起施行，我国的《非物质文化遗产法》已于 2011 年 6 月 1

日起施行。舟山市有《关于加强非物质文化遗产生产性保护工作的指导意见》《关于加强我市非物质文化遗产保护工作的意见》《舟山市非物质文化遗产保护专项资金使用管理暂行办法》《舟山市非物质文化遗产实物征集暂行办法》等有关非遗保护的指导性文件。在以知识产权保护舟山渔民画及其产业化发展的同时，也应充分利用非物质文化遗产的保护方式来进一步促进舟山渔民画的保护与发展。

(四)舟山渔民画的互联网保护

随着2015年7月4日国务院《关于积极推进互联网+行动的指导意见》(国发〔2015〕40号)和2016年1月14日浙江省人民政府《浙江省"互联网+"行动计划》的印发，"互联网+"时代舟山渔民画的知识产权和产业化发展的互联网也应该受到重视，应充分利用互联网、微信等现代科技促进渔民画的知识产权保护和产业发展。域名和商标都是企业的商业标志，都是企业的知识产权，经营者可以以与其商标或字号对应的拼音、英文全称或简写申请域名，如舟山市渔民画产业协会可以以"Zhoushan Yuminhua""Zhoushan Fishermanpainting"拼音及英文名称及其简写如"zhshymh""zsfmp"等申请com、net、cn等域名，保护域名的知识产权。同时，充分利用申请的域名，打造自己的渔民画及其衍生品的互联网平台，同时也应扩展互联网平台，积极入驻淘宝、义乌购等已有互联网平台并注意开发微信、微博等新兴平台，邀请渔民画及其衍生品相关经营者入驻，在此平台展示、销售渔民画及其衍生产品，通过此平台可展示、销售渔民画及其衍生品，进行渔民画及其衍生品的物权、版权的交易，也可以进行渔民画及其衍生品的版权授权工作，既保护了渔民画及其衍生品的著作权，又起到品牌宣传的作用，还建立了方便快捷的商品和版权交易平台。

图 22 “舟山文化产业”微信平台展示商品

舟山文化产业

微信扫描二维码，访问我们的微信店铺

图 23 “舟山文化产业”微信平台

（作者：王　娜）

发展改革实践篇

青山应景　艺术点景　文化入景　四态融合打造海岛文化创意小镇

——舟山市定海区南洞艺谷小镇

【基本情况】

舟山市定海区干石览镇新建社区位于舟山本岛西北部，由黄沙、里陈、南洞三个自然村组成，人口约1573人，总面积约4.5平方千米。社区三面环山，一面向海，居山坳腹地，景色宜人，拥有自然生态野趣、乡村农趣以及海岛特有的民情、民风。由于交通不便，信息不灵，过去新建村民想致富没有门路，发展产业找不到项目，一直过着穷日子，如何将藏在深闺的青山绿水就地“生钱”？2009年8月，社区按照特色发展、错位竞争的构想，开始规划建设全国艺术院校大学生实习采风基地。2011年5月11日，社区以时任中宣部部长刘云山同志视察南洞为契机，突出艺术特色主题，做好自然资源、人文资源和旅游资源多元结合文章，深入持久打造南洞艺谷。近年来，南洞艺谷被列为全国艺术院校大学生实习采风基地、中国戏剧基地、全国青少年夏令营基地、老年人摄影协会基地等，新建社区获评2014年度“中国最美村镇”人文环境奖。

【主要做法】

1.以富民强村为根本目标，全员式发动

南洞艺谷这个原生态海岛艺术创意谷项目主要着力打造全国艺术院校实习采风基地、营造艺术家休闲基地、建设“村官”培训实习基地。项目计划投入资金3000万元，对于当时的社区来说，简直就是个天文数字。发展旅游是真正的富民之路，必须得到群众的真心拥护，白天村民大多在外面忙，于是新建社区召开了3次“山村夜会”。最终大部分村民投了赞同票。村民代表大会通过决议：支持项目建设，改造民居、粉刷墙体受益村民自愿承担投入的20%。同时村民积极无偿提供景区素材和文化礼堂民俗物品，义务为游客当导游，形成了浓厚的“全村搞旅游、全民跟着干”氛围。

同时社区大力帮助引导群众致富，举办渔民画等各类艺术培训、导游服务、农家乐创业、电子商务培训等，开展“美丽庭院”等评比活动，增强村民创业致富的积极性和主动性，发挥文化创意小镇“造血”功能。目前景区拥有床位105张，餐位1200个，从业服务人员100余人。村民的年人均收入，从3460元增加到了22000元。

2. 以生态山水为本底基础，绿色式策动

依托火车、油菜花、村落的新建三宝，还有民俗、美食、水库、溪流等特色资源，加上经过改造的“青砖、白墙、黛瓦、木门窗”村民农房与乡间丛丛新绿相映成趣，常抓不懈的“清白”工作使农村环境干净优美。遵循保护就是开发，生态就是财富，自然就是景点的理念，新建社区确定了走绿水青山就是金山银山的路子，走没有围墙、没有大门、全域开发、处处是景的步子。在开发过程中，以生态山水为本底基础，精细布局功能区块，初步形成了文化观光区、健身步道区、印象人文小镇区、旅游服务接待区和滨水生态游览区。引进“功勋号”绿皮火车，填补海岛没有火车空白，满足海岛群众对火车的好奇心理。火车在装修上力求保持原汁原味，每节车厢由商户自主创意设计。投资3000余万元建造休闲仿古老街、廊桥、茶艺轩及渔船博物馆、火车广场、壁画村、大学生居住区、群岛美术馆等景区建设，打造优良的休闲娱乐环境。建设文化创意民居，对空巢闲置房屋或孤家老人住房，采用先租用、后经营的模式，建设创意文化宾馆与民俗文化农家乐。目前60多套民居改造已全部完成，并已接待宾客入住。聘请著名设计家、名家大师精心设计南洞艺谷翻新方案，采取“一户一景”方式实施居民农房分类改造提升工程，确定以仿古建筑为基调的外墙实体改造和以平面海报、动漫海报为主调的外墙美化两种不同风格，全方位展示其文化艺术魅力。

3. 以艺术文化为内涵依托，精品式驱动

2012年编制了《中国国际戏剧谷文化旅游度假区总体规划》，将文化传承理念和徽派古朴元素融入其中，将新建社区打造成艺术家生活、创作、交流、表演的平台和乐园。社区与浙江艺术职业学院、上海大学、台州美院、浙江省作协等积极开展交流合作，建立创作采风基地，搭建大学生实训创业平台，促进优质文化创意资源走进乡村。积极承办全国各大艺术学院组织开展的大学生实习采风系列活动，目前已和23所艺术院校签订实践写生采风协议，已累计接待学生1万余人次。在对外宣传上，探索“互联网＋”的模式，利用美团网、海洋宽频网、定海旅游摄影网、舟山晚报、定海旅游微信公众号等媒体平台，联合举办“美丽海岛 网行网秀”2014海岛村落文化大型网络活动、“找寻定海符号”主题性摄影活动、“神行定海山”户外休闲活动等大型活动，扩大社会影响力和知名度。

4. 以农文旅互动为开发路径，融合式推动

以文化旅游为核心，借助市场化的专业团队力量，成立定海南洞旅游开发有限公司，对项目规划建设提供一体式管理。借助舟山红钳蟹海洋文化有限公司入驻，充分发挥名人和团队文化创意集聚效应，打造集创作、研发、展示、培训等于一体的渔民画原生态基地。开办文化超市，以渔民画为蓝本开发实用实惠的海洋艺术衍生品或艺术品 50 余种，拓宽海洋特色文化产品销路。积极对接影视项目拍摄，先后有电视作品、微电影 10 余部在南洞艺谷取景，其中著名导演张子恩执导的电视剧《郑氏十七房》在央视八套播出。推进海莱坞影视基地落户入注，发挥影视创意、影视制作、艺术设计、信息交流等功能，"中国海莱坞百部微电影"创作活动于 2015 年 4 月正式开机，目前首部网络剧《盖娅·危机边缘》正在创作拍摄中。此外，积极发展农家乐产业，目前已有 40 余户以餐饮为主的农家乐，12 个以住宿为主的农家小院。南洞艺谷景区高峰期游客接待量超过 3000 人/日，自驾游、自助游、组团游等人数呈逐年递增态势，其中 2016 年一季度同比增长 50%。

【特色亮点】

南洞艺谷创意小镇从"藏在深闺无人知"到"酒香不怕巷子深"，核心要素有以下几点：

一是生态＋生活，塑造特色品牌。以建设美丽乡村为载体，牢固树立"生态优先"的发展理念，注重生态资源保护开发利用，保护自然生态，突出特色，彰显野趣。同时把农村生态资源、农民日常生活和农村特色文化融入乡村旅游，形成了新建文化创意小镇独特的"生态＋生活"模式，走出了一条新农村建设与休闲乡村文化旅游产业良性互动发展之路。而且原生态自然环境和生活环境的保护利用，将这些绿水青山打造成一座金山银山，让村民最大限度地共享旅游发展带来的成果。

二是基础＋基地，提升文化品位。高标准编制文化创意发展规划，按照"富裕、幸福、和谐、宜居"的发展理念，强化人、财、物保障，高品位推进南洞艺谷项目景观设施建设，打造全国艺术院校实习采风基地、艺术家休闲基地、"村官"培训实习基地等基地。发挥基地辐射带动作用，促进基础设施建设的不断完善。建设停车场、完善景区游览指南标识标牌等基础设施建设极大地改善了村容村貌。在统一改造项目带动下，村民积极进行民宿布局改造、美化装饰、庭院硬化绿化美化，让全村旅游住宿接待条件有了显著改善。渔船博物馆、火车广场、大学生居住区、乡村民俗馆、"戏剧长廊"、里陈壁画村等基地创意点的建设，丰富了南洞艺谷的文化内涵，实现基础设施与基地建设相得益彰。

三是专业＋产业，推动多元融合。新建社区充分挖掘整合艺术文化、海洋文化和生态旅游资源，以生态为特色、文化为内涵、旅游为载体，全面推进多元融合。坚持健康、文明、安全、环保的旅游休闲理念，以文化提升旅游的内涵质量，以旅游扩大文化的传播消费，实现生态、文态、业态、形态的“四态合一”发展。无论是实习采风基地建设、艺术家休闲基地打造，还是文化旅游产品研发生产、农家乐产业激发，既突出旅游特点，又彰显文化特色，突出文化元素，增强文化底蕴，渲染人文色彩，提高旅游产品的吸引力，带动文化与旅游产业融合发展。

（编者：史　征）

“梵音佛景”中孕育强大生产力

——《印象·普陀》大型山水实景演出

【基本情况】

以山水为依、天地为幕的《印象·普陀》大型山水实景演出由著名导演张艺谋、王潮歌、樊跃“印象铁三角”倾力打造，400多名演职人员合力献演，历时两年数百次精密修改而成，全景2000多盏灯光，36座环绕音响，12000米舞台视觉长度，360度全方位旋转观众席，180000块的钛金板装饰，共同营造“行走的舞台，运动的山水”。项目占地105亩，总投资近2亿元，由经国家文化部批准注册成立的中外合资文化企业舟山市普陀印象旅游文化发展有限公司经营运作，于2010年12月31日，以辞旧迎新的祈福仪式揭开了全球首演的帷幕。自2011年3月1日对外演出以来，4年期间共接待游客66.78万人次，年均增长率达28.9%；完成门票收入8500万元，年均增长率达35.8%。其中，2014年全年接待观众22.5万人次，完成门票销售收入2931万元，有效带动了周边地区餐饮、住宿、娱乐等行业的发展，拉长旅游产业链，成了舟山市集资源唯一性、艺术民族性、产业增长性、效益综合性于一体的经典文化产业项目。近年来，演出已荣获浙江省文化旅游演出重点推荐项目、浙江省文化产业重点工程、浙江省文化旅游精品景区、浙江省文化产业发展“122”工程重点文化企业等多项荣誉，并被纳入《浙江省文化服务业“十二五”发展规划》。

【主要做法】

1. 挖掘包装，传统观音文化博出彩

演出制作团队在深入分析普陀区位、文化、旅游等资源优势的前提下，提出了打造《印象·普陀》大型山水实景演出的必要性、可行性和紧迫性，指出以“朝拜观世音活动”为主导产品，是普陀区乃至整个舟山市最具独特性和垄断性的产品，以“观音文化”大戏作为主导产品可以满足普陀区旅游资源利用率最大化的要求。演出地址选择在舟山市朱家尖岛的观音文化苑，拥有普陀山久负盛名的佛教文化景观，集中体现了普陀山观音文化的内涵，视觉效果庄严神圣，是《印象·普陀》的最佳舞台载体。整场演出以观音文化为主轴，围绕“人、佛、禅”三元素，结合了普陀佛教文化和海洋民俗文化，渐次展现“朝佛、问佛、悟佛”三大内容和“海山礼佛、众生问佛、凝心悟禅、静眼观禅、佛陀释禅、动漫说禅、祈愿敬佛、观照见佛和八方朝佛”九个章节，集参与性与观赏性于一体，浅显易懂，接近民众，体现“用佛的理念关爱，用禅的哲意生活，感受世间的美丽”这一美好愿望。

2. 应时而变，完美演绎寻求新看点

为了提高这场演出的普适性，主创团队与公司通过问卷调查、开研讨会等形式，多方收集观众、专家意见，三年时间内对演出内容做了三次调整，特别是2013年5月份的改版了70%至80%内容，可以说是给演出动了一次大手术，让演出焕然一新，深受观众欢迎，为日后销路大开奠定了坚实的基础。

(1)观音文化显特色。新版《印象·普陀》删除部分演出章节，以一位求佛之人为主人公，展现了一场普度、皈依、修行、解脱的悟佛过程，将佛教文化与视频灯光、山海场景完美地结合在一起，制造出一组组经典的观音意象图，充分显现了普陀观音文化的地域特色，使地域符号更明显。

(2)3D技术展魅力。为了创造出更加生动、真实的现场感受，公司投入重金打造异常逼真的3D效果，结合特有的360度旋转舞台，随着观众席的旋转，山体、湖面、草地、亭子、围廊等环形山水实景舞台一幕幕呈现在眼前，使观众产生如梦如幻的观演体验。

(3)实景祈福慰心灵。心灵感化是《印象·普陀》一贯的演出追求，为了将这一效果更完美地实现，创作团队在对原有演出章节进行调整的基础上，增加了“现场祈福”环节，强化与观众的互动，邀请普陀山法师主持祈福大典，观众通过写许愿卡、传心灯、合唱圣乐等祈福形式将对生活的期许留在演出现场。

3. 文旅联姻，特色营销抢占市场

舟山普陀是一个名副其实的旅游城市，近几年游客数量达数千万，普陀印象旅游发展有限公司立足这一实际，将《印象·普陀》定位为文化旅游大戏，让演出搭乘旅游顺风车，把普陀深厚的佛教文化载向全国乃至世界各地。

(1)游客至上，有的放矢。公司仔细分析游客来源结构和消费方式，得出结论：普陀游客来源一大部分是江浙沪地区的自驾游散客和福建香客，驻留时间不长，多为

2—3 日游。针对这一情况，公司 2013 年适时成立了“自驾游服务中心”，与 8 家旅行社、多家夜排档、星级酒店签订自驾游合作协议，推出了“自游宝”小册子，并与普陀山、朱家尖等著名景区合作推出了三大类 9 种优惠套票，为游客提供吃住行玩购一站式服务。针对消费额度较低的福建香客还做出更大幅度的让利，从价格上最大限度吸引游客。

(2)数管齐下，多面营销。2013 年以来，公司大力实施“112233 营销工程”(简称 123 工程)，建立了全新的业务合作对象体系平台。“1”指舟山市内及市外各 100 位与大剧场有良好关系及业务往来的导游；“2”指市内及市外各 10 家重点旅行社(其中市外包括网络合作单位)；“3”指建立市内的 30 家酒店、饭店、企业及市外的 30 家相关机构(包括 10 所教育机构、10 家自驾游俱乐部、10 家大中型企业单位)网络平台，及时送达相关信息，以此来搭建与“印象 · 普陀”大剧场具有密切合作的业务对象的交流，为营销工作的重点拜访或年终回访提供相关信息，以此来挖掘潜在客户。2015 年提出了“全域营销”的全新理念，以稳定江浙沪等长三角及福建客源，开拓赣皖新市场为营销重点，对主要客源地进行区域划分，在福建、宁波、上海、南京、苏州、无锡各客源市场进行专员营销，积极推进巩固与本地旅行社的合作，加大促销优惠力度，实行团购奖励政策，并设对接营销员为团购单位提供“一对一的贵宾式”重点服务。

(3)与时俱进，开拓创新。面对假日经济、互联网经济盛行的现状，公司紧紧抓住机会，每月推出感恩专场、考生专场、观音香会节、公益婚礼、金秋特惠、舟山市民优惠政策等主题营销活动。针对宁波地域客户还推出“同城待遇”优惠措施，与本地游客享受同等的主题优惠活动待遇。公司还专门组建了一支新媒体营销团队，将“互联网+”的理念付诸实践，利用网站、微博、微信等平台，通过展示演出动态、举办抽奖活动等方式与粉丝进行互动，扩大了客户群，节约广告成本，有效树立了公司良好形象，提升演出知名度。2015 年初，淘宝天猫专营店完成产品上架，进一步拓宽营销渠道。

【特色亮点】

《印象 · 普陀》大型山水实景演出从问世之初的不温不火，到如今的座无虚席，在四年的艰辛探索中牢牢抓住了国家促进文化产业大发展大繁荣的历史机遇，以改革求生存，以创新谋发展，实现从旅游配套项目到文化旅游目的地的华丽转身。一是立足“全景印象”目标，完善配套设施建设。对景区内的道路、路灯、广播、监控、指示牌等基础设施不断加以改造完善，增加休息座椅、垃圾箱，设立自驾游服务中心，完善餐饮设置，更换票务系统和闸机系统，景区出口处新建停车场，扩建景区入口旁“遂愿所成”祈福处，更好地满足游客需求；入场道路两旁设红色照明莲花灯，景区内设“风铃墙”,检票入口处每周二、四、六增设舞龙表演,加强与游客的互动,积聚人气,让每一道窗口都成景观,每一个视觉都成景点,每一块区域都成景区。二是谋求强强联合,强化游客文化体验。在加强与携程网、驴妈妈网、同程网、当地星级酒店、重点旅行社等知名旅游载体营销合作的基础上,2015 年舟山市普陀印象旅游文化发展有限公司又与舟山群岛水上旅游集散中心有限公司联合推出“不肯去观音号”水上夜游项目,面向中高端游客,将《印象·普陀》演出打包进夜游项目中,游客可乘坐仿唐古帆船夜游普陀,实现海上礼佛,看《印象·普陀》参加祈福大典,观沈家门渔港美景的一站式文化体验,通过亲自参与传说中莲花洋航行经历,加深对舟山海洋文化、佛教文化的理解。三是加强企业管理,提升团队服务水平。建立和完善行政管理制度、人事管理制度、财务管理制度等各项规章制度和工作标准,理顺各项工作流程,构建运行顺畅、衔接紧密、简约高效的工作模式,使公司的各项管理工作逐步走向制度化、规范化、科学化的管理轨道;成立“印象·普陀”户外群、开展各类工会活动等方式培育企业文化,增强员工对公司的认同感、归属感和责任感,提升员工队伍的凝聚力;鼓励员工进行考察学习、离岗补贴培训和继续教育,不断提高员工队伍素质,为保证演出节目质量奠定基础;2015 年推出普陀旅游使者进驻酒店活动,深入游客聚集之地,宜时宜地提供旅游资讯,更好地宣传推广《印象·普陀》演出,提高游客满意度。

(编者:史　征)

集群式发展　创新式服务
打造定海文化创意产业孵化器

——舟山市定海伍玖文化创意产业园区

【基本情况】

舟山市定海伍玖文化创意中心位于舟山市定海区西山路21号，由浙江弘憬投资管理有限公司投资运营，中心于2009年7月开工建设，项目用地面积约6660平方米，建筑面积约15000平方米，分上下三层，一、二层为创意企业办公区域，设有相应配套设施、多功能会议厅、开放式休闲会所等，三层为公共办公生活区域。

伍玖文化创意中心是我区十大重点服务业项目之一，也是舟山首家文化创意产业园区。自2010年4月份开园以来，共招商入驻各类文化创意企业56家，艺术家工作室6家。入驻企业主要来自上海、杭州、宁波及舟山本地。企业类型主要有广告传媒、文化艺术、电子商务、策划咨询、投资咨询、教育培训、影视动漫等文化创意产业类。每年平均产值在2亿元左右，安置就业400余人，每年为地方财政贡献达1000余万元。先后获得了浙江省社会科学普及示范基地、浙江省中小企业创业示范基地、浙江省广告产业园区、舟山市文化产业示范基地、舟山市社会科学普及示范基地、舟山市大学生创业基地等荣誉称号。

【主要做法】

1. 产业化集聚

随着城市从生产型经济转型为服务型经济，在服务业价值链中处于高端的创意产业必将成为城市经济新的活力之源。正因如此，许多城市纷纷提出要加快发展文化创意产业，出台了一系列的优惠扶持政策，并建设了一批文化创意产业聚集区来孵化创意企业，使文化创意产业初具规模，并呈现良好的发展态势。而“伍玖”正是乘着文化产业发展的大潮应运而生的。伍玖文化创意中心立足于文化创意产业的聚集和孵化，引导上下游产业链的形成，形成一个集软件与服务外包、动漫游戏研发、海洋工业设计、海洋文化艺术创作、广告传媒、会展、婚庆于一体的大型、高品位的文化产业集聚区。一期项目共引进舟山乃至宁波、杭州的文创企业56家,二期项目预计引进100家文创企业。

2. 专业化服务

伍玖以打造一流的公共服务平台为目标,为园区企业提供良好的投资环境。

(1)为企业提供"一站式"服务。拥有专业的税务顾问,可为入驻企业制定注册方案,使其优惠政策达到最大化;可免费为入驻企业提供办理工商注册、税务登记等相关服务手续;可协助高新技术企业进行科技创新项目、自主知识产权等申报;银行为伍玖文化创意产业园区入驻企业贷款授信5000万元,有效地进行了银企合作,解决了中小型文化创意类企业贷款难的问题。

(2)为企业提供良好的发展平台。一是创意人才培养。自2010年4月开园以来,园区创意人才培训中心与北京大国慧谷科技有限公司、浙江海洋学院合作,多次举办"开放式对话文化创意""创意与人才""头脑风暴"等专场培训,不仅从理论层面上让社会认识到文化创意产业的"机遇与挑战",而且还激发了入驻企业不断做大做强的欲望;更从实际操作层面培训了大量技术性人才,为入驻企业提供人才支撑。二是加强企业间合作。2011年,园区在企业入驻趋向饱和的有利条件下加强了入园企业间的合作,主动引导相关产业上下游产业链的形成,并由园区牵头成立了"伍玖文化创意合作社",将入园企业的资源进行整合,每个合作社成员都提供自己企业的优势资源进行合作互补,共同对外承接业务,再以项目经理制来完成分享承接项目,截至目前,已有多个成功案例。成立"伍玖文化创意合作社",正可谓"五个指头捏成一个拳头",可实现资源利用最大化,促进本土一些大型文化创意项目外流业务的回流和服务,通过伍玖文化创意合作社平台,采取"互利共惠""合作共赢"的模式,一些小规模的企业不仅解决了知名度、可信度低等问题,赢得客户的信赖,而且各企业间也加强合作并共同赚取利润,在合作中不断成长壮大,对于打造文化创意产业龙头企业具有不可替代的意义。

(3)为企业提供休闲生活服务平台。伍玖文化创意产业园区建立了近3500平方米的休闲、生活区域,为企业员工打造良好生活休闲服务平台。园区一楼设置了内庭广场,放置诸多休闲杂志,为企业员工工作之余休闲阅读提供场所。二楼有一个近200平方米的多功能厅和一个敞开式休闲会所,多功能厅内设置了图书馆并定期开放,同时多功能厅也为企业会务、活动提供便利;休闲会所有两个标准台球桌、一个乒乓球桌、四台运动器材,园区定期举办台球比赛、乒乓球比赛等,丰富员工业余生活。三楼是员工餐厅,另有一个标准网球场、两个篮球架、一套室外运动器材。园区设计、布置整体营造积极向上、动静皆宜、雅俗共赏的文化与工作氛围。

3. 规模化发展

为进一步深化发展文化创意产业，2014 年 3 月，定海区政府斥资 1.8 亿元建设“庭院式自主产权房性质”的伍玖文化创意产业园区二期项目。项目用地位于舟山市定海区西侧，地块西靠竹山，东临西山路，用地面积约 23181 平方米，总建筑面积 31262 平方米，项目于 2014 年 3 月动工，于 2016 年 3 月交付使用。项目用地对外交通条件极佳，进出舟山及与市内各区域联系均十分便利。同时又紧邻定海繁华城区，尽享城市各种服务配套便利。项目选址条件可谓得天独厚，且项目较低的容积率指标为创造理想的创意办公环境提供了充足的发挥空间。项目功能区块分为研发办公区域和商务配套区域，建成后将对外招商引进文化创意企业 100 家左右，还将建设集资源平台、中介平台和保障平台于一体的技术公共服务平台，为文化企业发展提供公共便利的技术支持服务，创造开放、共享的服务网络和体系。

【特色亮点】

“伍玖”作为舟山首家文化创意产业园，从成立到现在得到了各级领导的支持和肯定，对我区文化创意产业的发展和产业升级转变带来极大的推动作用。运营几年以来，呈现以下亮点。

一是政府支持，民营企业市场化运营。定海区政府两次召开专题会议讨论伍玖成立的形式和政策支持。政府财政支持主要表现为两个内容：第一是对园区房租租金前三年补助 50%；第二是地方财政收入前五年“二免三减半”的政策返回以资助入驻企业。民营企业在完全市场化运营中由于政府的支持而变得更有竞争性，因为政府支持而产生的市场优势在园区招商过程中发挥了重要作用，从而使得创意产业聚集区在一个较短的时间段里快速形成。

二是加强企业间联盟，助推企业发展。2011 年自伍玖合作社成立以来，创新运营模式，相继完成了定海区中大街开街仪式、2012 年岱山海洋文化节开幕仪式、第十届中国普陀山南海观音文化节等大型活动，在舟山地区口碑颇佳。以园区为坚强后盾，各企业间以“联盟”形式集中优势资源与力量，扩大合作效应，确保项目完成的质量，在精诚合作的同时，也使企业获利，不断成长壮大。

三是各类服务平台的良好服务。园区如“大管家”般，充分考虑企业需求，成立公共服务平台，形成一整套完善、务实的服务体系，全力打造企业服务、信息交流、统计分析、投资融资、人才培育等 5 大服务平台，提供政策扶持、宣传推广、工商管理、财务代理、投资融资、技术创新等一条龙服务，让企业倍感贴心、温暖。

（编者：史　征）

舟山市"淘文化网"平台建设

【基本情况】

舟山市通过创新公共文化服务体制，依托网络技术，于 2014 年 4 月在全国率先推出了"淘文化网"公共文体产品和服务社会化运作平台。"淘文化网"的名称来自"淘宝网"，就是让各类生产文化产品的文化团队到淘文化网去当店小二，让各类需要文化消费的组织单位和团体去淘文化网担当"亲"的角色，可以自由选择、拍货、下单，完了还能评价，而埋单的是手头掌握文化事业经费的文化部门，即"百姓点单，政府埋单，团队竞演"的运作模式。"淘文化网"经过一年多的积极探索，初步建立了"信息发布、社会参与、需求表达、反馈纠偏、政策保障、管理监督"六项机制，形成了一套工作程序。运行一年，共有注册用户 601 个，社会组织、文艺团队等提供文化服务的注册单位 76 家，参与服务人数 4350 人，提供节目 516 个(场)，需求单位注册 205 家。至今已成功交易 380 笔，充分表达了全社会对文化的诉求，受到了上级部门和基层群众的广泛好评。该创新举措受到了《人民日报》、《中国文化报》、人民网、中国网、新浪网等 40 余家国内知名媒体的关注报道，其中，《文化部简报》《文化体制改革简报》推出了"淘文化"专刊；浙江省委党刊《今日浙江》在《公共管理创新》专栏进行专题介绍，浙江省文化厅 2015 年在全省实施推广；该项目被评为中共浙江省委公共管理创新案例优秀奖。

【主要做法】

1. 建立公开透明的信息发布机制

一是年初集中发布。政府部门在让群众充分表达服务需求的基础上，于年初认真梳理各类社会文化资源，将全社会的文化产品和服务进行整合集聚，并在"淘文化网"上进行公示，形成涵盖大型文化活动、送戏送电影送培训、广场文化活动、公益展览展示等内容的公共文化产品和服务配送目录。在项目设置上，有定向服务项目，也有招标项目;有政府购买项目,也有自选购买项目。二是年中不定期发布。年中根据需求双方实际情况,不定期开展公开面向全市的征集招募招标活动,搭建公开、公正、公平的平台,让不同资质、不同规模、不同层次的国有院团、民营院团、文艺院团、社会组织参与定向服务和竞标。三是每月定期发布。每月印制《舟山市文化体育活动预览》小册子,将演出活动、体育赛事、展览、培训、讲座、电影,包括全市渔农村文化礼堂的各类活动安排进行项目整合,发放到市级各单位、各县(区)、各乡镇(街道)、各基层社区等,并将《活动预览》在舟山市文化广电新闻出版局门户网站和新浪、腾讯官方微博进行信息公布。

2. 建立高效快捷的社会参与机制

一是降低市场门槛。所有业余文艺团队、专业艺术院团、文化类民办非企业单位、民营艺术表演团体、文化传播公司、演出经纪公司以及其他从事演艺组织策划工作的企事业单位均可低门槛准入该网站平台,完成注册后,选择发布的服务项目,上传相关资料和活动方案,经资格审查后就成为该服务项目的服务团体,"网店"就成功开业。二是引入竞争机制。有资质的专业、非专业、官方、非官方的文化团体经过政府部门认证,都能在"淘文化网"参与公共文化供给的竞标,倒逼专业团队,扶持业余团队。各文化需求单位通过注册,选择自己喜欢的文化产品,既可以享受政府提供的项目,也可以自行出钱购买服务项目。三是促进市场繁荣。打破公共文化服务和产品供给由政府垄断的局面,实现文化产品多样化。加强对民间非营利文化机构、文化协会及文化中介等社会组织的培育和发展。加大对企事业单位、社会团体和其他社会力量以及公民个人利用非国有资产举办的、从事非营利性文化服务活动的社会组织的扶持力度。

3. 建立便捷畅通的需求表达机制

一是群众有充分的自主权。"淘文化网"把主动权充分交到群众手中,以前文化下乡,都是政府送什么百姓就看什么,难免会出现演出内容和百姓喜好不符的情况,而现在基层民众可以在网上自主选择想看的节目和各类文化服务,表达其对公共文化服务的需求和认定。二是群众有充分的选择权。从"淘文化网"看到,百支文化团队提供了综艺、歌舞、小品、器乐、越剧等节目大餐,电影、图书、培训、讲座"超市式"供应,群众可以根据自己的喜好选购,自己定演出时间、地点和节目,双方达成交易,政府再进行购买。三是坚持按需配送、适销对路。群众对自身文化需求享有充分表达的机会,使政府供给的公共文化服务更加有的放矢,更加"对路子"。如"快速公交、快乐阅读”读书加油站、读书流通站项目。需要的图书，自己提出申请，服务单位根据需求进行配送。

4. 建立公众参与的反馈纠偏机制

一是网上评价反馈。为了保证演出质量，网上建有反馈机制，“淘文化网”设置“好评”“差评”和“评价意见”，《民星团队》和《民心节目》栏目，以此掌握百姓真正的满意程度和为其他“买家”提供参考。二是现场评价反馈。建立公共文化产品实际效果的反馈机制，让群众在活动现场进行反馈，公共文化产品的效果不仅要有数量，即演出多少场，送戏下乡、送书下乡的数量，而且要从公众的受益面、居民对公共文化产品的感受度、公共文化产品对提升公民素质程度的反馈。三是建立“好评”激励机制。根据演出效果和群众评价，“好评”越多的产品和服务，政府会下拨一定的资金进行激励，达到有针对性的、科学纠偏的目标。

5. 建立长效科学的政策保障机制

一是制定实施办法。制定引导社会力量参与公共文化服务的专门性政策意见，市政府出台了《舟山市公共文化体育产品和服务社会化运作实施办法》，从组织机构、运作程序、资金监督与管理等方面，对项目运作加以规范明确，切实做到有法可依、有章可循。二是组建人才专家库。建立了由文化创意、活动策划、市场运作等方面专业人才组成的专家库，对公开“招投标”的项目进行规范，选择创意好、效益大、受群众欢迎的“中标者”，确保公共文化买卖的公平公正。三是明确专项资金。在全市文化专项资金中，列出公共文化服务社会化运作专项资金。2014 年安排了大型文化活动资金 100 万，惠民类文化活动资金 150 万，群众文化品牌扶持资金 90 万。

6. 建立规范公平的管理监督机制

一是操作程序公开透明。打破线下交易可能存在暗箱操作、权力寻租等问题，文化产品和服务的提供、买卖、售后服务、评价、支付经费等一系列操作程序都可以通过网上完成，把能交给社会的、交给市场的项目都交给社会和市场来做。二是政府埋单项目价格公开。2015 年市本级政府埋单的有 260 场戏，包括 200 场“百团百艺进文化礼堂”节目、30 场“百团百艺进城市社区”和 30 场“‘市民大舞台’文化惠民系列演出”，送到全市 91 个渔农村文化礼堂和部分城市社区、功能集聚区等。只要双方在网上完成交易，经过审核，经费由政府埋单，每场 3000 元到 8000 元不等。三是形成招投标机制。对于政府文化产品和服务招投标项目，通过网络、电视、报纸等媒体向社会公开政府采购公共文化产品和服务的经费预算、服务标准等信息，接受社会监督。四是建立第三方监督机制。邀请群众和媒体，加强对公益性文化活动的绩效考核评价。组建有关专家咨询机构，对取得政府公益性文化活动承办权或获得政府资助的社会文化机构或文化活动项目，做好事前评估、事中跟踪、事后审计，确保政府的投入和资助的有效性，提高公共文化服务社会化运作的绩效水平。

【特色亮点】

"淘文化网"平台不断汲取好的建议和意见，逐步完善、升级，从而形成了独具特色的舟山模式，取得了显著的成效，该平台创新亮点有以下几点。

一是有效转变政府职能。研究表明，政府购买服务比政府直接提供节约20%到30%的成本。舟山市通过重塑和培育公共文化服务主体，采用政府购买服务方式，探索以资金使用效益最优化和公共利益最大化为导向的财政供给方式。推行公共文体服务和产品社会化运作，解决了政府因对个人偏好认知的局限性，造成供给效率低下、财政负担过重的问题，使政府从"办文化"向"管文化"转变，政府主要扮演政策制度制定、资金供应等角色，是对以公共资金使用效益最大化和公共利益最大化为导向的财政供给方式的一项有益探索。

二是强化公共文化服务产品需求对接。长期以来，公共文化供给是自上而下的单向模式，群众"被文化"多，"点文化"少。群众在文化上的需求、决策、管理、评价等方面缺少参与权、表达权和监督权，导致政府提供的文化产品和服务与群众的需求不匹配。推行公共文化服务和产品社会化运作，将原来由政府主导内容的投送方式转变为由民众自我选择的模式，基层民众可以在网上自主选择想看的节目，表达其对公共文化服务的需求和认定，以群众文化需求为核心的表达机制建立，解决了公共文化供给和群众需求"脱节"，沟通不畅通的问题，满足了多层次群众多样化的文化需求。

三是实现提供主体多元化。公共文化服务和产品交易平台的建立，打破了长期以来公共文化服务和产品供给由政府垄断的局面，降低了公共文化市场的门槛，所有有资质的专业、非专业、官方、非官方的文化团体都能参与公共文化供给的竞标，引入竞争机制，倒逼专业团队，扶持业余团队。"淘文化网"除为公共文化服务外，积极探索市场化运作，有条件的团体和个人可以将需求的文化产品在"淘文化"网上进行招标，那些相对小众的文化团体也可以在"淘文化网"上开起自己的店铺，从而实现文化产品的多样化，提高公共文化供给效率，促进文化市场有序繁荣。现在除了政府埋单的市民大舞台和百团百艺进文化礼堂，企业或社区自掏腰包买服务的也越来越多。"淘文化"网络电子平台以公开、公平、透明的方式来吸引各类民间文艺团体和一批从事文化产业的企业这"两股力量"一起参与，充分调动民间文化资源参与公益文化的积极性，促使更多单位、个人参与到公共文化服务上来。

为满足广大市民对文化的多样性需求，召唤舟山的文化企业积极参与进来，2015年，舟山市文化广电新闻出版局（体育局）开始搭建文化产业平台，2016年3月16日，舟山市淘文化产业平台启动仪式在舟山市海洋艺术中心举行。目前淘文化产业平台为文化企业打造了五大服务板块：淘文化"互联网＋"服务中心、淘文化小微文化企业金融服务平台、淘文化双创文化集市、淘文化众创空间、淘文化质量认证和知识产权中心。下一步将进一步加强平台建设，构建淘文化标准和信用体系，建设好淘文化质量认证和知识产权中心；将以"文化＋"的模式进一步融合创新，加快与其他平台之间的合作，打造淘文化人才学院，打造文化旅游新产品，实现各个产业的互动。

（编者：史　征）

后　记

本书收集了中共舟山市委宣传部与浙江传媒学院、浙江文化产业发展研究中心合作开展研究的部分优秀成果，这些成果是在中共舟山市委常委、宣传部长、统战部长忻海平，浙江传媒学院原党委书记、浙江文化产业发展研究中心主任奚建华教授，中共舟山市委宣传部副部长施宏斌，浙江传媒学院副院长、浙江文化产业发展研究中心办公室主任詹成大教授直接指导和亲自带领下，由浙江传媒学院、浙江文化产业发展研究中心、中共舟山市委宣传部的教授和博士及从事文化产业管理的领导共同合作完成，涉及舟山文化产业"十三五"发展战略研究、舟山文化产业前沿和重点问题研究和舟山文化产业典型案例研究等内容，成果名称和作(编)者分别是：

《舟山文化产业"十三五"发展战略思考》：施宏斌、徐玲芬、王霄燕、张东升、徐捷、方圆、史征。

《舟山文化产业"十三五"发展战略研究》：史征、厉春雷、邹立清。

《嵊泗县文化产业发展调研报告》：史征、邹立清。

《舟山群岛新区设立海洋卫视的可行性研究报告》：奚建华、张仁汉、关萍萍。

《新媒体环境下舟山日报社发展路径之思考》：詹成大、万莉萍。

《大数据时代下舟山文化旅游发展对策研究》：朱旭光、张鹏。

《保税区背景下舟山文化产业新业态研究》：史征、厉春雷。

《国内外戏剧产业先进案例与"中国南洞·戏剧谷"建设构思》：厉春雷、史征。

《舟山文化产业公共服务平台建设研究》：邹立清、史征。

《舟山文化产业发展的金融支持策略研究》：史征、厉春雷。

《舟山以文化创意为支点、撬动文化旅游产业发展对策研究》：史征。

《舟山渔民画及其产业化发展的知识产权保护》：王娜。

《青山应景　艺术点景　文化入景　四态融合打造海岛文化创意小镇——舟山

市定海区南洞艺谷小镇》：史征。

《"梵音佛景"中孕育强大生产力——《印象·普陀》大型山小实景流出》：史征。

《集群式发展　创新式服务　打造定海文化创意产业孵化器》：史征。

《舟山市"淘文化网"平台建设》：史征。

在研究过程中，得到了舟山各区县文化产业主管部门、文化企业、文化产业园区以及企业家的大力支持，提供了大量材料。其中，"发展改革实践篇"中收录的四篇文章由各相关单位提供，在此一并表示感谢！

编者

二〇一六年四月